4th Industrial Revolution

# ICT Convergence Food & Beverage Management

4차산업혁명시대 ICT융합 식음료경영론

이호길 · 김동준 · 임배균 · 구자인

지식인

4차산업혁명시대

# ICT융합 식음료경영론

2018년 6월 25일 초판 1쇄 인쇄
2018년 6월 30일 초판 1쇄 발행

지은이 | 이호길 · 김동준 · 임배균 · 구자인
펴낸이 | 김종욱
펴낸곳 | 지식인
등 록 | 제301-2013-134호
주 소 | 서울시 도봉구 도봉로 180길 20 투웨니퍼스트 102동 602호
전 화 | 02)2266-8606 (대)
팩 스 | 02)2266-8607
이메일 | jisikin2013@naver.com
홈페이지 | www.jisikinbook.co.kr

ISBN 979-11-88105-26-7 (93320)

값 24,000원

4차산업혁명시대

# ICT융합 식음료경영론

4th Industrial Revolution

ICT Convergence

**Food & Beverage Management**

# PREFACE

현대사회는 대중의 다양한 욕구, 인공지능의 등장, 빅데이터와 사물인터넷의 현실화로 급격한 변혁을 예고하고 있다. 이른바, 4차 산업혁명의 시기가 도래한 것이다. 이와 같은 현상은 이미 10여 년 전 피터 드러커가 『Next Society』(이재규 역)에서 예언한 '젊은 인구의 감소', '제조업의 몰락', '지식근로자의 등장'이 현실로 다가온 것이다. 이러한 사회 환경의 변화 속에 호텔경영, 외식 및 식음료 경영에는 아직 전자정보기술을 적절히 활용하지 못하고 있는 것도 사실이다. 그래서 전자정보기술과 같은 ICT융합 경영을 외면한 많은 기업들이 사라지고 있는 것이 현실이다. 따라서 이 책에서는 엄청난 불확실성의 시대에, 그리고 누구도 예측하지 못했던 ICT 시대에 가장 효과적인 식음료 경영을 위한 방안을 제시하고자 하였다. 이 책에 대한 세부사항을 요약하면 다음과 같다.

첫째, PART 1에서는 공통부문으로 식음료관리의 기본적인 사항을 소개하고, 식음료의 개념과 조직, 식음료 직원의 기본적인 요건이 무엇인지 그리고 식음료 서비스의 3단계와 고객관리 요령을 소개하였다.

둘째, PART 2에서는 식음료 실무부문으로 식당의 의미와 종류, 식당서비스의 특징, 식음료사업과 국가별 요리의 특성, 식당서비스의 실무와 실제방법론 그리고 연회서비스의 실제 방법론을 구체적으로 소개하고 있다.

셋째, PART 3에서는 메뉴의 의미가 무엇인지를 이해하고 메뉴의 특성과 조리법을 소개하고 있다.

넷째, PART 4에서는 음료부문으로서 음료의 의미와 분류, 양조주와 증류주 그리고 혼성주에 대한 각각의 특징과 칵테일의 역할이 무엇인지를 이해할 수 있다.

다섯째, PART 5에서는 ICT융합 식음료부분을 소개하고 있다. ICT융합과 식음료경영 그리고 ICT융합과 사물인터넷의 활용에 대한 기본적인 것을 학습할 수 있다.

마지막 부록에서는, 호텔리어의 직업과 채용환경을 소개하고 식음료에서 흔히 사용되는 실무용어를 소개하고 있다.

이상과 같이 구성된 이 교재가 예비 호텔리어와 외식·식음료 경영인들에게 많은 도움이 되길 진심으로 바라며, 이 책의 발간을 위해 물심양면으로 도움을 주신 모든 분들께 진심으로 감사를 드린다. 아울러 책이 출간되기까지 아낌없는 성원을 보내주신 지식인의 모든 분들께 깊은 감사를 드린다.

**대표저자 씀**

# CONTENTS

## PART 1
## 공통부문



## PART 2
## 식음료 실무부문



## PART 3
## 메뉴부문

# CONTENTS

## PART 4
## 음료부문



## PART 5
## ICT융합 식음료부문



## APPENDIX
## 부록편

4th Industrial Revolution

ICT Convergence

**Food & Beverage Management**

P A R T 1

# 공통부문

4th Industrial Revolution
ICT Convergence
Food & Beverage
Management

01 CHAPTER

# 식음료 관리의 개요

SECTION 1

## 식음료의 개념과 조직

### 1. 식음료 개념과 특성

식음료 부문Food & Beverage Division은 호텔 및 외식사업에서 식사와 음료를 생산하고 판매하는 부서이다. 즉 호텔이나 외식사업체에서 직원이 소비자들에게 식사 및 음료를 제공할 때 무형적인 서비스를 함께 판매하는 것이다. 특히 호텔사업은 고객에게 객실과 식음료를 판매하는 것 외에 고객의 다양한 욕구를 충족시켜 줄 수 있는 무형적인 서비스를 제공해야 한다. 이를 위해 호텔기업은 객실 및 식음료 부문 이외에도 부대영업장으로서 스포츠, 레저와 레크리에이션, 회의장, 전시장, 예식장 등 고객의 다양한 욕구충족에 부응할 수 있는 구조적인 시설물과 인적자원을 갖추고 서비스를 제공할 수 있어야 한다.

그 이유는 현대호텔의 의의는 기업 고유의 목적인 이익창출 뿐만 아니라 소비자 개개인의 욕구충족을 위한 공간적 역할도 함께 제공할 수 있어야 하며, 궁극적으로 예술적 · 문화적 · 사회공공의 비즈니스를 위한 커뮤니케이션의 역할도 담당하기 때문이다. 특히 호텔기업의 식음료 부문은 시대적 흐름의 변화와 개인가치의 상승효과로 외식산업의 성장과 함께 많은 변화를 가져왔을 뿐만 아니라, 탄력성이 매우 강한 상품으로서 호텔 수익증대에 큰 기여를 하고 있다.

즉 1970년대 이전에는 호텔 수입의 중심이 객실상품 위주로 창출되었으나, 최근에는 소득과 의식수준의 급격한 향상과 여가시간의 증대로 말미암아 사람들은 새로운 식음료 문화를 요구하고 있다. 이에 호텔기업은 소비자의 욕구에 적합하도록 신개념의 식음료 문화를 창출하게 되었고, 오늘날 호텔사업은 객실과 식음료 상품을 주력상품으로 인식하면서부터 외식문화의 발전을 앞당기게 되었다. 한편, 식음료 상품의 특성은 매우 다양하면서도(다양성) 변동적인(변동성) 연출과 분위기 창출(혁신성)이 가능하기 때문에, 식음료를 고객에게 제공하는 호텔 직원의 업무능력에 따라 상품의 특성이 다양하게 변화될 수 있다.

이상과 같이 식음료 사업의 역할은 첫째, 고객에게 식사와 음료를 생산하여 서비스와 함께 판매함으로써 호텔기업의 이윤을 창출한다. 둘째, 인간의 가장 근본적인 욕구가 되는 식사와 음료를 서비스와 함께 제공하여 고객의 다양한 욕구충족에 기여하게 된다. 셋째, 일상생활의 문화공간으로 식음료 공간을 이용할 수 있어 생활의 질적 향상에 기여하게 된다.

## 2. 식음료 조직

식음료 부문의 조직은 크게 식당부문, 연회부문, 주장부문으로 구분되지만, 호텔기업은 규모와 호텔등급 그리고 경영의 특성에 따라 다소 차이가 날 수 있다.

우리나라 대부분의 특 1등급 호텔기업에서 운영하는데, 식음료 조직과 직무분장은 다음과 같다.

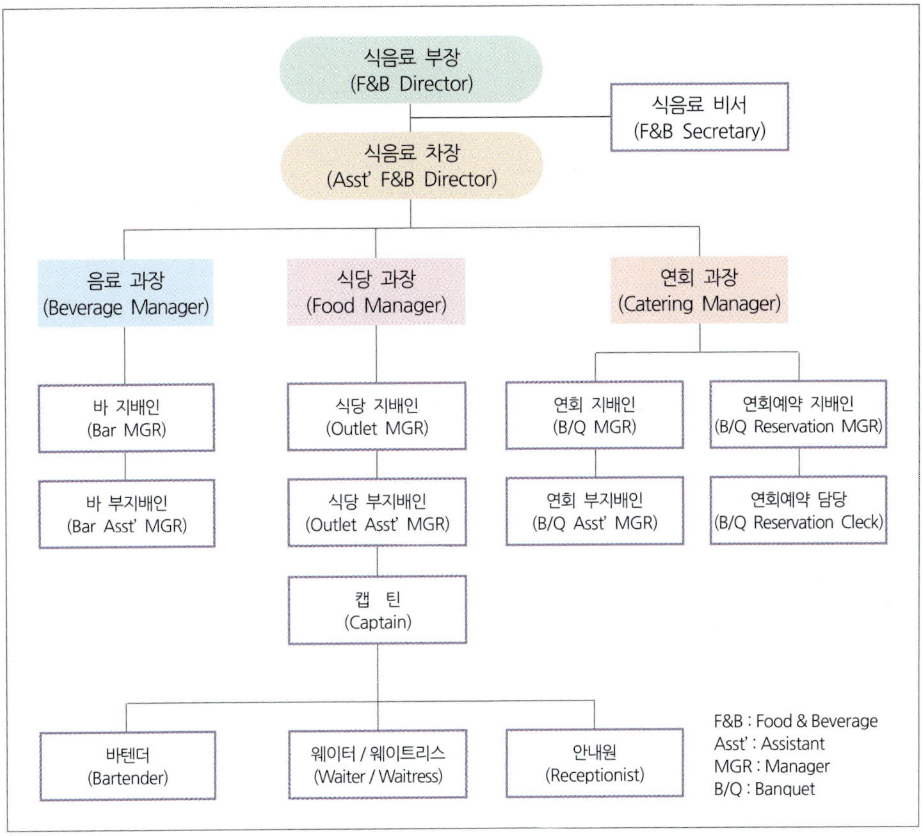


그림 1.1 우리나라 특급호텔의 식음료 조직도

## 3. 식음료 직무분장

### 1) 식음료 부장

호텔 전문경영인인 총지배인General Manager의 지시를 받아 전반적인 호텔경영의 책임과 권한을 위임받은 식음료 부문의 장이다. 세부적인 업무로는 회사의 경영정책 수립에 참여하고 부하직원들의 인사관리를 공정하게 평가해야 한다. 또한 식음료부의 매출목표 관리, 서비스 및 교육관리의 책임을 관장하며 타 부서와의 긴밀한 협조체제를 유지하고, 원활한 조직관리를 위해 상사와 부하 간에 신뢰와 인간성이 풍부한 분위기가 조성되도록 노력해야 한다.

### 2) 식음료 차장

- 총지배인의 사업계획 준비를 돕는다.
- 모든 원가계산을 모니터하여 원가절감에 노력해야 한다.
- 각 영업장으로부터 이익이 창출될 수 있도록 전략을 수립한다.
- 호텔정책, 업무수행, 업무지침을 준수하고 부하직원들에게 업무방침을 하달한다.
- 식음료서비스의 표준화에 기여하고 고객과 시장의 요구가 무엇인지를 파악하여 기업의 브랜드 이미지를 향상시켜야 한다.

### 3) 과장(팀 제도의 조직관리에서는 팀장)

- 각 부문별 영업장에서 최고책임자의 권한이 부여됨과 동시에 책임과 직무수행의 의무를 철저히 해야 한다.
- 각 영업장별 전반적인 운영관리에 대해 책임을 진다.
- 이익극대화를 위해 판매증진을 위한 중·장기 계획을 수립한다.
- 부하직원 인사관리를 철저히 하고 서비스 교육을 실시한다.
- 고객욕구를 사전에 인지하여 원활한 영업활동이 되도록 해야 한다.
- 직원들이 항상 예의바르고 전문적인 서비스를 제공하는지를 관리 감독한다.
- 효율적인 기술개발로 서비스의 극대화에 노력해야 한다.
- 부하직원들의 근무태도를 관리 감독하고, 승진과 부서이동, 안전, 위생, 화재, 건강관리에 만전을 기한다.

### 4) 지배인

- 각 영업장의 캡틴, 웨이터, 웨이트리스, 인턴(실습)에 대한 교육 및 훈련에 대한

책임이 있다.

- 일일매출 목표를 숙지하고 매출목표 달성을 위해 어떻게 영업장을 운영할 것인가에 대해 노력한다.
- 직원들에 대한 용모, 복장, 인사, 예절 등 직무교육을 실시한다.
- 직원들에 대한 업무범위와 영업준비를 지시한다.
- 예약접수 현황과 준비사항을 접수하고, 각 담당자의 임무에 대한 세부사항을 지시한다.
- 직원의 근무시간표 작성과 근태관리를 한다.
- 직원의 서비스 담당구역 할당과 영업에 필요한 준비물이 적절하게 준비되었는지 확인 점검한다.(린넨류, 양념류, 식당의 각 기물과 세팅 등)
- 고객을 영접 및 안내한다.
- 업장 내 고객들의 불평처리와 서비스를 총괄한다.
- 영업마감 작업이 완전하게 이루어졌는지, 그리고 익일 영업재개를 위한 모든 테이블이 재정비되었는지 확인 점검한다.
- 업장 내의 모든 서비스에 대한 지휘통솔과 동시에 주방직원과 서비스 직원 간의 협동이 이루어지도록 조정한다.
- 일일 매출분석과 문제점을 파악하여 익일 영업에 반영한다.

### 5) 캡틴

- 영업시작 시간 전에 담당구역의 서비스 준비사항과 접객원들을 점검한다.
- 담당구역의 정돈상태와 Set-up, 서비스 스테이션 등을 확인 점검한다.
- 캡틴은 그 구역 내의 책임자로서 고객을 직접 영접하며 주문을 받는다.
- 메뉴 주문 시에는 판매하는 메뉴와 각 품목의 조리시간을 숙지하고, 정해진 순서에 따라 서비스한다.
- 와인을 권유하기 위해 와인에 대한 깊은 지식과 판매기법을 숙지하고 있어야 한다.

- 타 업장에 대한 모든 사항과 연회행사의 스케줄에 대해서도 알고 있어야 한다.
- 고객의 안내 및 착석을 돕고, 주문한 식음료가 제공된 후에는 고객이 음식을 즐겁게 먹는지 주의 깊게 살펴본다.
- 주문한 내용과 계산서가 이상 없는지 확인점검을 한다.
- 고객을 전송한 다음 식탁을 재정비하도록 지시하고 확인한다.
- 서비스 매뉴얼, 호텔 규정, 긴급 시 조치사항 등을 숙지해야 한다.
- 항상 최선의 서비스를 할 수 있도록 만반의 태세를 갖추어야 하며, 다른 동료직원이 바쁠 때는 도와주어야 한다.
- 업장 직원들의 근무태도 관리 및 근무 스케줄을 작성하고 이를 효율적으로 관리한다.

### 6) 웨이터 및 웨이트리스

- 캡틴을 보좌하며 주문된 식음료를 직접 고객에게 제공한다.
- 각 업장의 용기 · 기물에 대한 청결을 유지한다.
- 테이블 린넨 교환 및 기타 서비스 제공에 필요한 편의용품을 수령하고 세팅한다.
- 음료창고로부터 필요한 음료를 수령하여 보관한다.
- 해당 영업장에서 발생하는 전표 불출 및 보관 관리한다.
- 식음료 요금의 금전등록기 등록 및 영수증을 발급한다.
- 영업마감 후 수납된 일체의 현금 및 유가증권을 인계한다.
- 근무시간 전에 청결한 복장, 용모를 단정하게 하고 근무에 필요한 준비를 한다.
- 할당된 구역과 부수적인 업무와 테이블번호를 숙지해야 한다.
- 테이블이 잘 정돈되었는지 영업 준비사항을 점검하고, 예약상황을 확인 및 숙지한다.
- VIP 고객을 캡틴에게 보고하고, 철저하게 준비된 서비스를 실시한다.
- 공손하고 상냥한 어조로 고객을 맞이하고, 고객의 성함을 아는 경우 고객의 성에 존칭을 붙여 대화해야 한다.

- 담당테이블의 식음료 주문 그리고 올바른 순서에 따라 모든 식음료를 능률적으로 서브해야 한다.
- 고객의 식사(음료)가 끝났을 때 고객의 요구에 따라 계산서를 제공하고, 이상 유무 · 를 확인한다.
- 다음 차례의 고객을 접대하기 위해 식탁을 재정비한다.

잠깐, 쉬어가기!

## 식음료서비스 영어회화(1)

1 이쪽으로 오십시오.
This way please.
こちらへ どうぞ

2 예약하셨습니까?
Did you make a reservation?
ごよやくなさいましたか。

3 일행이 몇 분이십니까?
How many are there in your party?
おつれあいは何人でございますか。

4 죄송합니다. 이 테이블은 예약이 되어있습니다.
I'm sorry. This table is reserved.
もうしわけございまんせんが、 この せき(テーブル)は よやくされて おります。

5 이 테이블은 괜찮으십니까?
Do you like this table?
こちらの せき(テーブル)で よろしいですか(でしょうか)。

6 창가에 앉으시겠습니까?
Would you like to sit by the window?
まどがわの せき(テーブル)に ごあんないしましょうか。

7 전망이 좋은 곳의 좌석을 원하십니까?
Do you want a table with a view?
おこのみのせきが ございますか。

8 전망이 좋은 좌석을 원하십니까, 그 테이블로 옮겨드릴까요?
Do you want a table with a view, could you change to other table?
ながめの いい ところに おせきを かわりましょうか。

9 바깥쪽으로 앉으시겠습니까?
Would you like to sit outside?
そとがわに おすわりに なりますか。

10 합석을 해도 괜찮으시겠습니까?
Would you mind sharing a table?
あいせきしても よろしいですか。

11 안녕하십니까?
How are you?
こんにちは

12 만나게 되어 반갑습니다.
I am glad to meet you.
おあいできてうれしいです。

13 예약하셨습니까?
Did you make a reservation, sir?
ご豫約なさいましたか。

14 제가 안내하겠습니다. 이쪽으로 오십시오.
I will show you. Come this way please.
わたしがご案内いたします。

15 창가 쪽으로 앉으시겠습니까?
Would you like to sit by the window?
窓のほうへどうぞ

16 이 테이블로 하시겠습니까?
Would you like this table? How about this table?
このテーブルにしますか。

17 앉으세요.
Have a seat. Why don't you have a seat.
おすわりください。

18 합석하시겠습니까?
Would you please share the table?
お合席たいじょうぶですか。

19 메뉴 여기 있습니다.
Here is the menu.
ごちらメニューです。

20 메뉴 보시겠습니까?
Would you like to see the menu?
メニューをあげましょうか。

SECTION 2

# 식음료 직원의 기본요건

## 1. 남자 직원의 자기관리법

### 1) 두발 관리법

접객직원의 머리 모양은 항상 단정하고 깔끔해야 하며, 검정색 형태의 자연스러운 색깔을 유지해야 한다. 특정 색깔의 염색은 안 되며, 포마드 또는 머리 크림, 젤리, 무스, 스프레이 등을 이용하여 머리카락을 고정시킬 수 있도록 하면서 가르마를 자연스럽게 타서 단정하게 옆과 뒤로 넘겨야 한다.

세부적인 방법은 다음과 같다.

- 짧고 단정한 모습으로서 앞머리는 이마를 덮지 않도록 빗질하여 뒤로 살짝 넘긴다.
- 뒷머리는 와이셔츠 옷깃을 초과해서는 안 되며, 옆머리는 귀를 덮어서는 안 된다.
- 비듬과 불쾌한 냄새가 나지 않도록 항상 청결을 유지하고 수시로 머리를 점검하여 고객으로 하여금 신선한 이미지를 심어주도록 해야 한다.
- 지나친 곱슬머리는 파마를 하여 가지런하게 직모형이 될 수 있도록 빗질하고, 고객으로 하여금 부담감을 느끼지 않도록 해야 한다. 즉 혐오감을 줄 수 있는 파마를 해서는 안 된다.
- 앞머리의 가르마는 7 : 3 비율로 하며, 앞머리가 흘러서 앞이마를 덮지 않는다.
- 머릿결은 머리 기름을 사용하여 반듯하게 하고, 구레나룻은 귀 부분의 절반 이상 내려오면 안 된다.

### 2) 얼굴 관리법

고객을 만날 때 첫인상을 가장 먼저 느끼게 하는 것이 얼굴이다. 따라서 호감과 즐거운 기분을 줄 수 있도록 항상 밝고 명랑한 표정을 유지해야 하고, 고객이 신뢰감과 안락한 분위기를 느낄 수 있도록 얼굴관리를 잘해야 한다. 특히 얼굴의 흉터, 종기, 상처, 지나친 여드름, 많이 그을린 상태 등의 모습으로 고객을 맞이해서는 안 되며, 불가피한 경우가 발생되어 얼굴 모습이 보기에 흉하다면 치료가 될 때까지 영업장에서 고객을 접객하지 않고, 백사이드Back of Side 업무를 담당하거나 아니면 휴가를 실시하여 대기하도록 한다.

세부적으로 지켜야 할 사항은 다음과 같다.

- 면도는 매일 실시하여 깔끔하고 시원스럽게 보이도록 해야 한다.
- 구레나룻은 귀 아래 부위까지 내려오지 않도록 깎아야 하며, 콧속 수염이 밖으로 보이지 않도록 관리해야 한다.
- 고객이 혐오감을 가지지 않도록 지나친 화장이나 향수를 사용해서는 안 된다.
- 시력이 좋지 않은 직원은 가능한 렌즈를 착용토록 한다.
- 양치질을 자주 실시하여 입 냄새가 나지 않도록 각별히 신경을 기울여야 한다.
- 고객과 가까운 거리에서 기침이나 딸꾹질, 하품 등을 해서는 안 된다.

### 3) 손 관리법

고객에게 서브를 하거나 메모, 방향 안내, 전달 등을 할 때 반드시 손 부위를 사용하게 된다. 따라서 청결하게 관리하지 못한 손과 손톱은 품위를 상실하게 되고 고객에게 혐오감을 주게 된다.

구체적인 주의사항은 다음과 같다.

- 직원의 손톱은 2㎜ 이상 길어서는 안 되고, 항상 짧게 유지해야 한다.
- 손은 항상 깨끗이 씻어 청결을 유지하고, 상처가 난 손으로 서비스를 하지 않는다.
- 손톱 사이로 불순물이 끼지 않도록 관리해야 한다.
- 고객이 보는 앞에서 손으로 코, 머리, 얼굴, 입 등을 만져서는 안 된다.

- 화려한 반지의 착용은 반드시 금하며, 상황에 따라 가늘고 부드러운 실반지의 형태는 가능하나 가급적이면 반지 착용을 금하는 것이 더 좋다.

### 4) 유니폼 관리법

유니폼은 호텔과 각 영업장의 특성을 나타내는 역할을 하기 때문에, 반드시 지정된 것을 착용하도록 해야 한다. 특히 고급스러운 분위기일수록 직원의 유니폼은 세련되고 잘 어울리는 색상과 디자인을 선택해야 한다. 뿐만 아니라 유니폼은 계절감각을 잘 고려하여 선정하도록 하고 깔끔하게 다림질 된 것을 착용하도록 해야 된다.

유니폼과 관련한 주의사항은 다음과 같다.

- 유니폼은 떨어진 것이나 약간이라도 헤진 것을 착용해서는 안 된다.
- 얼룩이 묻었거나 조금이라도 얼룩이 남아있는 것을 착용해서도 안 되고, 항상 다림질된 것을 착용하도록 한다.
- 단추가 떨어졌거나 바느질이 터진 곳 또는 꿰어 맨 자국이 난 것을 착용하지 말고, 적당한 사이즈의 크기를 착용해야 한다.
- 유니폼의 가장자리에서 약간 왼쪽의 상단 부분에 명찰을 패용하고 명찰이 옷깃을 가려서는 안 된다.
- 유니폼의 주머니가 불룩하면 보기 흉하므로 불필요한 물건은 넣지 않도록 하며, 간단한 메모용지나 필기도구만 휴대한다.

#### (1) 와이셔츠

- 와이셔츠는 규정된 색상을 착용하도록 하고, 항상 다림질된 것처럼 깔끔하고 단정한 모습을 유지해야 한다.
- 소매 끝, 깃, 모서리 등의 부분은 특히 유심히 관찰하고, 약간의 흠집이 있어도 반드시 교체하여 입도록 한다.
- 와이셔츠는 항상 바지 속으로 넣어 입도록 하고, 와이셔츠의 소매길이는 바깥

유니폼의 길이보다는 3㎜ 정도 약간 길어 보이는 것이 적당하다.

(2) 넥타이

- 회사에서 규정된 것만을 착용하도록 한다.
- 타이의 매듭 부분이 더러워지지 않도록 하고, 항상 정확한 위치에 반듯이 위치하고 있는지 관심을 가지고 확인하도록 한다.
- 나비넥타이는 비뚤지 않도록 조심스럽게 착용하고, 롱 넥타이는 허리띠 자물쇠 부위를 살짝 가릴 수 있도록 한다.

(3) 구두와 양말

- 항상 깨끗하고 광택과 윤기가 나도록 손질하고, 반드시 검정색 계통의 단화를 착용하고 구겨서 신지 않도록 한다.
- 구두 뒤 굽이 한쪽으로만 닳아서는 안 되며, 보기 흉한 신발은 교체하도록 한다.
- 양말은 반드시 검정색이나 군청색 계통을 착용하고, 발 냄새가 나지 않도록 잘 관리해야 한다.

**표 1.1 남자직원의 자기관리법**

| 구 분 | 잘 관리된 용모 | 금지사항 |
|---|---|---|
| 머리 | • 항상 짧고 깨끗하게 손질한다.<br>• 뒷머리는 와이셔츠 옷깃을 덮지 않도록 한다.<br>• 앞머리가 흘러서 앞이마를 덮지 않도록 한다.<br>• 옆머리는 귀를 덮지 않도록 한다.<br>• 항상 단정하게 빗어야 하며 비듬이 있지 않도록 자주 감는다.<br>• 영업장 직원은 젤 또는 포마드를 사용한다. | • 장발 / 파마 / 스포츠형<br>• 냄새가 강한 머릿기름은 절대로 금지한다. |
| 얼굴 | • 수염은 매일 아침에 깎고, 깨끗하게 면도하여 청결감을 유지토록 한다.<br>• 구레나룻은 귀의 반 이상을 내려가면 안 된다.<br>• 코털은 길지 않도록 한다.<br>• 귀 뒤를 깨끗이 한다.<br>• 안경 대신 렌즈를 사용하는 것이 좋다.<br>• 얼굴색(햇빛에 과다노출, 혈색 등)은 고객이 거부감을 느끼지 않도록 한다.<br>• 상처, 종기 등의 치료에 만전을 기한다.<br>• 식사 후에는 항상 양치질을 한다.(입 냄새 제거) | • 반창고 등의 사용 상태에서 서비스는 금지한다. |

| 구 분 | 잘 관리된 용모 | 금지사항 |
|---|---|---|
| 손 | • 손톱은 항상 짧게 하고 때가 없도록 유지한다.<br>• 손은 항상 깨끗이 유지한다. | |
| 구두 | • 회사에서 규정하는 신발만 착용한다.<br>• 항상 윤택이 나도록 깨끗이 닦는다. | • 뒤축을 꺾어 신거나 장식신발 착용을 금지한다. |
| 양말 | • 검정색이나 짙은 곤색을 착용한다. | • 흰색 양말은 착용 금지한다. |
| 기타 | • 검소한 시계, 반지 등은 착용할 수 있다.(결혼반지, 시계 등)<br>• 목욕을 자주하여 몸을 청결하게 한다. | • 목걸이 / 팔지 등의 사치스러운 것은 착용을 금지한다. |

**표 1.2 직원의 용모 체크리스트**

| 내 용 | | 상 | 중 | 하 | 비고 |
|---|---|---|---|---|---|
| 두발 | • 머리가 삐치거나 흘러내리지 않도록 단정하게 손질했는가? | | | | |
| | • 비듬은 없는가? | | | | |
| | • 냄새는 나지 않는가? | | | | |
| | • 앞머리가 눈을 가리지 않는가? | | | | |
| | • 머리핀이나 망은 머리색과 어울리는 색상인가? | | | | |
| 얼굴 및 화장 | • 귀 속과 코 속은 깨끗한가? | | | | |
| | • 화장이 밝고 자연스러운가? | | | | |
| | • 립스틱 색깔은 엷고 자연스러운가? | | | | |
| | • 향수는 피해를 주지 않도록 은은한 냄새인가? | | | | |
| 액세서리 | • 귀걸이는 귀에 고정되어 달랑이지 않는가? | | | | |
| | • 목걸이는 옷 밖으로 늘어져 업무에 방해가 되지 않는가? | | | | |
| | • 팔찌가 늘어져 업무에 방해가 되지 않는가? | | | | |
| | • 반지는 너무 화려하지 않는가? | | | | |
| 구강 및손 관리 | • 입 냄새는 안 나는가? | | | | |
| | • 손과 손톱은 깨끗한가? | | | | |
| | • 매니큐어는 엷고 투명한 색인가? | | | | |
| 복장 | • 명찰은 정위치에 부착하고 있는가? | | | | |
| | • 유니폼 또는 정장이 깨끗한가? | | | | |
| | • 다림질은 잘되어 있는가? | | | | |
| | • 단추는 느슨하지 않은가? | | | | |
| | • 스타킹 또는 양말이 유니폼과 정장에 어울리는가? | | | | |
| | • 스타킹에 줄은 가지 않았는가? | | | | |

| 내 용 | | 상 | 중 | 하 | 비고 |
|---|---|---|---|---|---|
| 자세와 태도 | • 상대의 얼굴을 주시하며 웃는 얼굴로 악수하는가? | | | | |
| | • 악수할 때 손은 알맞은 힘으로 잡는가? | | | | |
| | • 명함지갑은 준비하는가? | | | | |
| | • 명함은 항상 10장 이상 준비하는가? | | | | |
| | • 명함이 구겨지거나 끝이 접혀져 더럽지 않는가? | | | | |
| | • 용건을 물을 때 상대방을 똑바로 보는가? | | | | |
| | • 펜을 건넬 때 펜 끝이 자신을 향하게 하는가? | | | | |
| | • 필기구는 충분히 준비하고 있는가? | | | | |

## 2. 여자 직원의 자기관리법

### 1) 두발 관리법

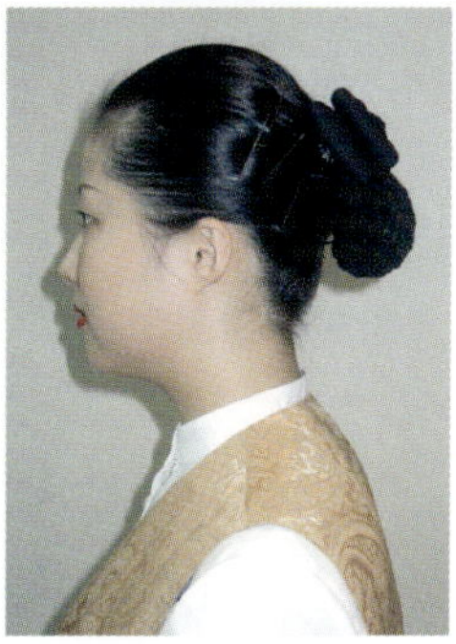

- 여자 직원의 헤어스타일은 단정하면서도 유니폼과 잘 어울려야 한다. 또한 부자연스러운 염색은 피하고 요란한 핀이나 밴드 등의 사용은 하지 않는 것이 좋다.
- 얼굴 형태와 조화를 이루는 머리스타일이 가장 좋으며, 가능한 호텔의 규정에 알맞도록 꾸민다.
- 앞머리는 얼굴 부위로 흘러내리지 않도록 손질하고, 뒷머리는 블라우스의 옷깃을 덮지 않도록 한다. 그리고 뒷머리의 끝 부분은 가급적 망사로 덮개를 씌우도록 한다.
- 고객에게 불쾌감과 혐오감을 유발시키는 요란한 파마를 해서는 안 되며, 가급적 검정색 계통의 머리 색상을 유지하도록 한다. 만약 염색을 해야 할 경우라면 규정된 범위 내에서 엷은 갈색 모양을 가볍게 비쳐 보이는 정도는 무방하다.
- 긴 머리는 위로 치켜 올려서 묶도록 하고, 목덜미 부분은 상쾌한 감이 들도록 깨끗하게 손질한다.(흑색 머리망을 사용할 수도 있다.)
- 머리 장식품을 이용한 치장은 안 된다.

- 앞머리는 뒤로 묶거나 짧게 깎아서 앞으로 늘어지는 일이 없도록 한다.

### 2) 얼굴 관리법

호텔에서의 여직원은 항상 명랑한 분위기와 밝은 인상, 상냥한 미소를 창출해야 하며, 깔끔하고 화사한 피부관리를 위해 많은 노력을 해야 된다. 세부적인 사항은 다음과 같다.

- 짙은 화장은 피하고, 자연스러우면서도 교양 있는 모습을 유지해야 한다.
- 지나치게 노출되는 속눈썹을 붙여서는 안 되며, 립스틱을 요란하게 사용해서도 안 된다.
- 향이 강한 향수와 화장품을 사용해서는 안 되며, 요란한 귀걸이를 착용해서도 안 된다. 다만, 가늘고 부착형으로 고정된 것은 상황에 따라 착용을 해도 무방하다.
- 입 냄새가 나지 않도록 세심한 관심을 기울여야 한다.
- 고객의 근처에서 기침, 딸꾹질, 하품 등을 해서는 안 된다.

### 3) 손 관리법

- 손톱의 길이가 2~3㎜ 이상 길어서는 안 되고, 반드시 청결하게 유지해야 한다.
- 항상 깨끗한 손과 손톱을 유지하고 상처가 난 손으로 서비스를 해서는 안 된다.
- 손톱의 안쪽에 불순물이 없도록 해야 하고, 손으로 코, 머리, 얼굴, 입 등을 만져서는 안 된다.
- 원칙적으로 손톱에 색상을 입히는 것은 안 되며, 매니큐어는 혐오감을 주지 않는 연한 살색 정도면 무난하다.

### 4) 유니폼 관리법

- 유니폼은 깨끗하고 다림질 된 것을 착용하도록 한다.

- 유니폼에 얼룩이 있거나 더러운 것은 즉시 교체하여 착용한다.
- 단추가 떨어졌거나 바느질이 터진 곳은 즉시 수선하여 입도록 하고, 보기 흉한 것은 착용을 하지 않는다.
- 유니폼의 스커트 길이는 표준 사이즈를 지켜야 하며, 임의로 올리거나 내려 착용해서는 안 된다.
- 에프런Apron은 다림질이 잘된 것을 사용하고, 보기 좋게 매듭을 묶어서 단정하게 착용한다.
- 주머니가 불룩하면 보기 흉하므로 불필요한 물건은 넣지 않도록 하고, 간단한 필기도구와 메모용지만을 휴대한다.
- 명찰은 옷깃에 가리지 않도록 하며, 왼쪽 정 위치에 반듯하게 패용을 한다.
- 한복의 치마는 땅에 질질 끌리지 않도록 길이를 잘 맞추어 착용하고, 저고리 동정을 수시로 교체하여 더러워 보이지 않도록 한다.

이와 같이 여자직원 유니폼 관리법은 세부적으로 다음과 같다.

(1) 블라우스

- 회사에서 지급된 것으로서 다림질이 잘된 것을 착용한다.
- 소매 끝, 깃, 모서리 등은 쉽게 더러워질 수 있으므로 특별한 주의를 기울인다.
- 블라우스 옷자락이 스커트 바깥으로 보이면 안 되며, 소매 길이는 유니폼 소매를 기준으로 약 3㎜ 정도 더 길어보이도록 한다.

(2) 리본, 구두, 스타킹

- 반드시 규정된 것을 착용하도록 한다.
- 리본은 항상 올바른 위치에 반듯하게 매어져 있는지 주의를 기울이고, 비뚤지는 않는지 확인을 자주 하여 깨끗하고 단정한 모습을 보이도록 한다.
- 구두는 회사에서 규정된 것을 착용하며, 절대로 구겨 신어서는 안 된다.
- 구두 밑굽이 떨어졌거나 많이 훼손된 것은 즉시 교체토록 한다.

- 스타킹은 엷은 살색이나 규정된 색상을 착용하며, 조금이라도 올이 나간 것은 교체를 하고, 아래로 흘러내리지 않도록 조심스레 신는다.
- 리본은 화려한 것을 착용하지 말고, 정확한 위치에 반듯하게 위치해야 한다.

**표 1.3 여직원의 용모관리**

| 구 분 | 잘 관리된 용모 | 금지사항 |
|---|---|---|
| 두발 | • 단정한 생머리 또는 스트레이트 퍼머를 원칙으로 하지만, 자연스러운 웨이브 파마는 허용한다.<br>• 앞머리가 얼굴을 가리지 않도록 손질한다.<br>• 뒷머리는 어깨 이상 내려오지 않도록 한다.(목선을 넘는 경우 묶어서 단정하게 유지)<br>• 자주 감고 빗질하여 청결한 느낌을 한다. | • 염색머리나 요란한 머리<br>• 화려한 핀, 리본, 장식 |
| 얼굴 | • 생기 있는 옅은 화장은 허용한다.(전체의 색깔은 건강한 자연색 표현)<br>• 항상 깨끗한 느낌이 들도록 유지한다.<br>• 안경 대신 렌즈를 사용한다.<br>• 식사 후에는 항상 양치질을 한다. | • 짙은 색깔의 화장(화장품 냄새 주의)<br>• 짙은 향수<br>• 화장하지 않은 맨 얼굴 |
| 손 | • 손은 항상 깨끗하게 유지한다.<br>• 손톱은 항상 짧게 깎고 깨끗하게 유지한다.<br>• 매니큐어를 발라서는 안 된다.(단, 투명하거나 무색은 허용) | • 짙은 유색 매니큐어 |
| 구두 | • 회사에서 규정한 신발만 착용한다.<br>• 항상 윤택이 나도록 깨끗이 닦는다. | • 뒤축을 구부려 신는 행위 |
| 기타 | • 근무 중에는 액세서리 착용을 원칙적으로 금지하지만, 실반지나 실목걸이 등은 무난하다. | • 화려한 장식품 등 |

## 3. 호텔 직원의 접객태도

호텔 직원들의 세련되고 올바른 접객태도는 호텔의 가치와 품위를 높일 뿐만 아니라 자기 자신의 직무만족과 조직에 대한 직무몰입 향상에 크게 도움을 준다. 게다가 서비스를 제공받는 고객의 입장에서도 직원의 훌륭한 접객태도는 비즈니스의 질적 향상은 물론 과업처리를 성공적으로 이룩할 수 있다. 따라서 최근에 와서는 국제 비즈니스를 올바르게 수행하기 위해 전문적으로 테이블매너 교육 강좌를 실시하기도 한다.

이처럼 호텔 직원의 접객 태도와 이를 이용하는 고객의 태도가 서로 조화와 균형을 이룰 수 있을 때, 직원과 고객은 최상의 만족과 가치효과를 획득할 수 있다. 또한 접객직원의 행위 표현은 다양하게 나타나는데, 그 중에서도 가장 대표적인 것이 손과 얼굴부위의 머리이다. 얼굴부위의 머리는 고객을 반갑게 맞이한다는 인사법과, 어떤 행동의 긍정적임과 부정적임을 나타내는 표현 방법이다. 그리고 손의 사용은 방향지시를 나타내거나 물건을 건네거나 기타 행위표현을 나타내는데 매우 빈번하게 사용된다.

따라서 손을 사용해서 행위 표현을 할 때 주의할 사항은 다음과 같다. 첫째, 고객을 기다리는 자세는 양손을 앞으로 가지런히 모아서 바른 자세를 하고 기다린다. 둘째, 방향을 안내할 때는 절대적으로 인지만 사용하지 말고, 반드시 손바닥을 곧게 펴서 손등을 아래로 향하게 하여 전체를 가리키도록 한다. 셋째, 주먹을 움켜잡을 때는 손에 강한 힘을 주어서는 안 되며, 자연스럽게 손가락을 모아 달걀을 잡듯이 둥글게 쥔다. 넷째, 방향을 안내할 때는 손의 사용과 함께 시선의 방향도 같은 방향으로 일치시키도록 한다. 다섯째, 명함이나 서류 등을 건네받을 때는 가벼운 목례를 하면서 양손으로 정중히 받도록 주의한다.

**표 1.4 접객태도**

| 순 서 | 진행내용 | 특기사항 |
|---|---|---|
| 인사 | • 웃으면서<br>• 호칭을 부르면서 인사<br>• 인원파악<br>• 예약 유 · 무 확인 | |
| 안내 | • 고객을 2~3보 앞에서 안내<br>• 잘 따라오는지 여부 확인<br>• 테이블 앞까지 정중하게 안내 | |
| 착석보조 | • 의자 뒤에서 착석보조<br>• 오른발을 의자 밑으로 살며시 넣으면서 밀어 넣음 | |
| 배웅 | • 만족도 여부 확인하며 전송 | |

### 1) 접객 대화요령

- 명확한 표준어 사용과 똑똑하고 정중한 말을 사용한다.
- 간결하고 알기 쉽게, 그리고 상황에 어울리는 말을 사용한다.
- 업무와 관계없는 말은 삼가고, 항상 고객의 입장에서 생각하여 바른말과 올바른 언어를 사용한다.
- 항상 친절한 미소와 반가운 표정으로 고객에게 말을 건넨다.
- 고객의 말을 끝까지 경청하며, 항상 긍정적으로 생각한다.
- 고객의 수준과 분위기에 적합하도록 지혜를 가지고 말을 한다.
- 권유형 또는 의뢰형의 말을 사용하는 것이 좋으며, 고객에게 적극적인 관심을 나타낼 수 있는 말을 사용한다.
- 상대방의 언어속도 또는 말투에 신경을 기울이며, 고객의 시선을 주시하면서 말을 사용한다.
- 고객의 반응에 적극적인 응대를 가지면서 대화를 나눈다.
- 외국어 구사능력과 용어 또는 일반상식에 대해 알고 있어야 하며, 수준 높은 대화 장소에서는 분위기에 알맞은 대화를 사용하도록 한다.
- 고객 질문 시 잘 모를 경우가 발생되더라도 솔직하고 정직하게 말을 표현해야 한다.

### 2) 접객직원의 마음자세

- 활력과 생동감을 가져라.
- 항상 자기계발을 능동적으로 하며, 자신감을 가져라.
- 환경변화에 능동적으로 대처하고, 도전정신과 인내심을 가져라.
- 타인들로부터 신뢰받는 사람이 되도록 노력하라.
- 규칙과 신용을 철저히 준수하고 회사발전에 적극적으로 참여하라.
- 한 번 계획한 일은 고난을 무릅쓰고 완성하도록 노력하라.
- 실패를 겁내지 마라, 실패의 원인을 규명하여 재발생되지 않도록 최선을 다하라.

- 당일의 일은 당일로 끝내라. 즉 책임완수를 사명으로 실천하라.
- 본인의 시간을 귀중하게 활용하고 자기 자신에게 최선을 다하라.
- 삶의 보람이 있는 직장을 만드는데 최선을 다하라.
- 본인의 접객태도가 회사 전체를 대표한다는 주인의식을 가져라.
- 항상 고객의 입장에서 생각하고 겸허한 태도로서 고객을 맞이하는데 열정을 다하라.
- 상품지식을 충분히 이해하고 자신의 가치를 최고로 하라.

### 3) 접객직원의 대화법

말은 사람의 품성을 나타낸다. 접객직원은 누가 물어도 알기 쉬운 말씨로 상대방을 배려하는 입장에서 신뢰와 친절미가 넘치는 화술로 응대하는 것이 가장 좋다.

- "안녕하십니까? OOO입니다."
- "그러하십니까? 잘 알겠습니다."
- "이쪽으로 오시겠습니까? 선생님!"
- "무엇을 도와드릴까요? 선생님!"
- "죄송합니다만, ~이 아닌 것 같습니다."
- "잠깐만 기다려주십시오. 곧바로 조치해 드리겠습니다."
- "대단히 죄송합니다만, 다음에는 가능하도록 노력하겠습니다."
- "오래 기다리게 해서 죄송합니다. 감사합니다."
- "대단히 감사합니다."
- "안녕히 가십시오. 또 오십시오."

### 4) 접객직원의 대기자세

접객직원이 영업을 위하여 고객을 기다리고 있거나, 식사 중인 고객을 위하여 서브를 하고자 대기하고 있는 준비자세를 말한다. 일명 스탠바이Stand By라고 부르기도 한다. 대기자세는 양손 주먹을 가볍게 움켜쥐고, 양손 주먹은 바지의 재봉선에 자연스럽게 살짝 붙인다. 이때 발의 뒷굽은 모으고, 발의 내각은 약 30~45도 정도 각을 이루며 시선의 방향은 전방을 주시한다. 구체적인 방법은 다음과 같다.

- 가슴을 반듯이 펴고 수직자세를 유지한다.
- 벽이나 기둥에 절대로 기대면 안 되며, 대기 중에는 동료들과 잡담이나 하품을 해서도 안 된다.
- 양손은 살짝 움켜쥐고 왼손은 암 타월Arm Towel을 하여 배꼽 앞으로 살짝 구부리면서 고정시키고, 오른손은 바지 재봉선과 일치시킨다.
- 대기 중 다른 사물을 곁눈질하여 보면 안 되고, 껌을 씹어서도 안 된다. 또한 대기 중에 얼굴을 만지거나 불필요한 행동을 해서도 안 된다.
- 곧은 자세로 계속해서 대기를 하면 피로가 누적되어 업무의 효율성이 저하될 수 있으니 동료와 번갈아 교대를 하면서 대기자세를 실시하도록 한다.
- 직원 간 속삭임이나 고객과의 긴 대화는 피하며, 2명 이상 모여서 대기하지 않는다.
- 대기의 위치는 전체 홀이 잘 보이는 곳으로 하고, 고객을 손가락으로 주시하지 말며 손바닥 전체를 사용해야 한다.
- 대기 중에는 얼굴이나 머리 등에 손을 갖다가 대면 안 된다.
- 뒷짐을 지거나 팔짱을 껴서는 안 된다.
- 항상 고객을 주시하면서 밝고 긍정적인 표정과 자세를 갖도록 한다.

**표 1.5 접객직원의 대기자세**

| 단 계 | 세부내용 | 비 고 |
|---|---|---|
| 자세 | • 미소를 머금은 듯 부드럽고 상냥하게<br>• 암 타월을 항상 휴대하며<br>• 시선은 항상 고객을 주시한다. | |
| 위치 | • 홀 전체가 모두 보이는 입구 벽 쪽에서 대기<br>• 고객의 시선이 잘 보이는 곳 | |

| 단 계 | 세부내용 | 비 고 |
|---|---|---|
| 주시요소 | • 고객의 시선을 관찰 등<br>• 워터 고블렛, 와인글라스의 리필상태를 수시로 확인<br>• 업셀링 포인트 포착에 주의<br>• 기물이나 디시의 테이크아웃 시점<br>• 기타 고객의 요구 시 신속히 대응할 수 있는 상태 | • 메모지와 필기도구를 휴대 |
| 금지사항 | • 한 곳에 모여서 잡담하는 행위<br>• 호주머니에 손을 넣는 행위<br>• 뒷짐을 지는 행위<br>• 주머니에 물품을 많이 넣지 말 것<br>• 개인적인 일을 업무에 연결시키는 것<br>• 불필요한 곳을 응시하지 말 것 | |

### 5) 접객직원의 보행자세

- 뒷짐을 지거나 주머니에 손을 넣고 걸어서는 안 된다.
- 팔짱을 끼며 보행을 해서는 안 되며, 특히 발의 내각 방향이 정면을 향하도록 일직선을 유지하면서 걸어야 한다.
- 가슴과 등은 곧게 펴고, 턱은 앞으로 당겨 시선이 정면을 향하도록 한다. 이때 보폭은 적당히 유지하며 자연스럽게 걷는다.
- 보행 시 팔은 자연스럽게 교차하도록 움직이며, 보행 중에는 다리가 벌어지지 않도록 하고, 발을 질질 끌면 안 된다.
- 보행 중에는 주머니가 불룩하도록 물건을 넣고 보행을 하면 안 된다.
- 좌측 방향에서 통행을 하도록 하며, 고객의 앞으로 지나가지 말고, 고객의 뒤로 지나가야 한다.
- 실내에서는 절대로 뛰어서는 안 되며, 급할 때는 빠른 걸음으로 조용히 걷는다.
- 고객과 교차할 때는 가볍게 목례를 하면서 지나친다.
- 보행 시 고객을 유심히 쳐다보거나 곁눈질을 해서는 안 된다.
- 직장상사 또는 VIP 고객과 동행할 때는 가급적이면 좌측 1보와 뒤 1보의 위치에서 동행한다.
- 고객을 안내할 때는 고객보다 좌 1보, 전방 2~3보의 위치에서 정중하게 안내한다.

### 6) 접객직원의 행동 표현법

접객직원의 행위 표현법은 다양하게 나타나지만, 그 중에서도 가장 대표적인 것이 직원의 손과 얼굴 부위의 머리이다. 얼굴 부위의 머리는 고객을 반갑게 맞이한다는 인사방법과, 어떠한 행동의 긍정적임과 부정적임을 나타내는 표현 방법이다. 그리고 손의 사용은 방향지시를 나타내거나 물건을 건네거나 기타 행위 표현을 나타내는데 매우 빈번하게 사용된다. 따라서 호텔 직원이 고객을 접객할 때 사용하게 되는 손의 사용법을 중심으로 살펴보도록 한다.

- 고객을 기다리는 자세는 양손을 앞으로 가지런히 모아서 바른 자세를 하고 기다린다.
- 방향을 안내할 때는 절대적으로 인지만 사용하지 말고, 반드시 손바닥을 곧게 펴서 손등을 아래로 향하게 하여 전체를 가리키도록 한다.
- 주먹을 움켜잡을 때는 손에 강한 힘을 주어서는 안 되며, 자연스럽게 손가락을 모아서 달걀을 잡듯이 둥글게 쥔다.
- 방향을 안내할 때는 손의 사용과 함께 시선의 방향도 같은 방향으로 일치시키도록 한다.
- 명함, 서류 등을 건네받을 때는 가벼운 목례를 하면서 양손으로 정중히 받는다.

## 4. 주요기물 사용법

### 1) 트레이의 취급방법

트레이Tray는 사용 목적에 따라 크고 작은 사이즈가 있다. 일반적으로 장방형, 정방형, 원형, 타원형 등이 있는데, 트레이는 고객의 입에 직접 접하는 음식물을 운반하는 경우가 많으므로 항상 청결하게 취급해야 한다.

- 왼손의 손바닥이 트레이의 중심이 되도록 하고 손가락을 펴서 안정성을 확보하면서 든다.
- 트레이를 드는 높이는 왼쪽 가슴과 수평이 되도록 하는 것이 가장 좋으며, 가슴 부위를 기준으로 너무 낮거나 높지 않도록 한다.
- 물건을 올려놓을 때는 우선 트레이의 중심 부분부터 놓고 내릴 때는 그 반대의 순서로 한다.
- 고객이 없거나 모두 식당을 나갔다면 트레이를 테이블에 직접 놓고 사용해도 무방하다.
- 트레이는 옆구리에 낀다거나 흔들고 다니면 안 된다.
- 트레이의 종류에 따라서 트레이 매트를 사용하는 경우도 있다. 이때 매트는 항상 청결해야 한다.

### 2) 접시의 취급방법

- 청결한 암 타월을 4등분하여 왼쪽 팔목에 걸치고, 그 위에 사용할 수량의 접시를 올려놓고 자세를 바르게 하여 움직인다.
- 접시를 내고 빼는 것은 고객의 우측에서 한다.
- 접시에 담겨진 요리를 낼 때는 마음과 동작이 정성스럽게 보이도록 한다.
- 더운 요리에는 뜨거운 접시를 사용하고, 차가운 요리는 차가운 접시를 반드시 사용해야 한다.
- 접시는 바깥부분을 엄지손가락으로 눌러서 잡고 손가락이 접시중앙으로 향하지 않도록 해야 하며, 나머지 손가락은 접시의 뒷면을 받친다.

- 접시를 낼 때는 "실례합니다", 외국인일 때는 "Excuse me", "すみません" 등의 말을 하면서 소음이 나지 않도록 조심스럽게 테이블 위에 놓는다.
- 접시에 마크 등이 찍혀 있는 경우는 그 마크가 고객의 정면 상단으로 오도록 놓는다.
- 접시는 조용하고 조심스럽게 내야하며 던지듯이 놓아서는 절대로 안 된다.
- 고객으로부터 접시를 뺄 때는 "식사를 다 마쳤습니까?" 외국인일 때는 "Have you finished, sir?", "おわりましたか" 등의 말을 건네면서 접시를 빼야 한다.
- 여러 장의 접시를 뺄 때는 왼손의 접시에 남은 음식물과 기물 등을 분류해가면서 소음이 나지 않도록 조심하며 뺀다. 이때 주의할 점은 손, 손가락, 손톱 등은 항상 청결하게 해야 한다.

- 지문이나 손자국이 접시에 나타나지 않도록 주의한다.
- 접시에 놓인 요리의 방향이 틀리지 않도록 주의한다.

### 3) 글라스의 취급방법

글라스Glass는 취급하는 서비스용품 중에서도 가장 많이 고객의 입에 닿는 물건이다. 그러므로 다음과 같은 사항을 주의해야 한다.

- 글라스는 항상 밑 부분을 잡아야 하고, 고객의 입이 닿는 윗부분을 절대로 잡아서는 안 된다.
- 글라스의 안쪽에 손가락을 넣어서 잡아서는 안 된다.
- 글라스를 사용하기 전에 반드시 손자국, 먼지, 립스틱자국, 이빠진 것 등을 철저히 검사해서 세팅해야 한다.
- 서비스는 반드시 고객의 우측에서 하고, 뺄 때도 우측에서 뺀다.

- 글라스를 뺄 때는 고객에게 빼도 괜찮은지를 확인하고 빼야 한다.
- 글라스를 글라스 타월로 닦을 때 손을 청결히 하고, 타월을 2매 준비해서 1매는 약간 젖은 상태로 먼저 닦고, 나머지 1매는 마른 상태로 광택을 내는데 사용한다. 이때 손에 너무 힘을 주어 닦으면 깨져서 다칠 위험이 있으므로 주의해야 한다.

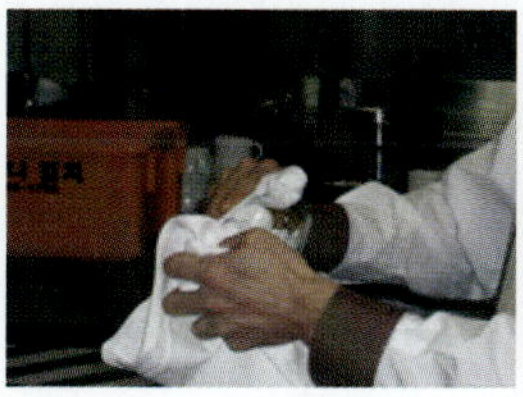
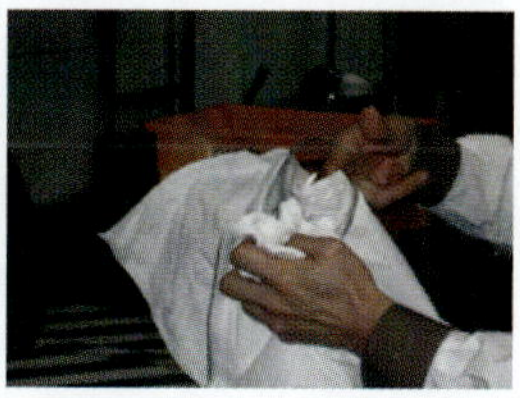

- 글라스는 닦을 때 뜨거운 증기를 쏘여서 닦으면 얼룩이 쉽게 지워진다.
- 글라스는 갑자기 뜨거운 물에 담그면 파손될 위험이 있으므로 주의해야 한다.
- 글라스는 어떠한 경우에도 포개서 운반하거나 스톡Stock해서는 안 된다.

| 순 서 | 진행 내용 | 특기사항 |
|---|---|---|
| 정리 | • 사용된 글라스는 종류별로 나누어서 랙에 거꾸로 꽂음<br>• 글라스 내의 이물질 제거 | |
| 준비 | • 기계에서 1차 처리된 랙을 옮김<br>• 청결을 유지하며 매트를 깔고 정리<br>• 뜨거운 물과 타월을 준비 | |
| 청결 | • 손이 직접 글라스에 닿지 않도록 하며 타월로 감싸며 닦음<br>• 닦을시 힘을 주지 않으며 안전사고에 유의 | |
| 운반 | • 스템 글라스는 손가락 사이에 끼워서 운반해도 무방<br>• 트레이 사용할 때에는 스템 글라스를 안쪽에 위치시키고, 안정감이 있는 것을 바깥쪽에 놓음 | |
| 서비스 | • 반드시 트레이를 사용<br>• 스템 글라스는 스템을 잡고 서비스<br>• 약간이라도 흠집이 있는 글라스는 절대로 세팅하지 말 것 | |
| 마무리 | • 세팅 후 남은 글라스는 스테이션에 뒤집어서 보관<br>• 칠링이 요구되는 글라스는 냉장고에 보관<br>• 나머지는 사용하기 편리하도록 종류별로 구별해서 보관 | |

### 4) 실버웨어Silver Ware 및 도자기그릇China Ware의 취급방법

실버웨어란 식사에 필요한 나이프, 포크, 스푼 등을 의미한다. 취급 시 주의점은 다음과 같다.

- 일반적으로 6~8종류의 서로 다른 형이 있으며, 용도 또한 서로 다르기 때문에 각각의 명칭과 용도를 기억하고 올바른 사용방법을 배우지 않으면 안 된다.
- 실버웨어는 항상 청결하게 하지 않으면 안 된다. 즉 이물질이 묻는다든가 습기가 찬다든가 하면 녹이 묻어난다.
- 고객의 앞에서 나이프를 취급할 때는 특별히 주의를 기울여 조심스럽게 취급하지 않으면 안 된다.
- 실버웨어는 손잡이 부분만 손으로 잡아야 하며, 고객의 입에 닿는 부분을 손으로 만져서는 안 된다.
- 세팅을 할 때는 "실례합니다." 등의 말을 건네며, 고객의 우측에는 나이프와 스푼을, 좌측에는 포크 등을 정중하게 세팅한다.
- 한 번에 여러 개의 종류를 취급할 때는 소리가 적게 나도록 신경을 쓰면서 세팅한다.
- 테이블 밑으로 실버웨어가 떨어졌을 때는 새로운 실버웨어로 교체해 준다.
- 기물을 던지거나 장난을 해서는 안 되며 다른 용도로 절대 사용해서도 안 된다.

**표 1.6 실버웨어의 취급방법**

| 순 서 | 진행내용 | 특기사항 |
|---|---|---|
| 준비 | • 사용된 기물은 랙에 담아서 와셔에 넣음<br>• 뜨거운 물과 타월을 준비<br>• 기계에서 1차 처리된 랙을 옮김 |  |

| 순 서 | 진행내용 | 특기사항 |
|---|---|---|
| 과정 | • 클로스 등을 바닥에 깔고<br>• 닦기 쉽도록 종류별로 구분<br>• 포크, 나이프 등은 날을 주의하면서<br>• 타월을 사용하여 손자국이 나지 않도록 깨끗이 닦음<br>• 수세미 등의 사용금지(흠집방지) | 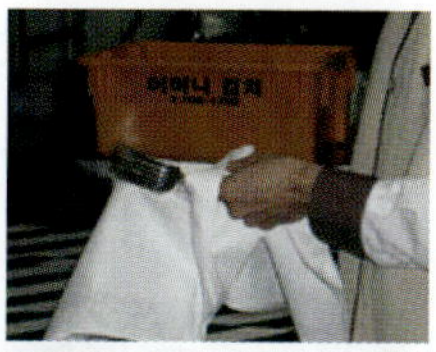 |
| 마무리 | • 마른 타월로 완전히 물기를 제거하고 광을 냄<br>• 고객에게 제공되는 것이므로 세밀히 관찰하여 종류별로 트레이에 담음 |  |

**표 1.7 도자기그릇의 취급방법**

| 순 서 | 진행내용 | 특기사항 |
|---|---|---|
| 세척 | • 랙에 담아서 디시 와셔기에 넣음<br>• 가격이 비싼 고품목은 별도로 모아서 직접 세척 | |
| 운반 | • 큰 기물은 손으로 직접 운반<br>• 작은 기물은 트레이 등을 이용<br>• 웨건으로 이용 시 높이 쌓지 않으며 평탄한 곳에서만 사용 | |
| 관리 | • 같은 종류끼리 분리해서 스테이션에 비치<br>• 너무 많은 양을 쌓지 않도록 하며<br>• 항상 청결을 유지하고 깨끗한 상태로 고객에게 제공되도록 함 |  |
| 서비스 | • 플레이트의 가장자리를 잡고 서비스함<br>• 큰 플레이트는 수평으로 하여 3장 이하로 드는 것이 원칙<br>• 작은 플레이트는 반드시 트레이를 사용함<br>• 뜨거운 플레이트는 암 타월을 받침 | |

### 5) 워터 피처Water Pitcher의 취급방법

- 아이스워터Ice Water는 "안녕하십니까?", "어서 오십시오.", "물을 따라드리겠습니다." 등의 인사말을 하면서 따라야 한다.
- 아이스워터는 원칙적으로 고객의 오른쪽에서 오른손으로 따라야 하고 물이 밖

으로 넘치거나 흘러넘치지 않도록 주의하면서 8할 정도 따른다.

- 워터 피처는 왼손을 고정시킨 채 오른손으로 사용하는 것이 좋으며, 동양식당의 경우 엽차 주전자일 때는 왼손을 주전자의 뚜껑 위를 가볍게 누르면서 따르는 것이 보기에 좋고 안정감이 있어 보인다.
- 피처나 주전자는 그 안이나 겉을 깨끗하게 닦아서 고객에게 불결함을 주지 않도록 해야 한다.
- 피처나 주전자를 사용할 때는 반드시 암 타월Arm Towel로 물방울이나 이물질을 닦아내는 습관을 가져야 한다.
- 피처나 주전자는 사용하기 전에 반드시 뚜껑을 열어보고 그 안을 확인해서 다른 용도로 사용되지 않았는지의 여부를 체크해 봐야 하며, 물은 따르는 도중에 부족하지 않도록 충분한 양을 채워 제공한다.
- 항상 깨끗하게 관리하고, 이가 빠지거나 찌그러지지 않도록 주의해서 사용해야 한다.

### 6) 클로스Cloth의 취급방법(펴고 접는 법)

- 메인요리가 끝나면 테이블 위의 빵가루 등은 Dust Pan으로 치운다.
- 사용한 클로스를 반으로 잡아당겨 접고, 그 위에 새 클로스를 반으로 해서 접힌 부분을 중앙에 오도록 걸쳐 한쪽 면을 잡고 밑에 있는 클로스를 잡아 빼면서 서서히 편다.
- 각 영업장에서는 가운데 접힌 부분의 방향이 각 테이블에 일정하도록 통일시킨다.
- 원형, 타원형의 테이블을 덮는 클로스는 테이블 모서리에서부터 내려진 부분이 일정하도록 균형을 유지하게 해야 한다.
- 언더 클로스Under Cloth는 불결하거나 얼룩진 것은 사용하지 말아야 한다.
- 옆에 있는 고객에게 먼지가 나거나 방해가 되지 않도록 조용하게 교체한다.
- 클로스는 얼룩이 지거나 파손된 것은 사용하지 말아야 한다.
- 클로스는 용도 외에 사용을 하지 않아야 한다.

1

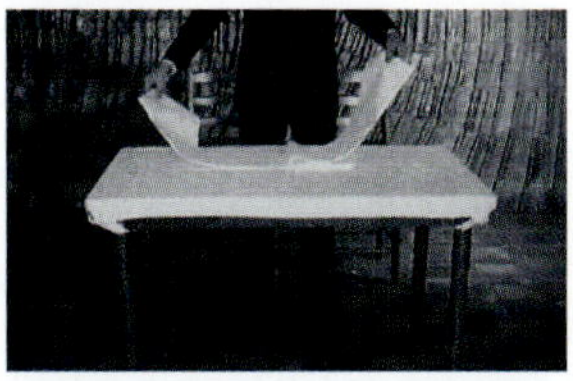

• 장방형 식탁의 Table-cloth 깔기
접힌 Table-cloth를 식탁 위에 길이로 펴세요.

2

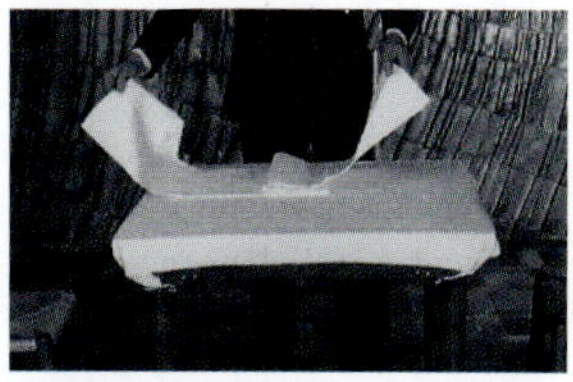

• 정사각형 식탁의 Table-cloth 깔기
네 면 중 어느 한쪽 면을 기준으로 하여 Table-cloth를 펴세요.

3

• 원형 식탁의 Table-cloth 깔기
식탁의 두 다리 사이에 펴세요.

4

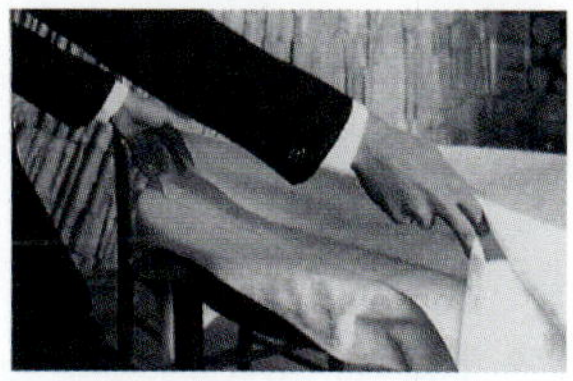

• 접힌 부분이 자기 쪽을 향하게 하여 길게 Table-cloth를 펴고 엄지와 집게, 중지를 이용하여 접힌 부분을 잡으세요.

5

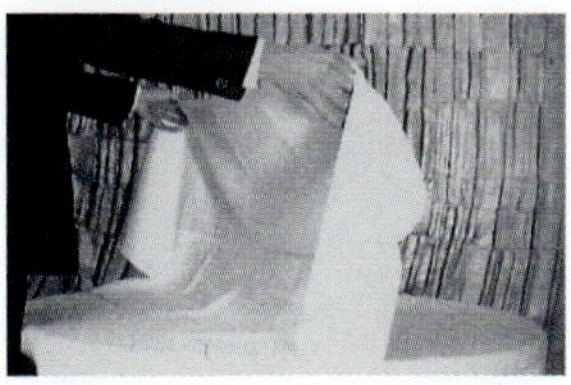

• Table-cloth를 들어올려 마지막 접힌 부분이 반대쪽으로 할 수 있게 하세요.

6

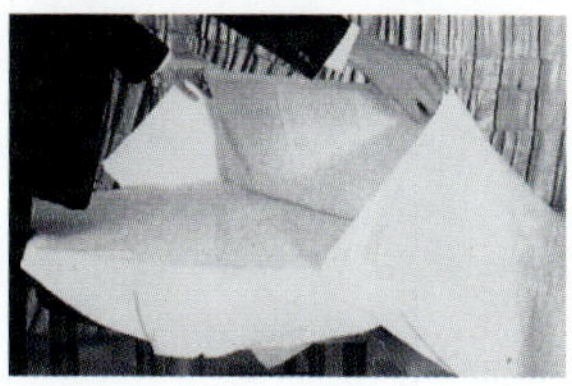

• 위쪽에 있는 2개의 접힌 부분을 엄지와 집게손가락으로 잡고 ❺번의 동작으로 식탁 외부에 Table-cloth가 충분히 가도록 하세요.

7

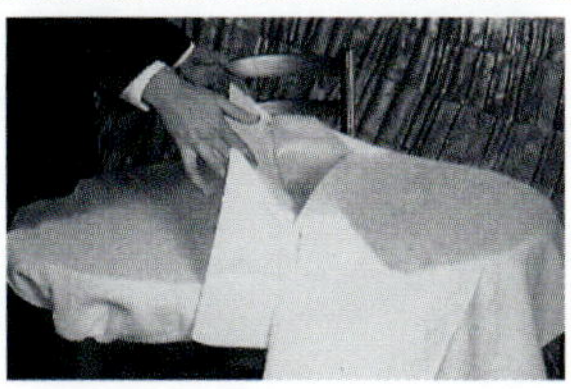

• Table-cloth가 식탁 가장자리에서 일정한 폭으로 중심이 잡혔나를 확인하세요.
• 가운데 접힘줄을 놓으면서 밑의 가장자리를 자기 쪽으로 끌어오세요.

8

• Table-cloth 깔기를 끝내세요.
• Table-cloth가 잘 깔렸는지를 확인하세요.

9

• Table-cloth가 중심에 잘 위치했고 식탁 높이와 일치했는가를 확인한 다음, 틀린 부분이 있으면 수정한 다음 의자를 배열하세요.

10

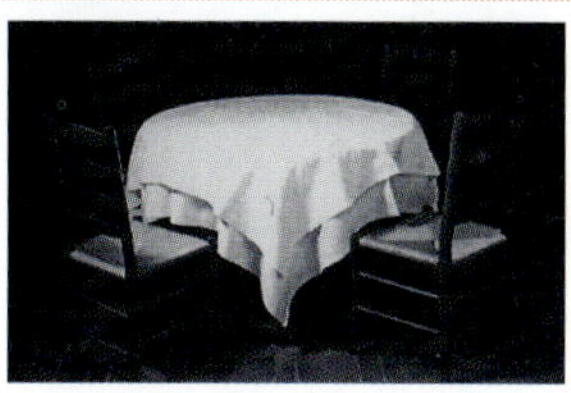

• Table-cloth를 보호하기 위하여 Table Mat를 까는 수도 있습니다.
• Table Mat 까는 법은 Table-cloth 깔기와 같습니다.

### 7) 웨곤Wagon의 취급방법

- 손잡이가 달린 웨곤은 반드시 손잡이를 뒤쪽으로 끌면서 주위의 가구, 벽, 기둥 등을 손상시키지 않도록 조심하면서 이동한다.
- 로스트비프Roast Beef, 훈제연어Smoked Salmon, 치즈Cheese, 샐러드Salad, 리큐어Liqueur, 바 웨곤Bar Wagon 등은 프레젠테이션을 하기 때문에 놓는 위치를 잘 선택해야 한다. 또한 손자국이나 구두자국이 나지 않도록 주의한다.
- 서비스 웨곤Service Wagon은 무거운 물건을 실어 옮기거나 그 위에 앉아서는 안 된다.
- 서비스 웨곤의 하단부분에 발을 올려놓지 말아야 한다.
- 소리가 나는 웨곤은 바퀴에 기름을 친 후에 사용한다.
- 룸서비스 웨곤Room Service Wagon은 단순히 서비스 웨곤만이 아니며, 객실에서는 식탁으로도 사용되므로 항상 깨끗한 상태로 정비해 놓아야 한다.
- 웨곤은 항상 담당자를 정해서 정기적으로 청소를 하고, 바퀴에는 기름을 쳐야 한다.
- 바퀴가 노화되거나 파손된 웨곤은 바닥 카펫을 상하게 할 수 있으므로 고쳐서 사용하거나 폐기해야만 한다.
- 모든 웨곤은 사용목적 외의 용도로 절대 사용해서는 안 된다.

Listen

잠깐, 쉬어가기!

## 식음료서비스 영어회화(2)

1 주문하시겠습니까?
May I take your order, sir?
ご主文おねがいします。

2 대구에 오신지는 얼마나 됐습니까?
How long have you been in Daegu?
テグーはいついらっしゃいましたか。

3 제가 비프스테이크를 추천하겠습니다.
May I suggest the beef steak?
わたくしはビフズテーキを推薦したいです。

4 수프(음료, 주스)는 어떤 것으로 하시겠습니까?
What kind of soup(drink, juice) would you like?
スープ(飲料,ジュース)はどれにしましょうか。

5 크림, 야채, 콘소메가 있습니다.
We have Cream, Vegetable and Consomme Soup.
クリム、ヤサイ、コンソメなどがございます。

6 주문(방문, 전화)해 주셔서 감사합니다.
Thank you for your order.(coming, calling)
おこし(ご主文.お電話)くださいましてありがとうございます。

7 스테이크는 어떻게 구워드릴까요?
How do you like your steak, sir?
How do you want your steak, sir?
ステーキはどうやきましょうか。

8 더 필요한 것은 없습니까?
Is there anything else, sir?
もう必要なものはございませんか。

9 커피 먼저 하시겠습니까?
Would you like to have a coffee first, sir?
さきにコービからおのみしますか。

10 빵과 밥 중에 어떤 것으로 하시겠습니까?
What would you like to have roll or rice?
パンとライスのうちどちらにしますか

11 다른 테이블이 전부 만원이라 여기에 앉아도 될까요?
Would you mind sitting here, all the other tables are occupied?
ほかの せき(テーブル)は もう まんせきですので こちらの せき (テーブル)でもよろしいですか。

12 창가 테이블은 지금 없습니다.
There is no table left by the window at this moment.
まどがわの せき(テーブル)は ただいま ございません(まんせきで す)。

13 미안합니다만 손님, 지금 식당에 자리가 없습니다. 하지만 30분 안에 좌석을 마련해 드리겠습니다. 기다리겠습니까?
I'm sorry sir, the restaurant is full at this moment. But we can make a table for you in about half an hour. would you care to wait?
もうしわけございませんが、ただいま まんせきで ございます。30ぷんほどで せきがあくと おもいますが、おまちに なりますか。

14 코트를 받아드릴까요?
May I take your coat?
コートを おあずかり しましょうか。

15 제가 커튼을 내려드릴까요?
Would you like me to lower the curtain?
カーテンを しめましょうか。

16 선생님의 아이를 위해 높은 의자를 갖다드릴까요?
Would you like a high chair for your little boy?
おこさまの いすを もって まいりましょうか。

17 메뉴를 갖다드릴까요?
May I give you the menu?
メニューで ございます。(メニューを もって まいりましょうか。)

18 제가 안심스테이크를 추천합니다. 맛있습니다.
May I recommend tenderloin steak, It is very good.
おすすめりょうりは うちひらステーキです。 とても おいしいで す。

19 오늘의 전채요리는 훈제연어입니다.
Today appetizer is smoked salmon.
きょうの appetizerは smoked さけです。

20 스테이크는 구워져서 당근과 감자, 브로콜리 등과 함께 나옵니다.
The steak is grilled and served with carrots, potatoes and broccoli.
ステーキは よく やいてにんじんと じゃがいも、ブロコリなどが ついて でます。

02 CHAPTER

# 식음료서비스의 개요

SECTION 1

## 식음료서비스의 3단계

| 구 분 | 경 우 | 인사말 | 실천사항 |
|---|---|---|---|
| 1단계 서비스 (Before Service) | 접객 시 | • 어서 오십시오. | • 즉각 접근할 수 있는 자세를 취한다. |
| | 주문 시 | • 주문받겠습니다. | • 상품지식에 의한 설명으로 추천을 한다. |
| | 주문 후 | • 감사합니다.<br>• 준비해 드리겠습니다. | • 주문한 상품은 반드시 복창한다.<br>• 시간이 걸리는 상품은 사전에 설명한다.<br>• 식사 전 음료주문을 받는다. |
| 2단계 서비스 (Service) | 서브 시 | • 주문하신 OO요리입니다. | • 맛있게 드십시오. 즐겁게 드십시오. |
| | 대기 | • Stand-by | • 고객이 손짓이나 눈짓으로 부를 때 즉각 응대할 수 있는 위치에서 대기한다. |
| | 물 | • 물을 따라 드리겠습니다. | • 컵의 물이 반쯤 되면 채운다. |
| | 음료수 | • 한 잔 더 드시겠습니까? | • 음료의 추가주문을 물어본다. |
| | 대기 | • Stand-by | • 고객을 주시하며 고객이 찾을 때 즉시 응대할 대기자세를 취한다. |
| 3단계 서비스 (After Service) | 요리를 끝냈을 때 | • 오늘의 요리는 어떠셨습니까?<br>• 식사는 맛있게 하셨습니까? | • 명랑하고 경쾌한 어조로 질문한다.<br>• 잘못된 사항은 메모하여 시정하고, 컴플레인은 기록하여 재발생을 방지한다. |
| | 그릇을 치울 때 | • 그릇을 치워도 되겠습니까?<br>• 맛있게 드셨습니까?<br>• 치워드리겠습니다. | • 반드시 다 드셨는지 묻고 치워야 한다.<br>• 치울 때 소리 나지 않도록 주의한다. |
| | 전송할 때 | • 불편한 점은 없으셨습니까?<br>• 사장님 안녕히 가십시오.<br>• 또 오십시오. | • 감사하는 마음으로 작별인사를 하고, 또 오시라는 당부의 말을 잊지 않는다. |

## 1. 서비스 1단계

### 1) 준비단계

서비스나 기본적인 세팅이 보다 더 잘되기 위해서는 준비단계가 매우 중요하기 때문에 이를 철저히 점검해야 한다.

- 린넨 : 클로스Cloth, 냅킨Napkin, 테이블클로스Table Cloth 상태를 점검한다.
- 실버Silver류 : 세팅에 필요한 수량과 여유분을 충분히 보충한다.
- 글라스Glass류 : 잘 닦아두고, 특히 지문이 묻지 않도록 준비해야 한다.
- 소스Sauce류 : 소스Sauce 용기에 내용물을 점검한다.
- 웨곤Wagon : 웨곤 바퀴에 기름을 쳐놓고, 특히 쿠킹 왜곤Cooking Wagon에는 세팅 연료를 점검한다.
- 냉수와 서비스를 위한 트레이Tray를 준비한다.

### 2) 세팅단계

청소와 백사이드Backside에서 준비단계가 끝나면 테이블세팅을 한다.

- 사이드테이블Side Table(Service Station)에는 서비스에 필요한 컵, 글라스, 스테인리스 등의 비품과 향신료Spice류 등을 미리 준비해 둔다.
- 세팅 시에는 서비스 트레이Service Tray 등을 사용해야 하며, 맨손으로 실버류나 글라스 등을 운반하지 말아야 한다.
- 세팅 등 각 기구의 파손을 체크한다.
- 냅킨의 접는 방법은 정해진 유형대로 정확히 접는다.(구김방지를 위해)
- 세팅 시의 주의할 점
  - 테이블 세팅은 식사에 필요한 그릇이나 양념 및 캐스터Caster 등을 준비한다.
  - 테이블과 의자의 위치를 잘 점검한다.

- 테이블클로스 냅킨Table Cloth Napkin을 점검한다.
- 냅킨은 나이프와 포크 중앙에 위치하도록 한다.
- 글라스 등을 점검한다.
- 버터볼Butter Bowl은 포크의 좌상에, 브레드 플레이트Bread Plate는 왼쪽, 그리고 버터나이프Butter Knife는 그 중간의 손님 쪽을 향해 놓는다.
- 워터글라스Water Glass는 나이프 위에 놓는다.
- 소금, 후추, 설탕 등은 테이블 중앙에 놓는다.
- 디저트용 실버웨어Silver Ware는 디저트를 서비스하기 전에 접시 오른쪽에 놓는다.
- 식사 중일 때는 칵테일, 맥주, 와인 등의 글라스는 물 컵 앞 우측에 놓는다. 이때 식사 전인 경우에는 손님 앞 중앙에 놓는다.
- 컵과 소서Saucer는 스푼의 우측 테이블로부터 5㎝ 옆에 놓는다.

## 2. 서비스 2단계

### 1) 고객안내와 영접

#### (1) 고객안내

고객을 영업장으로 안내 할 때는 정중하고 바른 걸음걸이로서, 고객보다 2~3보 전방에서 유도하며 안내를 하도록 한다. 이때 여성고객과 주빈고객을 우선시한다는 것을 잊지 말아야 한다. 동시에 행사 성격이나 내용을 빨리 판단하여 분위기에 적합하도록 자리를 배치해야 한다.

구체적인 안내요령은 다음과 같다.

- 젊은 남녀 고객은 안쪽 조용한 방향으로 배치한다.
- 노약자, 부자유스러운 고객은 가급적이면 입구 가까운 쪽에 위치하도록 한다.
- 어린이나 단체고객일 경우에는 소란스러울 수 있으니 안쪽 구석진 곳이나 분리된 테이블로 안내되도록 유도한다.

- 여성고객이나 혼자 이용을 원하는 고객은 가급적 창가쪽으로 배치한다.
- 예약된 테이블은 고객이 인식할 수 있도록 표식을 하도록 하고, 영업장의 조화를 이룰 수 있도록 적당하게 균형을 맞추어 좌석을 배치한다.
- 부득이하게 고객이 원하는 테이블이 있다면, 고객의 의사를 존중하여 안내하도록 한다.
- 동일한 스타일의 복장이나 색상을 착용한 고객은 서로 민망할 수 있으니, 약간 떨어진 곳으로 배치한다.
- 특별한 의상이나 화려한 의복을 입고 입장하는 고객은 고객들의 시선을 사로잡을 수 있는 위치를 선호할 수 있으니, 조심스럽게 분위기를 파악하여 가급적이면 테이블의 가장자리에 위치하도록 배치한다.
- 고객이 테이블로 안내되면 의자에 손쉽게 착석이 가능하도록 의자 등받이를 가볍게 뒤로 살짝 뺀 후, 고객이 착석할 때 등받이를 앞으로 밀면서 오른쪽 무릎을 사용하여 부드럽게 밀착시키도록 한다.
- 고객이 테이블로 안내되면 보편적으로 노약자, 어린이, 지체부자유자, 여성고객 등의 순서로 착석을 돕도록 하고, 호스트Host가 맨 마지막에 착석할 수 있도록 돕는다.

**표 2.1 고객의 안내**

| 단 계 | 세부내용 | 비 고 |
|---|---|---|
| 대기 | • 밝고 명랑한 표정으로 고객을 기다린다.<br>• 고객이 도착하면 환대의 인사말을 드린다. | • "어서 오십시오."<br>• "예약하셨습니까?" |
| 안내 | • 매니저 혹은 접수 담당자가 안내한다.<br>• 예약확인 및 고객의 인원수에 따라 적정테이블을 배정한다.<br>• 고객 2~3보 앞에서 고객이 동행하는지 주시하면서 안내한다. | • 행사예약 유 · 무를 확인한다.<br>• 노년층과 부자유스러운 고객은 입구쪽으로 자리를 배치한다. |
| 착석보조 | • 의자 위에는 각종 오물이 있어서는 안 된다.<br>• 의자 취급은 목재 부분에만 손을 대고, 천 부분은 손을 대지 않는다.<br>• 두 손은 의자의 목재 부분을 잡고, 오른쪽 발은 의자 밑으로 가볍게 넣은 채로 밀어 넣는다. | • 고객의 세심한 부분까지도 성의를 가지고 신경을 기울인다. |
| 마무리 | • 착석보조가 끝나면 고객의 무릎 위에 냅킨을 펴 드린다.<br>• "즐거운 시간 되십시오" 하면서 고객에게 마무리 인사를 한다. | • 냅킨의 마감선이 밑으로 향하게 하며 고객의 왼쪽에서 실시한다. |

### (2) 고객영접과 환송

고객영접과 환송은 항상 최선의 방법과 의지를 가지고 최선을 다해야 한다. 이것은 대체적으로 영업장의 입구에서 지배인이나 리셉션니스트Receptionist 등이 업무를 수행하고 있으나, 호텔 직원은 누구라도 수행해야 하는 업무의 기본이다.

업무의 기본은 다음과 같다.

- 상냥한 미소와 공손한 인사말로 고객을 맞이한다.
- 예약고객이나 고객의 간단한 이력을 알고 있다면, 고객의 성명이나 직책 등을 영접할 때 불러줌으로써 친숙감과 신뢰감이 조성되도록 한다.
- 고객이 호텔을 체크아웃 할 때는 미련과 아쉬움을 가지도록 정성을 다해 환송하도록 한다.
- 호텔 내의 각종 행사, 지역사회의 특별한 행사, 주변관광 등의 사항을 숙지하여 고객을 영접할 때 가능하다면 정보를 제공할 수 있어야 하고, 고객을 환송할 때에도 언제쯤 다시 방문하게 된다면 자신에게 꼭 연락을 주면 정성껏 모시겠다는 의지를 보여주어야 한다.

**표 2.2 고객영접과 환송**

| 단 계 | 고객 영접 요령 | 비 고 |
|---|---|---|
| 인사 | • 웃으면서 한다.<br>• 호칭을 부르면서 인사한다.<br>• 인원파악을 한다.<br>• 예약 유 · 무 확인한다. | |
| 안내 | • 고객을 2～3보 앞에서 안내한다.<br>• 잘 따라오는지의 여부를 확인한다.<br>• 테이블 앞까지 정중하게 안내한다. | |
| 착석보조 | • 의자 뒤에서 착석을 보조한다.<br>• 오른쪽 발을 의자 밑으로 살며시 넣으면서 의자를 밀어 넣는다. | |
| 환송 | • 만족도 여부를 확인하며 환송한다. | |

## 3. 서비스 3단계

고객이 주문하고자 하는 식음료를 직원이 직접 접수받는 단계이다. 그 절차는 다음과 같다.

① 메뉴는 손님의 좌측으로부터 펴서 보인다. 여자와 동행했을 경우에는 여자에게 메뉴를 먼저 보인다.

② 음료 주문을 먼저 받는다. 즉 음식을 기다리는 동안에 먼저 식전주Aperitif 주문을 받아야 한다. 식전주는 식욕을 돋우어주기 때문에 칵테일(마티니)이나 셰리Sherry, 캄파리Campari 등을 권하는 것이 좋다. 또한 와인의 주문을 받을 때는 반드시 코스Course를 물어야 한다.

③ 손님에게 메뉴를 전한 후 2, 3보 뒤로 물러서 조용히 기다린 후 손님의 태도를 보아 주문을 받는 것이 정상이다. 이때 요리에 대해 "이러한 요리는 어떻습니까?" 등 메뉴 내용을 설명하는 것도 중요하다. 이렇게 하기 위해서는 요리에 대한 충분한 상품지식이 필요하며, 특히 그날의 스페셜 메뉴에 대한 것을 알고 있어야 한다. 그 중에서도 이익률이 높은 요리를 손님에게 설명하면서 권하는 것이 훌륭한 판매기법이다.

④ 주문을 받을 때는 손님 가까이서 몸을 약간 굽혀 응대하는 것이 좋다.

⑤ 요리를 권할 때는 권장하려는 요리의 재료, 조리법, 영양적인 요소 등을 잘 알아두어야 된다.

⑥ 손님의 연령에 따라 요리를 권유한다.(예 : 50세 이상은 양보다 질을 생각한다.)

⑦ 알 라 카르트A La Carte 요리가 끝난 후에는 디저트, 커피 그리고 식후의 음료 주문을 받아야 한다.

⑧ 식사 중일 때도 식음료 판매를 위해 아래사항을 주의 깊게 관찰한다.

- 고객의 식사 속도는 늦는지, 빠른지?
- 다음에 제공될 요리의 준비를 언제 하는 것이 좋은지?
- 와인은 무엇을 권할지?

- 디저트는 무엇을 권할지?
- 빵을 더 드실지?
- 버터, 찬 음료의 보충은 언제 할지?
- 음료는 더 드실지?
- 커피 제공은 언제가 좋은지?

잠깐, 쉬어가기!

## 식음료서비스 영어회화(3)

1 주방장의 특별 샐러드를 드셔보세요. 아주 맛있습니다.
Why don't you try the chef's salad, It's excellent.
シェフの とくせんサラダを おためして みて ください。とても おいしいです。

2 생선요리는 어떻습니까?
How about fish?
さかなりょうりは いかがですか。

3 생선요리는 저희식당의 특별요리 중 하나입니다.
Fish is one of the special of the restaurant.
さかなりょうりは うちのレストランで とくべつな りょうりの ひとつです。

4 저희는 매일 매우 신선한 것들을 준비합니다.
We get them very fresh everyday.
うちのレストランでは まいにち しんせんな ざいりょうを つかって おります。

5 죄송합니다. 오늘은 그 요리를 하지 않습니다.
I'm sorry, we don't have a cook today.
すみませんが、きょうは その りょういはやりません(できませ ん)。

6 죄송합니다. 스파게티는 메뉴에 없습니다.
I'm sorry, spaghetti is not on menu.
すみませんが、メニューには スパゲッティは ございません。

7 주문하시겠습니까?
May I take your order?
ごちゅうもんを うけたまわります。

8 죄송합니다. 다시 한 번 주문해 주시겠습니까?
Sorry, could you tell me your order again?
すみませんが、もういちどちゅうもんしてくださいませんか。

9 주문을 받으러 다시 오겠습니다.
I'll be back to take your order.
ごちゅうもんを とりに ふただび まいります。

10 주문하신 것을 확인해 드리겠습니다.
May I repeat your order?
ごちゅうもんを かくにんさせて いただきます。

11 계산은 어떻게 하시겠습니까?
How are you going to pay, sir?
計算はカードでよろしいですか。

12 계산서는 따로 할까요, 같이 할까요?
Do you want separate bills or one bill?
領収證はごいっしょうですか、べつですか。

13 계산은 입구의 회계원에게 해주십시오.
Please pay the cashier at the entrance.
計算はいりぐちのケッシャーでおねがいします。

14 피자파이는 메뉴에 없는데요.
I'm sorry pizza pie is not on the menu.
ピーザパイはございませんが

15 기다리게 해서 죄송합니다.
I'm sorry to have kept you waiting.
おまたせいたしました。

16 늦어서 죄송합니다.
I'm sorry for being late. / I'm sorry, I'm late.
おくれてもうしわけございません。

17 약 20분 정도 걸립니다.(택시로, 걸어서)
It takes about 20 minutes.(by taxi, on foot)
約20分ほどかかります。

18 곧 가져다 드리겠습니다.
I will bring it right away, sir.
いますぐおもちいたします。

19 무엇을 도와드릴까요?
May I help you, sir?
何か必要なものでもございますか。

20 음료 한 잔씩 더 하시겠습니까?
Would you like to have another round of drink?
もういっぱいいかがですか。

SECTION 2
# 식음료서비스를 위한 고객관리 요령

## 1. 전화응대 요령

전화는 고객 및 동료 간의 중요한 커뮤니케이션 수단이며, 가장 편리하게 이용할 수 있다. 특히 호텔에서는 각종 예약에서부터 문의사항과 각종 요구사항이 많이 발생되는 곳이므로, 직원은 전화에 세심한 신경을 기울여야 한다. 항상 밝은 목소리와 반갑게 표현하는 기술은 평소에 습관을 어떻게 유지시키는가에 따라서 좌우된다. 왜냐하면, 전화에서 사용되는 목소리는 무의식중에 발생되는 경우가 대부분이고, 접객 직원은 고객의 질문에 친절한 목소리를 끝까지 유지시켜야 되는데, 그것이 결코 쉽지 않기 때문이다. 가장 표준적인 전화응대 요령은 다음과 같다.

**표 2.3 전화응대 요령**

<table>
<tr><th>단 계</th><th>세부내용</th><th>예 시</th></tr>
<tr><td>전화 받는 법</td><td>• 벨이 세 번 울리기 전에 항상 받을 것<br>• 전화를 받게 되면 인사말과 영업장 이름을 먼저 밝힘<br>• 전화 내용은 메모지에 정확히 기록할 것<br>• 상대방이 수화기를 놓고 난 뒤에 끊음</td><td rowspan="4">• "안녕하십니까, OO호텔입니다. 무엇을 도와드릴까요?"<br>• "무엇을 도와드릴까요? 양식당 OOO입니다."<br>• "안녕하십니까? 양식당 OOO입니다."<br>• 기다리게 했을 경우 : "기다리게 하여 대단히 죄송합니다."<br>• "OO호텔 연회주임 OOO입니다. 이번 주 토요일 저녁 7시에 선생님께서 예약하신 행사프로그램의 변경은 없으신지요?"</td></tr>
<tr><td>전화 거는 법</td><td>• 상대방이 전화를 받으면 호텔명과 영업장명 그리고 본인 이름을 먼저 밝힘<br>• 용건은 간단명료하고 전화 목적을 명확히 전달할 것</td></tr>
<tr><td>통화요령</td><td>• 말끝을 명확히 하고, 밝고 상냥한 음성으로 통화할 것<br>• 수화기를 너무 가까이 입에 대지 않음<br>• 상대방이 혼돈하기 쉽거나 이해하기 어려운 전문용어는 사용하지 않음<br>• 목소리의 크기, 속도, 고저에 주의할 것<br>• 통화 중 불가피하게 다른 사람과 얘기할 때는 수화기를 차단하고 간단하게 함<br>• 고객 이름은 존칭을 사용하도록 할 것</td></tr>
<tr><td>언어표현</td><td>• 표준어 사용할 것<br>• 예의바르고 정중한 언어를 사용할 것<br>• 가급적 외국어나 전문용어의 사용을 삼갈 것</td></tr>
</table>

## 2. 인사요령

인사는 정성어린 마음가짐과 상냥한 미소로서 공손하게 행동으로 옮겨야 한다. 일반적으로 가장 많이 사용되고 있는 인사의 종류와 방법을 간단히 설명하면, 다음과 같다.

**표 2.4 인사요령**

| 구 분 \ 인 사 | 목 례 | 보통례 | 정중례 |
|---|---|---|---|
| 인사 각도 |  |  |  |
| 인사 방법 | 약간 목을 구부리면서 자연스럽게 지나치며 인사한다. | 정지하여 인사를 하고 출발한다. | 정지하여 최고의 자세로서 인사한다. |
| 인사 대상 | 동료, 절친한 고객 | 일반고객 | VIP고객, 특별한 경우가 발생될 때(불평에 대한 사과 등) |
| 얼굴 표정 | 가벼운 미소 | 환영의 미소 | 환영과 정숙한 미소 |
| 얼굴 시선 | 목의 각도에 따라 자연스러운 일치점을 찾아 시선을 부드럽게 한다. | | |
| 발의 위치 | 발꿈치의 내각이 30도 되도록 한다. | | |
| 다리 모양 | 양쪽 무릎을 붙이며 곧게 편다. | | |
| 엉덩이 모양 | 엉덩이를 뒤로 빼지 말고, 자연스럽게 골반에 힘을 기울인다. | | |
| 허리와 머리의 균형 | 허리에서 머리까지 일직선을 유지할 수 있도록 한다. | | |
| 잘못된 인사 | • 망설이다가 하는 인사 – 고개만 끄덕이는 인사<br>• 눈맞춤이 없는 인사 – 말로만 하는 인사<br>• 기본적인 인사말만 하는 인사 | | |
| 올바른 인사 | • 인사는 내가 먼저 하는 인사 – 표정을 밝게 인사<br>• 상대방의 시선을 바라보며 하는 인사<br>• 허리를 굽혀서 하는 인사 – 인사를 잘 받는 것도 인사 | | |

## 3. 예약 접수방법

예약 담당자는 예약과 동시에 세일즈맨도 되기 때문에 고객의 응대방법, 대화요령, 상품지식 등을 충분히 갖추지 않으면 안 된다. 고객이 직접 예약하는 경우, 간접적으로 예약하는 경우, 전화상으로 예약하는 경우 등 상황별로 예약 취급법은 다음과 같다.

- 각 부서에서 발생되는 예약은 준비된 예약 장부에 기재사항을 빠짐없이 기입한다.
  - 이름(사람 이름, 소속 이름, 단체 이름, 회사 이름 등)
  - 연락처와 일시, 인원, 예약 내용(요리 및 음료 내용 등)
  - 좋아하는 테이블(또는 룸)
  - 행사의 내용(생일, 입학, 축하, 결혼기념일, 비즈니스 등)
  - 대금 지불조건(처음 오시는 고객에게는 반드시 물어보는 것이 좋다.)
- 예약일 하루 전 또는 몇 시간 전에라도 반드시 사전에 확인해야 한다.
- 예약시간 30분 전까지는 모든 준비를 완료시킨다.
- 취소 연락 없이 30분이 지났는데도 나타나지 않으면 재차 연락해 보고 매니저에게 보고하여 지시를 받는다.
- 예약 테이블에는 예약 태그Tag를 놓아주고 서비스 담당자에게 필요사항을 인계한다.
- 예약 업무는 캡틴 직급 이상이 담당하고, 업무교대 시는 반드시 철저한 인수인계를 한다.

**예 약 확 인 서**

| 담당 | 대리 | 담장 | 부장 | 총지배인 | 사장 |
|---|---|---|---|---|---|
| | | | | | |

20 년 월 일 예약 No.______

| | | | | | |
|---|---|---|---|---|---|
| 단체명 | | 주소 | | | |
| 행사명 | | 전화 | | 휴대폰 | |
| 기간 | / ( )~ / ( )( 박 일) | 대표자 | | FAX | |
| 지불 | | 지불보증인원 | | 예상인원 | |

| 객실 | 기간 | 계(원) | 일자 | 식료 | 메뉴 | 금액 | 인원 | 계(원) |
|---|---|---|---|---|---|---|---|---|
| 실( 인) | 실× 원× 박 | | 일 | 식( : ) | | | | |
| 실( 인) | 실× 원× 박 | | 일 | 식( : ) | | | | |
| 실( 인) | 실× 원× 박 | | 일 | 식( : ) | | | | |
| 실( 인) | 실× 원× 박 | | 일 | 식( : ) | | | | |
| 비고 | (계 : 원) | | 일 | 식( : ) | | | | |
| | | | 비고 | (계 : 원) | | | | |

| (회의장) | (연회) |
|---|---|
| | |

| 인원 | 객실매출 | 식료매출 | 음·주류매출 | 기타매출 | 누계 |
|---|---|---|---|---|---|
| | | | | | |

부서 ______ 직책 ______ 고객명 ______ (인)

| 총지배인 | 객실 | 식음료 | 조리 | 시설관리 | 예약금 | | 잔액 | |
|---|---|---|---|---|---|---|---|---|
| | | | | | 총액 | | | |
| | | | | | 예약담당 | (인) | | |

## 4. 고객 불평 및 분실물 처리법

### 1) 고객 불평 처리법

고객접객서비스를 아무리 완벽하게 하였다 해도 고객의 불평은 항상 발생하게 된다. 특히 식당부문은 최고의 시설과 서비스로 접객서비스를 완벽하게 하려고 해도 손님의 불평은 종종 발생하기 마련이다. 그 이유는 고객들 각자가 다른 주관적인 사고를 소유하고 있기 때문에 고객의 욕구가 모두 동일할 수 없으며, 인간이 추구하는 가치가 다르게 나타날 수도 있기 때문이다.

따라서 고객의 지적사항이나 불평이 발생했을 경우는 항상 긍정적인 자세와 고객의 입장에서 정확한 원인을 파악하여 불평에 대한 해결 방안을 마련하도록 한다. 그리하여 호텔기업은 브랜드 이미지를 향상시키고 신뢰감을 더 높이며, 고객으로 하여금 자연스럽게 재방문이 이루어지도록 고정고객을 확보해야 한다.

고객 불평에 대한 처리요령은 다음과 같다.

- 문제발생 시 고객의 불쾌감이 확대되지 않도록 신속히 응대하며, 성실한 태도와 적극적인 자세로 대처해야 한다.
- 고객 불평을 경청할 때는 끝까지 인내심을 가지며 듣도록 하고, 예의바른 자세와 솔직한 답변으로서 고객이 믿음과 신뢰성을 가질 수 있도록 성심을 다해야 한다.
- 불평사항 또는 지적사항이 발생할 경우에는 메모하는 자세와 진지한 모습을 보여줄 수 있도록 적극적이어야 한다.
- 고객의 불평사항을 조심스럽게 경청하는 즉시 문제해결이 가능하도록 유연한 대처능력과 지식을 확보하고 있어야 한다.
- 불평내용 중에서 일부분이 고객의 오해나 고객의 착각으로부터 발생되어, 부당한 것이라고 생각이 되더라도 말의 중간에 변명하거나 고객의 잘못을 지적해서는 안 된다.
- 절대적으로 고객 불평을 회피하려고 해서는 안 되며, 고객의 불평을 성급하게 또는 대충 해결하려는 인상을 주어서는 안 된다.
- 접객 직원이 무조건 잘못을 시인한다거나 잘못이 없다고 주장을 해서는 안 되며, 고객의 불평과 요구사항이 무엇인지 신속·정확하게 판단하여 상사에게 보고하고, 가급적이면 고객의 뜻에 따르도록 한다. 그런데 고객의 실수나 잘못이 명백할 경우에는 친절하게 문제점을 설명하고 이해를 시키도록 노력한다거나, 다른 동료 직원에게 도움을 요청하여 고객이 불쾌하지 않도록 설득과 이해를 구하도록 한다.

- 다른 고객이 옆에 있다는 것을 인식하고, 고객의 목소리가 높아지지 않도록 최대한 노력하여 조용히 해결해야 한다.
- 본인이 해결할 수 있는 경미한 사항은 본인이 대처하여 해결하고, 만약 본인이 해결하기 힘든 문제 사항이면 신속히 상급자에게 사실을 보고하여 더 이상 확산되지 않도록 신속하게 조치해야 한다.
- 고객 불평을 적극적으로 수용하고, 가급적이면 문제발생에 대한 조치사항이나 시정 내용을 고객에게 신속히 알려주도록 한다.
- 항상 개인적인 감정 및 입장에 치우쳐서는 안 되며, 호텔을 대표한다는 공적인 입장에서 판단하고 조치해야 한다.
- 같은 실수 및 불평이 발생하지 않도록 개선되어야 할 문제점을 기록 유지하여, 접객서비스 향상을 위한 교육자료로 활용한다.

(1) 컴플레인 사례

- 주문의 잘못된 기입과 늦은 서비스
- 상품의 내용, 분량이 잘못됐을 때
- 잔돈을 거슬러주지 않을 때나 매출금액의 계산이 잘못됐을 때
- 접시나 글라스에 이물질이 들어갔거나 묻은 것이 있을 때
- 고객이 입고 있는 옷이 직원의 실수로 더렵혀졌을 때
- 시설, 요리, 서비스, 가격 등에 대한 불만족이 있을 때
- 주문 접수가 늦고 말씨가 난폭할 때
- 접객 태도가 나쁠 때
- 요리에 불순물이 들어있을 때
- 물품에 먼지나 오물이 묻어있을 때
- 주문한 것과 제공되는 내용이 다를 때
- 요리시간이 너무 길 때
- 테이블이나 의자 주의가 청결하지 못할 때

(2) 컴플레인 처리의 원칙

- 고객에게 불쾌감을 주었을 경우에는 담당자보다는 상사가 처리를 담당한다.
- 다수 고객이 같이 있는 장소에서 시간이 오래 걸리게 될 경우는, 장소를 바꾸어서 응대하고 처리한다.
- 불평에 대한 원인을 신속히 파악하고 재빨리 해결하는 것이 가장 좋다.
- 직원의 과실이 발생됐을 경우 즉시 사과드리고, 책임자에게 보고하여 만족할 만한 부가서비스를 제공한다.

### 2) 분실물 처리법

- 고객이 돌아갈 때는 혹시 분실물이 있는지 테이블과 의자 및 주위를 체크한다.
- 분실물 발생 시는 각 부서에 비치된 분실물Lost & Found 대장에 육하원칙에 따라 기록하고 지배인에게 보고한다.
- 귀중품류(금전, 보석, 지갑, 카드)는 보다 신속하고 정확하게 처리하여 가능한 빨리 고객에게 전달하도록 한다.
- 사소한 분실물도 캡틴Captain이나 매니저Manager에게 보고해서 처리할 수 있도록 한다.

**표 2.5 분실물 처리법**

| 단 계 | 세부 내용 | 비 고 |
|---|---|---|
| 주위점검 | • 고객이 떠날 때 항상 테이블 주위를 체크한다.<br>• 고객이 맡긴 물건은 없는지 확인한다. | |
| 보고 | • 분실물 발견 즉시 매니저에게 보고한다.<br>• 습득자와 내용물을 육하원칙에 의거 분실물 일지에 기록한다. | |
| 처리 I | • 모든 직원에게 숙지시켜 문의전화 시 자세한 내용을 설명 가능토록 한다.<br>• 귀중품인 경우 하우스키핑에 즉시 인계한다.<br>• 그 외 품목은 이틀 정도 업장에서 보관했다가 하우스키핑에 인계한다. | |
| 처리 II | • 고객이 오면 물품확인 후 인계한다.<br>• 타인이 시켰을 경우 신분증 확인 후 인계한다. | |

## 5. 테이블매너 관리법

테이블매너에서 가장 중요한 것은 정식요리의 관리법과 이를 이용하기 위한 세팅 기물의 사용방법이다. 정식요리는 일식, 중식, 한식 메뉴에도 있지만, 가장 어려우면서도 실천하기 힘든 것이 양식 메뉴에 대한 테이블매너이다. 현대사회에서 세련된 비즈니스를 위한 테이블매너의 관리방법은 아래와 같다.

### 1) 테이블매너를 위한 기물 사용법

#### (1) 글라스 사용법

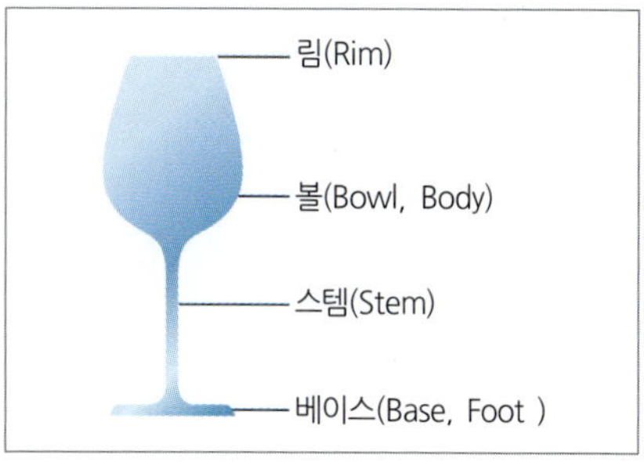


목이 있는 글라스는 차가운 음료의 칵테일 글라스가 적당하다. 글라스는 많은 종류가 있는데, 목이 있는 글라스와 목이 없는 글라스로 나눈다. 목이 있는 글라스는 세 부분으로 구성되어 있으며, 입이 닿는 부분을 림Rim, 목 부분을 스템Stem, 밑바닥을 풋Foot 또는 베이스Base라고 부른다. 이 때 목이 있는 글라스는 반드시 스템을 잡고 사용해야 한다.

칵테일의 선호에서 특히 여성은 부드럽고 순한 칵테일이 가장 잘 어울리는데, 그 종류는 다이쿼리Daiquiri, 핑크레이디Pink Lady, 알렉산더Alexander, 맨하탄Manhattan, 싱가폴슬링Singapore Sling, 글래스홉퍼Grass Hopper 등이 있다.

고객이 칵테일을 한 잔 하고 난 후 추가로 한 잔 더 마시고 싶을 때는 먼저 마신 것과 같은 종류의 칵테일을 주문하는 것이 가장 바람직하다. 왜냐하면, 칵테일은 이것저것 혼합해서 마시게 되면 빨리 취기가 올 수 있으며, 칵테일의 맛과 향이 서로 혼합되어 올바른 향과 느낌을 살릴 수 없기 때문이다. 그리고 칵테일을 마실 때 제공되는 칵테일용 냅킨은 칵테일은 흔히 차게 해서 마시는 것이라 글라스의 표면에 이슬이 맺히기 쉬운데, 이것을 닦으며 제거하기 위해서 사용된다. 따라서 칵테일용 냅킨으로 입술을 닦는다든지 일반 휴지용도로 사용하는 것은 바람직하지 못하다.

(2) 테이블 기물 사용법

테이블에 앉을 때는 남녀노소를 막론하고 다리를 포개는 것은 교양이 없어 보인다. 또한 테이블에 착석하고 나면 손으로 얼굴, 머리, 귀, 코, 입술 등의 주위를 만지거나 손을 이리저리 움직이면 안 된다. 예를 들어, 포크나 나이프를 잡고서 테이블 위에 팔을 얹어 놓아서는 안 되며, 사용하지 않는 손은 항상 무릎 위에 가지런히 올려놓는 것이 가장 이상적인 테이블매너이다.

테이블 위에는 많은 기물들이 각각의 용도에 맞게 세팅되어 있다. 일반적으로 좌석을 중심으로 세팅된 기물을 자세히 보면, 정식요리의 순서대로 바깥에서 안쪽으로 향하면서 기물들이 순서대로 세팅되어 있다. 따라서 각각의 음식이 서브되면 바깥부터 차례대로 안쪽으로 향하면서 용도에 알맞은 기물을 선택하여 사용하면 된다.

만약 사용법을 잘 모른다면, 직원에게 도움을 요청하면서 음식과 어울리는 기물을 차례대로 이용하면 된다. 이 때 기물 사용법을 잘 모르면서도 아는 척하여 자기주장대로 기물을 잘못 사용하게 된다면 음식과 균형이 맞지 않아 용도에 어울리지 않는 기물을 사용할 수도 있다.

또한 테이블에서 식사를 하는 도중에 기물이나 냅킨 등을 실수로 바닥에 떨어뜨리게 되면 본인이 직접 줍지 말고, 살짝 손을 들어 직원에게 신호를 보내어 직원이 새 것으로 교체하여 주도록 도움을 요청한다. 그리고 요리를 모두 먹게 되면 나이프는 바깥쪽, 포크는 안쪽으로 접시의 중앙에서 오른쪽 아래 방향으로 비스듬히 놓아두면 요리가 다 끝났다는 신호가 되기 때문에 직원이 이것을 치운다. 이 때 나이프의 칼날은 안쪽(자신 방향)으로, 포크는 등을 밑으로 향하게 둔다. 만약 요리가 끝나지 않았더라도 이렇게 나이프와 포크를 놓게 되면 요리를 다 먹었다는 신호가 되어 직원이 기물이나 음식을 치울 수도 있으니 주의해야 한다.

(3) 음식과 조미료의 사용법

일반적으로 양식은 요리의 순서나 그릇을 놓는 위치에 따라 특이하게 서브되고 세팅Setting된다. 이것은 고객들이 가장 편리하게 음식을 먹을 수 있도록 오랫동안 검증된 것이기 때문에, 테이블에 음식이 서브되면 고객들이 위치를 다른 곳으로 이동시킨다든지 접시를 자기 마음대로 옮기면서 식사를 하면 안 된다.

즉 직원이 접시에 음식을 담아 테이블에 갖다놓으면 접시를 움직이지 말고 그대로 둔 상태에서 식사를 하라는 것이다. 왜냐하면, 세팅된 공간마다 음식의 순서에 따라 가장 이상적으로 접시를 갖다놓을 수 있기 때문이다. 예를 들면, 수프접시를 직원이 픽업Pick Up했다고 할 때 그 빈자리에 빵 접시를 가져다놓고 먹는다든지, 샐러드를 직원이 서브했는데 고객이 제멋대로 앞으로 당겨 먹는다든지 하면 다른 요리가 제공될 때 공간이 없어 다시 접시를 치우고 서브를 해야 되는 불편을 초래하게 된다. 이렇게 되면 아주 민망스럽고 동석자에게 큰 실례를 범하게 된다. 그리고 식사를 마치고 나서 직원을 도와주어야 한다는 생각에 음식을 다 먹고 난 접시를 옆 사람의 접시와 포개는 것도 옳지가 않다.

음식에는 경우에 따라 조미료를 사용하게 되는데, 기본적으로 소금Salt과 후추Pepper, 겨자Mustard, 타바스코Tabasco 등이 있다. 보통 요리는 주방에서 조미료가 적당하게 맞추어서 서브되기 때문에, 음식 맛을 차분히 보지 않고 조미료를 먼저 찾는 것은 잘못된 방법이다. 소금과 후추의 구별은 흔히 겉모양이 같은 용기를 사용하기 때문에 구별이 잘 안 될 때도 있지만, 통상 용기의 구멍이 하나인 것은 소금이고 구멍이 3개인 것을 후추라고 생각하면 된다.

## 2) 테이블 매너를 위한 식음료 이용법

### (1) 전채요리와 에프리티프

모든 요리는 뜨거운 것은 뜨겁게 차가운 것은 차갑게 제공된다. 전채요리Appetizer는 일명 오드블Hors d'oeuvre이라고 부르며 소량으로 제공된다. 이것은 식욕을 촉진시켜 주는 역할을 하기 때문에, 그 종류도 특색이 분명하고 음료와 균형을 이루는 것이 좋다. 이 때 요리와 균형을 이룰 수 있는 것이 식전주Aperitif라고 하며 종류가 다양하다. 애피타이저의 종류로 대표적인 것은 Foie Gras, Caviar, Oyster, Snail, Smoked Salmon, Shrimp Cocktail, Fillet of Sole 등이 있으며, 이와 균형을 이루는 음료로는 셰리와인, 깜파리, 두보네, 버무스, 알티쇼크, 아멜피콤, 맨하탄, 마티니 등이 대표적이다.

전채요리의 주문은 더운 요리를 주문할 때는 비교적 가벼운 요리를, 찬 요리를 주문할 때는 신맛이 나는 것을 주문하면 좋다. 특히 전채요리는 한 입에 먹을 수 있는 작은 분량이기 때문에 부담이 되질 않는다. 또한 메뉴가 제공되는 접시에는 항상 장식용의 샐러리, 파슬리, 당근, 아스파라거스, 카나페 등이 함께 제공되는데, 이는 손을 사용하여 먹어도 무방하다. 오히려 아스파라거스는 뿌리 쪽을 손에 쥐고 봉우리에 소스를 발라서 먹는 것이 분위기 있어 보인다. 카나페의 경우에도 나이프를 사용하면 아름답게 장식한 것이 파손되기 때문에 손을 사용하여 한 입에 살짝 밀어 넣으면 훨씬 보기가 좋다. 생굴은 왼손으로 껍질의 한쪽 끝을 잡고 오른 손으로 포크를 사용하여 먹는다. 이때 굴을 포크로 떼어서 먹고 나면 껍질 속에 굴 즙이 남게 되는데, 왼손으로 들어 마시는 시늉을 해도 무방하다. 뿐만 아니라 굴에는 레몬을 짜서 즙을 만들어 함께 먹는데, 레몬즙을 짤 때는 옆 사람에게 튀는 일이 없도록 왼손으로 가리고 오른 손으로 짜는 것이 바람직하다.

### (2) 수프

수프Soup는 주 요리를 먹기 전에 위의 부담을 들어주는 영양가가 풍부한 국물요리이다. 수프는 스푼을 사용하여 반드시 자기 앞쪽에서 바깥쪽을 향해 밀면서 떠서 먹는다. 스푼은 펜을 잡는 것처럼 적당한 위치를 잡는 것이 좋고, 절대로 소리를 내면서 먹지 않도록 한다. 그 이유는 수프는 마시는 것이 아니라 먹는 것이기 때문이다. 그러나 수프가 제공될 때는 보통 손잡이가 달린 컵 모양의 기물이 많이 사용된다. 이때는 어느 정도 스푼을 사용하여 먹고 난 후 스푼은 컵 받침대에 올려놓고 수프 컵을 들어 올려 조용히 마시는 시늉도 무난하다. 그런데 수프 컵 속에 스푼을 넣어둔 상태에서 마신다거나, 또는 들어 올린 컵에서 스푼을 사용하여 떠서 마시면 올바른 매너가 아니다. 특히 수프는 뜨거울 수 있으므로 적은 양을 바깥으로 밀면서 떠서 먹어 본 다음에 적당히 속도와 양을 조절하며 먹는다.

한편, 서양요리에는 일반적으로 빵이 제공되는데, 빵은 처음부터 테이블에 놓여 있을 때도 있으나 수프가 끝난 후에 제공되는 것이 원칙이다. 만약 테이블에 빵이 처음부터 제공되었다면 수프와 함께 먹지 말고 기다렸다가, 수프가 끝난 다음부터 후식이 제공되기 전까지 천천히 먹도록 한다. 왜냐하면, 빵은 입 속에 남아있는 요리의 여운을 없애고 새로운 미각을 위한 신선미를 제공하기 때문이다. 즉 빵은 제공되는 음식과 음식 사이에서 촉매제의 역할을 담당한다고 생각하면 된다. 그리고 빵 접시의 위치는 반드시 좌석을 기준으로 좌측의 것이 자기의 것이다. 가끔씩 우측의 것이 자기 것인 줄 알고 먹는 경우가 있는데, 이러면 테이블의 균형에서 세팅기물의 질서가 완전히 파괴되어 큰 실례를 범하게 된다.

또한 빵은 수프나 음료 등에 적셔 먹어서는 안 되며, 빵은 나이프나 포크를 사용하는 것이 아니라 손으로 한 입의 분량씩 떼어서 먹는 것이 가장 바람직하다. 단, 빵을 먹을 때는 버터나 잼이 함께 제공되는데, 이때는 버터나이프를 사용하여 적당한 크기의 버터나 잼을 빵에 발라 사용하면 된다.

(3) 생선과 육류요리

생선Fish요리는 머리 부분이 좌측, 꼬리 부분이 우측 방향으로 레몬과 함께 제공된다. 먼저 포크로 머리를 누르고 나이프로 머리와 몸체를 분리시킨다. 그 다음에 꼬리를 자르고 아래 위의 지느러미를 자른다. 그리고 잘려진 부위인 머리와 지느러미는 생선의 뒤쪽에 옮겨놓고, 절대로 생선을 뒤집거나 방향을 바꾸어선 안 된다. 따라서 앞쪽의 표면을 다 먹고 나면 뼈 사이에 나이프를 집어넣고 좌측에서 우측 방향으로 나이프를 이동시키면서 뼈와 아래 부분의 고기를 분리시킨다. 분리된 뼈는 생선의 좌측과 우측의 빈자리에 가지런히 놓으면 된다. 만약 먹는 중에 뼈가 입에 들어가면 왼손으로 입을 가볍게 가리고 오른손의 엄지와 첫손가락을 입에 살짝 가져다대며 뼈를 골라서 접시에 놓으면 된다.

생선을 먹을 때는 생선의 담백한 맛을 유지시키고 비린내를 제거하기 위해 레몬의 즙을 짜서 여러 군데 살짝 뿌리며 먹는다. 물론 레몬의 즙을 짤 때는 다른 사람에게 튀지 않도록 왼손으로 가리면서 오른손으로 부드럽게 짠다. 또한 생선요리와 조화를 이룰 수 있는 음료로는 화이트와인이 가장 적합하다. 와인을 함께 곁들이는 이유는 입 안의 지방(脂肪)을 씻어내어 위를 적당히 자극하여 새로운 미각을 돋우기 위해서이다.

세계적인 와인은 프랑스에서 주로 생산된다. 프랑스의 보르도Bordeau, 비건디Burgundy, 샹파뉴Champagne 지방은 프랑스 와인의 3대 생산구역이다. 이 중에서도 비건디 지방은 화이트와인을, 보르도 지방은 레드와인을, 샹파뉴 지방은 샴페인을 대표적으로 생산한다.

와인은 반드시 서브되기 이전에 테스팅Testing을 하게 된다. 물론 와인 테스팅은 초대한 주인이 와인을 마시기 이전에 맛보기를 행하는 것이다. 즉 와인의 향과 온도가 적당한지, 보관을 잘못하여 변질은 안 되었는지, 코르크Cork 마개의 찌꺼기가 침전이 안 되었는지 등을 주빈이 체크하는 것이다. 와인 테스팅은 글라스에 약 1/4 정도 채워서 천천히 맛을 음미하면 된다. 주빈이 테스팅에서 훌륭하다Good라고 신호를 보내면, 직원은 주빈의 우측에 위치한 손님부터 차례대로 따르면 된다.

물론 테스팅은 남성이 하는 것이 원칙이지만, 여성이 주빈이면 동석한 남성에게 테스팅을 권유하면 된다. 한편, 육류요리Main Dish = Entree로는 스테이크가 가장 일반적인데, 스테이크는 고기의 왼쪽을 포크로 누르고 오른손으로 나이프를 사용하여 세로 방향으로 잘라서 왼손으로 먹는다. 그러나 고기를 잘라놓고 난 후 포크를 오른손에 옮겨 잡고서 먹어도 무방하다. 스테이크는 접시의 바깥쪽에서 안쪽으로 나이프를 움직여 자른다. 즉 나이프를 앞쪽에서 바깥쪽으로 움직이며 자르면 안 된다. 육류요리와 가장 균형을 이룰 수 있는 것은 레드와인이다.

(4) 샐러드와 디저트

샐러드Salad는 메뉴 구성에 따라 사이드 디시Side Dish로 제공될 수도 있고, 메인 디시Main Dish로 제공될 수도 있다. 샐러드는 육류요리에 없어서는 안 되는 것이며, 샐러드와 육류요리를 번갈아가면서 먹는 것이 가장 이상적이다. 즉 샐러드는 육류요리의 미각을 돋우며 냄새를 제거하는데 도움을 준다. 이럴 경우 육류요리가 제공되기 이전에 샐러드가 먼저 서브되는데, 이 때 사이드 디시(고객의 왼쪽 부분 포크 상단에 샐러드를 놓는 것을 말한다. 이 때 직원은 고객의 좌측에서 오른손으로 서브한다.)로 제공되면 고객은 기다렸다가 육류요리가 제공되면 함께 곁들이면 된다. 그런데 메인 디시로 제공되면 고객은 샐러드를 먼저 먹고 난 후에 육류요리를 제공받아야 한다. 왜냐하면, 메인 디시는 샐러드가 요리 코스의 한 순서에 해당되는 것으로서 직원이 고객의 오른쪽에서 오른손을 사용하여 고객의 정면 가운데에 샐러드를 서브하기 때문에 이것을 모두 픽업Pick Up해야 그 다음요리인 육류요리가 제공되기 때문이다.

디저트Dessert는 그날의 식사와 만남을 마무리하고 정리하기 위해 정식요리의 마지막에 제공되는 것이다. 이때에도 음료가 제공되는데, 마지막의 아쉬움과 다시 만날 날을 위해 축배와 감사의 뜻으로 샴페인과 와인 및 드라이한 알코올성 음료(증류주의 브랜디, 혼성주의 베네딕틴, 꼬인트루, 드람브이 등)가 보통 제공된다.

잠깐, 쉬어가기!

## 식음료서비스 영어회화(4)

1 고기는 어느 정도 익혀드릴까요?
How would you like your steak?
スーテキのやきかげんは どうなさいますか。

2 어떤 종류의 샐러드 드레싱을 드시겠습니까?
What kind of salad dressing would you like?
どの ドレッシングに なさいますか。

3 통감자 위에 휘핑크림을 올려드릴까요?
Would you like whipping cream on your potato?
ゆでた ポテトのうえに whipping クリームを つけましょうか。

4 죄송합니다. 지금 주문이 밀려 약 20분 후에 가능합니다. 괜찮습니까?
I'm sorry, we have many orders.
If we bring your order in 20 minutes. Is it all right?
すみませんが、 いま ごちゅうもんが たくさん ございますので やく20ぷんごに なりますが よろしいですか。

5 주문하신 닭튀김은 20분 이상 걸리는데, 괜찮으시겠습니까?
The fried chicken will take more than 20 minutes, would that be all right?
ごちゅうもんした fried chicken は 20ぷんいじょう かかりますが よろしいですか。

6 식전에 음료를 드시겠습니까?
Would you like something to drink before your meal?
しょくじの まえに のみものでも いかがですか。

7 기다리시는 동안 음료 한 잔 하시겠습니까?
Would you like something to drink while you are waiting?
おまちの あいだに のみものでも いかがですか。

8 어떤 음료를 드시겠습니까?
What would you like to drink?
どんな のみものを おのみですか。

9 제가 맡아 드리겠습니다.
I'll keep it for you.
わたしがおあずかりします。

10 지금 와인을 오픈해 드릴까요?
May I open the wine now?
いま ワインを あけましょうか。(オープンしましょうか。)

11 바쁘십니까?
Are you in a hurry?
いそがしいですか。

12 여기서 얼마나 머무르실 겁니까?
How long will you be staying here(with us), sir?
どのくらいおとまりしますか。

13 예약 장부를 확인해 보겠습니다.
I'll check the reservation book, sir.
豫約のリストをたしかめてみます。

14 죄송합니다. 지금은 만원인데요.
I'm sorry, We are full up(for tonight), sir.
もうしわけございませんがいまはいっぱいでございます。

15 어떻게 할 수가 없습니다.
I can't do anything about it, sir?
どうしても方法がないですね。

16 다이얼 0번을 돌리면 교환이 나옵니다.
Please dial "0" and you will connect the operator.
交換は0番です。

17 전화 좀 빌려주시겠습니까?
May I use your phone, sir?
お電話かしていいですか。

18 택시기사에게 이것을 보여주십시오.
Please show this card to the taxi driver.
タクシードライバにこれをみせてください。

19 제가 포장해 드리겠습니다.
I'll wrap it up for you.
わたしが包んであげます。

20 기꺼이 그렇게 해 드리겠습니다.
I'll do that with pleasure.
よろこんでそうさせていただきます。

4th Industrial Revolution

ICT Convergence

**Food & Beverage Management**

PART 2

# 식음료 실무부문

4th Industrial Revolution

ICT Convergence

Food & Beverage Management

03 CHAPTER

# 식당의 의미와 종류

SECTION 1

## 식당의 의미

### 1. 식당(食堂)의 유래

인간이 생존하는데 가장 근본이 되는 것이 의 · 식 · 주(衣食住)의 해결이다. 따라서 식당(食堂)은 일정한 장소가 갖추어진 상태에서 음식을 제공받을 수 있는 공간이다. 즉 식당은 인간의 본능적인 욕구충족을 위해 일정한 시설과 장소가 필요하게 되면서부터 등장하기 시작했다.

서양에서 식당이 발생하게 된 기원은 BC 4000년경 고대 바빌로니아의 수메리언Sumerian족이 무역거래를 위해 화폐를 사용하면서부터 물물교환의 형태가 발생하였고, 이에 숙박 장소의 등장과 아울러 식당이 필요하게 되었다고 전해진다. 또한 BC 1700년경에는 고대 메소포타미아에서 바빌로니아어로 암석에 '조리'라는 단어가 새겨진 것을 발견하면서부터라고 전해지고 있다.

그 후 BC 512년경에는 고대 이집트에서 식당의 기원이라 할 수 있는 음식점이 최초로 등장했다. 이곳에서는 곡물, 들새고기, 양파요리 등 매우 간단한 요리가 제공되었으며, 소년들은 부모를 동반해야 출입할 수 있었고, 소녀들은 결혼할 때까지 출입이 금지되었다고 한다.

AD 79년경 로마시대에는 나폴리의 베스비우스Vesuvius라는 휴양지에 "식사하는 곳

Eaters Out"이 많이 있었으며, 널리 알려진 카라카라Kala Kala라는 대중목욕탕의 유적에서도 식당이라는 흔적이 발견되었다. 이곳의 목욕탕은 216년 카라카라 제왕 때 사용되었던 것으로 수용인원이 무려 1,600명 정도였다고 한다. 이 거대한 건물 내에는 증기탕, 온수탕, 냉수탕 등 여러 가지의 욕실과 체육장, 경기장, 도서실, 회의실, 학습실, 예배당 등이 갖추어져 사교장 겸 스포츠의 공간으로 사용되면서 음식물을 제공하는 식당이 있었다고 한다.

한편, 우리나라 식당 발생의 근원은 『삼국사기』에서 문헌적 근거를 찾을 수 있다. 『삼국사기』에 의하면 490년에 신라의 수도인 경주에 처음으로 시장이 형성되었고, 509년에는 동시(東市), 695년에는 서시(西市), 남시(南市) 등의 상설시장이 개설되어 시장 안에는 객지에서 온 상인들을 위해 음식을 판매하는 장소가 생겼다고 한다.

고려시대 983년에는 개성에 성례(成禮), 약빈(藥賓), 연령(延齡), 희빈(喜賓) 등의 이름으로 식당이 등장했다는 기록을 『고려사』에서 찾아볼 수 있다.

조선왕조 1398년(태조 7년)에는 그 당시 국립대학인 성균관이 있었는데, 이곳에서는 공부를 위해 200여명의 유생들이 28개의 방에 거처를 하였으며 음식을 제공받았다고 한다. 이때부터 식당(食堂)이라는 말이 사용되기 시작하였고, 음식을 제공하는 사람을 '식당지기'라고 불렀다.

그 후 우리나라에서는 1876년 일본과 수호조약을 체결한 후 부산, 인천, 원산이 개항되고 일본 공사관이 설치되었으며, 신미양요 이후인 1882년에는 미국과도 한·미 수호통상조약이 체결됨에 따라 미국 공사관도 설치되었다. 또한 영국, 프랑스, 러시아 등이 한국 진출을 서둘러 하여 한반도는 열강들의 이권쟁탈의 각축장이 되었다. 이러한 역사적 소용돌이 속에서 숙박업은 주로 외국인들에 의해 제기되면서 발전하기 시작했고, 이러한 시설의 이용자들도 대부분 외국인들이었다. 그리고 1887년경에는 요정과 숙박을 전문으로 하는 시천여관(市川旅館)이 일본인에 의해 건축된 것을 비롯하여 남산 주변과 충무로 지역을 중심으로 숙박시설이 본격적으로 등장하게 되었다. 1900년에는 독일 태생의 손탁Sontag이라는 여인이 '손탁호텔'을 건립하여, 1층에는 서양식 식당과 회의실을 갖추었으며 프랑스요리를 처음으로 소개하기 시작했다. 그리고 1908년경에는 전국의 여관시설이 무려 123개에 이르렀고, 1927년경에는 철도

역을 중심으로 숙박시설의 발전과 함께 근대적인 식당시설을 갖추기 시작했다.

## 2. 식당의 의미

미국의 『웹스터(Webster)』 사전에 식당은 "An establishment where refreshments or meals may be procured by the public : a public eating house."으로 정의하고 있다. 즉 '사람들이 가벼운 휴식과 식사를 획득할 수 있는 시설'이라는 것이다. 국립국어연구원의 『표준국어대사전』에 의하면 식당(食堂)이란 "건물 안에 식사를 할 수 있게 시설을 갖춘 장소 또는 음식을 만들어 손님들에게 파는 가게"라고 정의하고 있다.

최근에 오면서 식당을 'EATS' 상품을 판매하는 곳으로 이해되고 있는데, 이는 인적 서비스Entertainment, 분위기물적서비스 : Atmosphere, 맛요리 : Taste, 위생청결 : Sanitation 등을 함께 판매한다는 의미이다.

따라서 오늘날 식당의 의미는 "일정한 장소와 시설을 갖추고 인적서비스를 동반하여 고객을 영접하면서 음식물 등의 물적 서비스를 함께 제공할 수 있는 장소"로 정의할 수 있다.

## 3. 식당의 종류와 특징

### 1) 다이닝 룸

다이닝룸은 주로 정식요리Table d'hote를 제공하는 식당으로서, 아침식사를 제외한 점심과 저녁식사를 전문적으로 제공하는 식당을 말한다. 최근에는 다이닝 룸이란 명칭을 사용하지 않고 전문요리 명칭 또는 그릴Grill이라는 명칭을 사용하며 일품요리A La Carte도 판매하고 있다.

### 2) 그릴

그릴Grill은 주로 일품요리A La Carte를 제공하는 전문식당으로서 아침, 점심, 저녁식사를 제공하는 것이 특징이다. 최근에는 정식요리를 취급하거나 특별요리Special Menu를 판매하기도 한다.

### 3) 커피숍

커피숍Coffee Shop은 고객의 왕래가 가장 많은 곳의 호텔 로비 주변에 위치한다. 호텔의 운영 특성에 따라 간단한 식사를 제공하기도 하며, 아침 일찍부터 저녁 늦게까지 영업을 하는 경우가 많다. 특히 커피숍은 호텔에서 없어서는 안 될 영업장으로서 가벼운 식사와 함께 기호음료와 영양음료, 그리고 간단한 알코올성 음료를 제공하기도 한다. 커피숍의 특징을 설명하면 다음과 같다.

#### (1) 커피숍의 아침식사Breakfast 메뉴구성

1 American Breakfast(ABF)

- A Choice of Juice
- Rolls & Toast
- A Choice of Any Style Eggs with Ham, Bacon or Sausage
- A Choice of Two Kinds Coffees & Tea

2 Continental Breakfast(CBF)

- A Choice of Juice
- Rolls & Toast
- A Choice of Two Kinds Coffees & Tea

3 Breakfast Buffet

- 바쁜 비즈니스맨을 위한 메뉴로써 신속하게 다양한 메뉴를 준비하여 고객이 선

택할 수 있는 기회를 제공하고 있다.

① 더운 곡류Hot Cereals

- 오트밀Oatmeal : 귀리죽
- 위트Wheat : 밀죽

② 찬 곡류Cold Cereals

- 콘 플레이크Corn Flakes : 옥수수 낱알을 으깬 것
- 라이스 크리스피Rice Crispies : 쌀을 바삭바삭하게 튀긴 것
- 딸기 볼Strawberry Ball
- 쉬레디드 휘트Shredded Wheat : 밀을 조각낸 것

③ 요거트Yogurt

아무 것도 첨가하지 않은 플레인 요거트와 첨가물에 따른 딸기, 살구 요거트 등이 있다.

④ 빵Bread

- 빵Bread류는 225g 이상을 말한다.(식빵, 호밀빵, 프랑스빵 등)
- 번Bun류는 60~225g를 말한다.
- 롤Roll류는 60g 이하를 말한다.(하드 롤, 소프트 롤 등)

⑤ 커피숍에서 사용되는 빵

- 토스트빵Toast Bread : 밀가루, 이스트, 설탕, 소금, 버터, 우유, 달걀, 물로 만든다.
- 호밀빵Rye Bread : 북유럽에서 유명한 빵으로 밀가루, 호밀, 이스트, 소금, 설탕 등으로 만든다.
- 프랑스빵French Bread : 빵의 제조방법 중 가장 까다로운 것으로 설탕, 유지, 달걀이 들어가지 않으며 주원료인 밀가루, 이스트, 소금만이 배합되기 때문에 일명 바게

트Baguette라 한다.

- 크루아상Croissant : 초승달 모양으로 오스트리아에서 처음 만들어졌다. 17세기 말 오스트리아가 터키와의 전쟁에서 승리하기 위해 터키 국기에 그려진 초승달 모양의 빵을 만들어 병사들에게 먹게 함으로써 사기를 북돋웠다는데서 유래되었다.
- 머핀Muffin : 호떡 모양의 빵으로 소맥분을 사용하기도 하고, 옥수수가루를 사용하기도 한다.

⑥ 주스류

- 갓 만든 신선한 주스Freshly Squeezed Juice : 오렌지, 당근, 사과, 멜론 등
- 캔 주스Canned Juice : 오렌지, 토마토, 파인애플 등

⑦ 달걀요리

- 보일드 에그Boiled Egg

  - Soft Boiled Egg : 2~3분 정도 익힌 요리
  - Medium Boiled Egg : 5~6분 정도 익힌 요리
  - Hard Boiled Egg : 8~10분 정도 익힌 요리

- 프라이드 에그Fried Egg

  - Sunny Side Up : 한쪽 면만 익힌 것
  - Over Easy : 양면을 굽되 흰자만 익힌 것
  - Over Medium : 흰자는 완전히 익고, 노른자는 약간 익힌 것
  - Over Hard : 흰자와 노른자를 완전히 익힌 것

- 스크램블드 에그Scrambled Egg : 흰자와 노른자를 우유 또는 생크림을 넣고 펜Pan에 붓고 휘저어 익힌 요리
- 포치드 에그Poached Egg : 소량의 소금과 식초를 넣어 끓는 물에 껍질을 제거하고 삶은 요리

- Soft Poached Egg : 3~4분 정도 익힌 요리
- Medium Poached Egg : 5~6분 정도 익힌 요리
- Hard Poached Egg : 8~9분 정도 익힌 요리

- 달걀말이요리Omelet : 플레인 오믈렛Plain Omelet, 햄치즈 오믈렛Ham Chesses Omelet, 스페니쉬 오믈렛Spanish Omelet 등이 있다.
- 팬케이크 & 와플Pancake & Waffle

- 팬케이크 : 밀가루, 달걀, 버트, 우유, 베이킹파우더 등으로 반죽하여 철판에 구운 것
- 와플 : 팬케이크의 재료와 동일하나 와플의 틀 속에서 구워낸 것
- 프렌치토스트 : 절단된 샌드위치에 우유를 적신 후 달걀을 입혀 철판에 구운 것
* 메이플 시럽과 함께 제공한다.

- 과일Fruit : 신선한 제철과일을 제공한다.

(2) 커피의 특징과 조리

커피는 전초과에 속하는 상록관목으로써 주로 열대성 기후의 강우량이 많은 곳에서 재배되며, 고산지대의 것이 좋은 품종이다. 강우량은 최저 1,000㎜에서 최고 1,800㎜ 정도가 알맞다. 또한 배수가 잘되며 서리가 내리지 않는 곳이어야 하고, 열매를 맺을 때는 우기 때도 건기가 계속되어야 한다.

주요산지로는 아프리카, 중남미, 아시아, 태평양 지역 등으로 나눌 수 있으며, 이들 국가 중에서도 브라질과 콜롬비아, 인도네시아에서 생산되는 커피가 세계 총 생산량의 50%를 넘는다.

현재 호텔에서 주로 사용하고 있는 원두는 로브스타종으로, 아프리카 앙골라 지방에서 생산되는 원두를 사용하고 있다. 앙골라 원두는 크기가 굵고 신맛과 단맛이 있으며, 커피향이 강한 것이 특징이다.

① 커피의 조리

커피의 맛은 수질과 원두의 배합비, 그리고 끓이는 온도와 추출시간 등에 의해 좌우된다.

- 물 : 산성보다는 잘 정수된 알칼리성 물이 적당하다. 냄새가 나는 물은 사용해서는 절대로 안 된다.
- 온도 : 섭씨 85~95℃가 최적이며, 100℃가 넘으면 카페인이 변질되어 쓴맛이 발생된다. 커피를 잔에 따랐을 때 적정온도는 80~83℃이며 설탕과 크림을 넣어 마실 때 최적의 온도는 66℃ 내 · 외이다.
- 배합비 : 레귤러커피의 경우 10g 내 · 외의 커피를 130~150cc의 물을 사용하여 100cc를 추출하는 것이 적당하다.
- 크림 : 설탕을 먼저 넣고 크림을 85℃ 이하로 떨어진 후 넣어야 한다.
- 시간 : 커피의 맛과 향의 완벽한 추출을 위해서는 충분한 시간이 필요하다. 맛과 향이 담긴 섬유조직이 팽창되고 와해되어야만 하기 때문이다. 커피를 추출한 후 빠른 시간 내에 고객에게 서브해야 하며, 시간이 지난 커피는 향이 부족하므로 버리는 것이 좋다.

② 조리기구별 조리방법

- 퍼코레이트Percolate : 일명 '포트'라고 한다. 포트 안에는 여과장치가 되어있는데, 여과반의 커피가루가 끓는 물에 추출되어 여과반 밑에 뚫린 미세한 구멍으로 흘러내린다. 이 과정이 몇 번 반복되어 진한 커피가 된다.
- 사이폰Syphon : 사이폰은 커피의 침출여과 과정이 잘 이해되고 커피가 완성되는 것을 끝까지 지켜볼 수 있는 즐거움이 있다. 커피 본래의 향이 그대로 우러나 좋은 커피를 만들 수 있다.
- 드립퍼Dripper : 필터와 포트 또는 필터와 컵의 사용으로 취급하기 간단하고 경제적인 방법이다.
- 전자동 커피기구Bunn Automatic : 전열기에서 순간적으로 끓는 물을 중앙관을 통하

여 드립퍼에 있는 커피에 분출시켜 추출하는 기구이다.

- 에스프레소Espresso 기구 : 증기의 압력으로 커피를 추출하는 기구이다. 속성으로 커피를 추출할 수 있는 장점을 가진다.
- 애그로 커피머신Egro Coffee Machine : 원두의 분쇄로부터 추출까지 원터치One-touch로 이루어지는 최단 컴퓨터제어 방식의 기계이다. 원두를 즉석에서 분쇄하여 추출된 증기로 추출하기 때문에 맛이 신선하고 순하다.

③ 주요 커피메뉴

- 카페오레 : 프랑스식 모닝커피로, 카페오레는 커피와 우유라는 의미이다. 영국에서는 밀크커피, 독일에서는 미히르카페, 이탈리아에서는 카페라떼로 불린다.
- 카페카프치노 : 이탈리아 타입의 짙은 커피로, 우유와 커피에 시나몬(계피) 향을 더하여 마시게 되면 더욱 풍미를 느낄 수 있다. 기호에 따라 레몬이나 오렌지 등의 껍질을 갈아 넣어먹을 수도 있다.
- 카페로열 : 푸른 불빛을 띄며, 설탕 위로 브랜디를 얹는다.
- 커피플로트 : 크림커피로 일명 카페 그랏세, 카페 제라트로도 불리며, 아이스크림이 들어 있는 커피이다.
- 아이리시커피 : 커피, 설탕, 아이리시 위스키 20ml, 휘핑크림, 레몬글라스 립Lip에 레몬즙을 묻히고 설탕을 바른 다음, 아이리시 위스키를 넣고 시럽을 1티스푼 넣어 커피를 천천히 붓는다. 그리고 휘핑크림을 얹는다.
- 비엔나커피 : 시럽, 휘핑크림, 시나몬가루, 커피글라스에 시럽을 붓고 커피를 7부 정도 붓는다. 휘핑크림을 얹고 시나몬가루를 뿌려 제공한다.
- 아메리칸 스타일커피 : 지거에 커피가루 반을 채워 커피잔에 3/4 정도 부어 액을 추출해서 제공한다.
- 레귤러커피 : 커피 분쇄기를 절반만 당겨 커피가루를 뽑아 커피잔에 3/4 정도 부어 액을 추출해서 제공한다.

### 4) 카페테리아

카페테리아Cafeteria는 셀프서비스가 원칙이다. 즉 카운터에 요금을 지불한 후, 고객이 직접 음식을 선택하거나 음식을 가져와 먹는 식당을 말한다.

### 5) 런치카운터

런치카운터Lunch Counter는 고객이 카운터라는 식탁에 앉아서 조리사에게 직접 음식을 주문하면, 조리사가 고객이 보는 앞에서 직접 음식을 만들어 제공하는 식당이다. 이것은 고객이 조리과정을 직접 지켜볼 수 있는 장점이 있다.

### 6) 리후레쉬먼트 스탠드

리후레쉬먼트 스탠드Refreshment Stand는 간이식당이라고도 하는데, 이는 음식을 스탠드에 미리 진열해 놓으면 고객이 즉석에서 음식을 구입할 수 있는 것을 말한다. 즉 특별한 단체행사가 있을 때 스탠드에 간단한 샌드위치나 햄버그 등의 음식을 준비해 놓으면 행사 참석자들이 휴식시간을 이용하여 간식의 형태로 식사를 간단하게 해결할 수 있는 장점이 있다.

### 7) 드라이브 인

드라이브 인Drive In은 고속도로 주변의 휴게소에 있는 식당을 말한다. 이는 자동차 이용객을 대상으로 음식을 제공하는 것이기 때문에 넓은 주차공간이 있어야 한다.

### 8) 다이닝 카

다이닝 카Dining Car는 기차를 이용하는 고객들을 대상으로 식음료 판매가 가능하도록 기차 내부에 설치된 식당이다.

### 9) 스낵 바

스낵 바Snack Bar는 매우 간편한 식사를 제공할 수 있는 편의점용 식당을 말한다.

### 10) 인더스트리얼 레스토랑

인더스트리얼 레스토랑Industrial Restaurant은 기업체, 학교, 병원, 군대 등에서 구내식당과 같이 주로 비영리를 목적으로 설치된 식당을 말한다.

### 11) 백화점 식당

백화점 식당Department Store Restaurant은 백화점 내부에 마련된 식당을 말한다. 최근에 와서는 백화점 식당이 고급화·전문화되거나 체인 형태로 운영되기도 한다.

### 12) 급식 식당

급식 식당Feeding Restaurant은 비영리적 또는 복리후생적 차원에서 셀프서비스의 형태로 운영되는 직원식당을 말한다. 예를 든다면, 회사 내의 급식시설이나 학교 기숙사에서 제공되는 급식, 병원 직원을 위한 급식, 군대 조직이나 형무소 등에서 제공되는 급식 식당 등을 들 수 있다.

### 13) 자동판매 식당

자동판매Vending Machine Service 식당은 자동판매기를 이용하여 간단한 품목만을 판매할 수 있는 것을 말한다.

### 14) 테이크어웨이 식당

테이크어웨이 식당Take Away Restaurant은 음식을 배달하여 판매하거나 즉석에서 포장하여 판매할 수 있는 식당을 말한다.

### 15) 뷔페 식당

뷔페Buffet 식당은 셀프서비스의 형식이며, 바이킹서비스Viking Service라고도 부른다. 뷔페의 종류는 오픈 뷔페Open Buffet와 클로즈 뷔페Closed Buffet가 있는데, 오픈 뷔페의 특징은 불특정 고객을 주요 대상으로 하기 때문에 이용고객이 집중화 될 수 있는 시간대(상설 뷔페 또는 주말 뷔페)를 정하는 것이 중요하다. 클로즈 뷔페의 특징은 사전에 예약된 특정 고객(회갑연, 돌잔치, 소모임, 동창회, 계모임 등)을 대상으로 이루어지기 때문에, 음식가격이나 행사시간이 미리 정해진다.

잠깐, 쉬어가기!

## 식음료서비스 영어회화(5)

1 잔을 채워드릴까요?
Would you like me to fill your glass?
コップに いっぱい つぎましょうか。

2 드시던 것과 같은 것으로 드릴까요?
Same again for you?
いつもの のみもので よろしいですか。

3 더블로 하시겠습니까? 싱글로 하시겠습니까?
Would you like double or single?
ダブルと シングル、 どちらに しますか。

4 한 잔 더 하시겠습니까?
Would you like some more drinks?
もう いっぱい いかがですか。

5 음료의 마지막 주문을 받겠습니다. 다른 주문은 없으십니까?
We are taking the last orders for drinks, will there be anything else?
さいごの ごちゅうもんを うけたまわります。ほかの ごちゅうもんは ございませんか。

6 다른 것이 더 필요하십니까?
Would you like anything else?
ほかに なにか ひつような ものは ございませんか。

7 커피 더 드시겠습니까?
Would you like some more coffee?
コーヒーを おかわり しましょうか。

8 가능한 빨리 갖다드리겠습니다.
I'll bring it as soon as possible.
なるべく はやく おもち します。

9 대단히 죄송합니다. 저희가 지금 매우 바빠서요.
I'm very sorry, we are very busy now.
たいへん もうしわけございません。 いま とても いそがしいでの で

10 죄송합니다. 다른 것으로 바꿔드리겠습니다.
I'm sorry, I'll bring another one right away.
もうしわけございません。 ほかの ものに おかわりします。

11 무료입니다.
Free charge.
無料です。

12 달러로 얼마입니까?
How much is in US dollars?
ドルでいくらですか。

13 무슨 일입니까?
What's up? 또는 What's the matter with you?
どうしたんですか。

14 시간이 얼마나 걸립니까?
How long will it take?
時間はどのぐらいかかりますか。

15 지금 계산하시겠습니까?
Will you pay for it now?
いま計算しますか。

16 저의 입장을 이해해 주십시오.
I hope you understand my position.
わたしの立場を理解してください。

17 곧 담당웨이트가 올 겁니다.
Your waiter will be with you in a minute.
すぐ擔當者がきますので

18 빵 대신 밥으로 하시겠습니까?
Would you like rice instead of bread?
パンかわりにライスでよろしいですか。

19 주문하신 것을 재확인하겠습니다.
I'll repeat your order.
ご主文のものをおたしかめします。

20 호텔서울에서 근무하고 있습니다.
I'm with Hotel Seoul / I'm working at Hotel Seoul.
インターブルゴホテルで勤務しています。

SECTION 2
# 식당서비스의 특징

## 1. 테이블서비스의 형식

테이블서비스Table Service는 일정한 장소에 식탁과 의자를 설치해 놓고, 고객이 주문을 하면 잘 훈련된 직원이 음식을 서브하는 가장 전형적인 식당의 형태를 말한다. 테이블서비스의 종류는 아메리칸서비스American Service, 프렌치서비스French Service, 러시안서비스Russian Service 등이 있다.

러시안서비스 프렌치서비스 아메리칸서비스

**그림 3.1 테이블서비스 형식에 따른 서비스방법**

### 1) 아메리칸서비스의 특징

아메리칸서비스american service는 미국식 서비스방식으로 플레이트서비스Plate Service와 트레이서비스Tray Service로 서브방법이 구분된다.

플레이트서비스의 특징은 주문된 음식을 조리사가 주방에서 음식을 조리하여 플레이트(접시)에 보기 좋게 음식을 담아놓는다. 그러면 서브 직원이 플레이트에 담겨진 음식을 고객에게 직접 서브하는 방식이다. 트레이서비스의 특징은 고객의 수가 많을 때 주로 사용되는 서비스이다. 이는 음식이 담겨진 플레이트 여러 개를 한꺼번에 트레이(에나멜 쟁반)에 균형감 있게 담아 서브 직원이 고객에게 음식을 제공하는 방식이다. 이것은 호텔의 룸서비스나 항공기 내 기내 식사를 제공할 때 많이 이용된다.

이와 같이 아메리칸서비스의 특징은 신속한 서비스가 가능하고, 직원 확보가 용이하며, 업무지식이 많이 요구되지 않고, 적은 인원으로 많은 고객을 동시에 서브할 수 있기 때문에 호텔의 연회서비스에서 많이 활용되고 있다.

구체적인 아메리칸서비스의 장 · 단점은 다음과 같다.

(1) 장점

- 신속한 서비스가 가능하다.
- 고급식당보다는 테이블의 좌석 회전수가 빠른 식당에 적합하다.
- 적은 직원으로 동시에 많은 고객을 서브할 수 있다.
- 직원 확보가 용이하다.
- 직원의 업무지식을 교육시키는데 많은 시간이 소요되지 않는다.
- 직원의 다양한 업무지식을 많이 요구하지 않는다.

(2) 단점

- 우아한 서비스가 아니라 단순한 서비스이다.
- 고객의 미각을 돋우지 못한다.
- 준비된 음식이 비교적 빨리 식는 편이다.
- 음식이 플레이트에 미리 담겨져 제공되기 때문에, 고급스런 분위기 창출을 기대할 수 없다.
- 직원의 업무지식에 대한 노력이 비교적 소홀한 편이다.

### 2) 프렌치서비스의 특징

프렌치서비스french service는 프랑스식 서비스 형식으로서 일명 카트서비스Cart Service, 게리동서비스Gueridon Service, 프람베서비스Flambee Service라고도 불린다.

프렌치서비스의 특징은 중후하고도 우아한 멋이 있으며, 지적(知的)인 분위기 창출에 잘 어울린다. 이것은 전형적인 고급식당에 주로 어울리는데, 유럽의 귀족들이 여유로운 시간을 가지고 음식을 즐기던 것에서 시작되었다고 한다. 즉 유럽풍의 고급적인 실내장식과 카펫, 고급 테이블과 암체어Arm Chair : 팔걸이의자가 조화롭게 구성된 식당에 적합하다.

서비스 방법은 조리용 카트Cart나 웨곤Wagon에 조리비품 및 기구(가스램프, 알코올성 음료[브랜디] 등), 각종 음식 재료와 소스류 등을 미리 준비해 놓고, 서브 직원이 고객의 테이블 앞까지 운반하여 고객이 보는 앞에서 직접 음식을 조리하는 방법이다. 또는 게리동Gueridon을 이용하여 실버 플래터Silver Platter에 담겨서 나온 음식을 서브 직원이 직접 레이쇼우Rechaud나 알코올(가스)램프 등을 이용하여 음식을 데워서(주방에서 조리된 음식을 한 번 더 살짝 익힘) 고객이 먹기 편하게 제공하는 방법이다.

이러한 서비스 방식은 멋있어 보이는 쇼맨십이 필요하기 때문에, 다양한 서비스 기술이 요구되고 서브를 보조해주는 서비스 보조직원이 필요하다. 그리고 서브하는 데 시간이 많이 걸리고 직원의 높은 업무지식이 요구된다.

세부적인 프렌치서비스의 장 · 단점은 다음과 같다.

(1) 장점

- 고객이 조리과정을 직접 지켜볼 수 있다.
- 고객의 입맛을 이끌어낼 수 있다.
- 고객의 미각과 선호 속성에 음식의 균형을 맞출 수 있다.
- 직원의 업무능력에 따라 구전(口傳)에 의한 신규고객의 창출이 가능하다.
- 직원의 업무능력에 따라 단골고객의 확보가 용이하여 고단가의 메뉴판매가 가능하다.
- 식당의 분위기와 서비스의 중후한 멋이 우러나오기 때문에, 이를 이용하는 고객의 수준이 상대적으로 우수한 편이다.
- 직원이 높은 자긍심을 가지고 근무할 수 있다.
- 직원은 고난도의 서비스 기술과 업무능력을 평가받을 수 있다.

- 고객은 필요한 만큼 음식의 섭취가 가능하다.
- 고객의 기호에 알맞도록 음식을 제공할 수 있다.

(2) 단점

- 우수한 직원의 확보에 어려움이 있다.
- 서브직원은 고객이 직접 보는 앞에서 조리를 하여 음식을 제공하기 때문에, 서비스 수행에 대한 심리적 부담이 많다.
- 일품요리A La Carte를 취급하는 전문적인 고급식당에 적합하다.
- 직원교육에 많은 투자와 노력 그리고 시간이 필요하다.
- 다른 서비스에 비해 직원의 인건비 부담이 상대적으로 높다.
- 식탁과 식탁 사이를 게리동이 충분하게 움직일 수 있도록 넓은 공간이 필요하다.
- 서비스 시간이 다른 서비스에 비해 많이 소요된다.
- 식당에서의 고객 회전율이 낮은 편이다.

### 3) 러시안서비스의 특징

러시안서비스Russian Service는 플래터Platter : 은쟁반서비스라고도 불리는데, 연회행사에 가장 잘 어울리는 고급형 서비스이다.(연회행사에는 서비스가 간편한 아메리칸서비스도 많이 이루어짐)

이 서비스의 특징은 주방에서 조리된 음식을 여러 명이 먹을 수 있는 분량(연회행사 시 원탁 테이블에는 6~8명의 고객이 적합함) 만큼 플래터에 담아서 서브직원이 고객에게 직접 테이블로 다가가 서브하는 방식이다. 특히 주의할 점은 다른 서비스는 대개 고객의 우측에서 시계도는 방향으로 회전하면서 직원이 오른손으로 서브하지만, 러시안서비스는 고객의 좌측에서 직원이 왼손에 플래터를 들고 오른손으로 텅Tongs : 집게이나 레들Ladle : 국자을 이용하여 시계도는 방향으로 회전하면서 고객에게 서브하는 특징이 있다.

구체적으로 러시안서비스의 장·단점은 다음과 같다.

(1) 장점

- 프렌치서비스처럼 특별히 준비해야 할 재료나 기물이 없어도 멋있고 우아한 서비스가 가능하다.
- 프렌치서비스에 비해 시간이 절약된다.
- 연회행사 시 아메리칸서비스에 비해 분위기가 더 있어 보인다.
- 서브는 많은 고객을 동시에 할 수 있다.

(2) 단점

- 마지막에 음식을 제공받는 고객은 서비스 방식의 특성상 음식에 대한 미각을 잃기가 쉽다. 왜냐하면, 식탁의 마지막 고객은 플래터에 담겨진 음식을 마지막으로 제공받아야 하기 때문이다.
- 2인 1조의 서브직원이 경우에 따라서 필요할 때도 있다.

## 2. 카운터서비스의 특징

카운터서비스Counter Service는 식당의 구내에 설치된 카운터에 좌석을 비치해놓고, 조리사가 고객이 앉아 있는 카운터 앞에서 직접 조리를 하여 고객에게 제공하는 형식이다. 이 때 접객직원이 서브를 보조해주기도 한다. 이것은 고객이 직접 조리과정을 지켜볼 수 있기에 매우 위생적으로 음식을 제공받을 수 있으며, 고객은 음식에 대한 선호도에 따라 필요한 만큼 음식주문이 가능하다.

카운터서비스의 특징은 다음과 같다.

- 신속한 식사 제공이 가능하다.
- 고객의 불평요인이 발생하지 않는다.
- 고객의 선호도에 적합하도록 음식의 주문이 가능하고 위생적이다.
- 서브인원은 많이 필요하지 않으나, 조리사의 판매기술이 매우 요구된다.

## 3. 셀프서비스의 특징

셀프서비스Self Service는 고객이 직접 음식을 가져와 식사를 하는 형태이다. 경우에 따라서 카빙Carving과 생선초밥 등은 조리사가 적당한 분량으로 음식을 고객에게 분배하기도 한다. 이것은 카페테리아Cafeteria와 뷔페Buffet식당에 가장 잘 어울린다.

셀프서비스의 특징은 다음과 같다.

- 고객은 기호에 맞는 음식을 골라서 먹을 수 있다.
- 신속한 식사가 가능하며 고객 회전이 빠른 편이다.
- 소수의 직원으로도 서브가 가능하여 인건비가 절약된다.
- 메뉴 구성에 따라서 원가를 절감할 수 있다.

잠깐, 쉬어가기!

## 식음료서비스 영어회화(6)

1 죄송합니다, 제 실수입니다.
I'm sorry, It's my mistake.
もうしわけございません。わたしのミスです。

2 미안합니다, 요리를 준비하는데 시간이 오래 걸립니다.
I'm sorry, but it takes a long time to prepare that dish.
もうしわけございません。ごちゅうもんの りょうりは じかんが かかります。

3 여기 있습니다, 오래 걸려서 대단히 죄송합니다.
Here you are, I'm really sorry it takes so long.
こちらに あります。 じかんが かかって もうしわけございません。

4 오랫동안 기다리게 해서 죄송합니다.
I'm sorry to have kept you waiting.
たいへん おまたせて もうしわけございません。

5 맛있게 드세요. 그리고 커피나 주스가 필요하시면 저를 부르세요.
Enjoy your meal, and please call me if you need more coffee or juice.
しょくじを おたのしみください。 コーヒーとジュースがひつようでしたら がかりをよんで ください。

6 접시를 치워도 괜찮겠습니까?
May I take your dishes away?
さらを おさげしても よろしいですか。

7 감사합니다. 식사 맛있게 하셨습니까?
Thank you, did you enjoy your meal?
ありがとうございます。 しょくじを おたのしみましたか。

8 식사를 다 드셨습니까?
Have you finished your meal?
しょくじは おすみですか。

9 디저트는 무엇으로 하시겠습니까?
What kind of dessert would you like?
デザートは なにに なさいますか。

10 안주는 무엇으로 하시겠습니까?
What kind of side dish would you like?
おつまみは なにに なさいますか。

11 실례지만, 전화하신 분은 누구신지요?
Excuse me but, who is this speaking?
しつれいですがお電話のかたはどちらさまですか。

12 화장실은 곧바로 가서 왼쪽입니다.
The restroom is go straight and on your left.
お手あらいはまっすぐ行ってひだりがわです。

13 전화를 받지 않습니다.
Nobody answers the phone.
電話にでません。

14 그는 전화를 받고 있습니다.
He is on the phone.
かれは電話にでています。

15 이 전화는 고장입니다.
This phone is out of order.
この電話は故障です。

16 브라운 씨 전화 왔습니다.
Mr. Brown, you have a phone call.
ブラウンさまお電話です。

17 어디에 가십니까?
Where are you going?
どこへいらっしゃいますか。

18 죄송합니다. 음식이 상했습니다.
I'm sorry. This food has gone bad.
もうしわけございません。料理がいたみました。

19 다시 한 번 말씀해 주시겠습니까?
I beg your pardon?
もういちどおしゃってください。

20 좀 더 천천히 말씀해 주시겠습니까?
Would you speak more slowly please?
もっとゆっくりおしゃってください。

SECTION 3

# 식음료 사업과 국가별 요리 특성

## 1. 식음료 사업의 특성

호텔 · 외식 사업은 고객들의 식생활 변화와 조리기술의 발달로 매우 빠르게 변화되고 있다. 특히 우리나라의 전통적인 한식은 외국인들에게 큰 인기를 얻고 있으며, 고객에게 음식을 제공하는 서비스 수준과 기술력도 상당히 높은 편이다. 그러나 무엇보다도 식음료 사업은 물적 서비스와 인적 서비스가 조화와 균형을 이루어야 하고, 상품의 특성상 고객의 다양한 욕구를 충족시킬 수 있어야 하기 때문에 상품의 표준화가 곤란하다.

대표적인 식음료 사업의 특성은 첫째, 생산과 동시에 판매를 해야 한다. 즉 식음료는 고객의 주문에 의해 상품이 생산되기 때문에 주문되는 시점이 곧 상품을 판매하는 시점이다.

둘째, 수요예측이 불명확하다. 특히 호텔 · 외식 사업은 정치, 경제, 사회, 문화, 계절, 기후 등의 여러 요인에 많은 영향을 받게 되기에 수요를 명확하게 예측할 수 없다.

셋째, 원가관리에 대한 효율성이 매우 높은 편이다. 식음료 상품은 생산에 투입되는 재료비와 집기비품 관리비는 직원의 역량에 따라 조정과 통제가 가능하다. 일반적으로 식음료 상품의 이익률 산출은 다음과 같다.

$$\text{이익률} = \frac{\text{총원가}}{\text{총매출액}} \times 100$$

넷째, 호텔 · 외식 사업에서 식음료 상품은 장소적 한계성을 많이 가진다. 다시 말해, 일반적인 상품은 소비자의 요구에 따라 생산된 상품을 장소에 구애받지 않고 이동 가능하여 판매되지만, 식음료 상품은 장소를 이동하여 판매하는데 한계가 있다. 그리고 영업장의 규모나 좌석 수와 위치에 따라 고객의 회전율도 조정되고 통제된다.

다섯째, 시간적 한계점을 가지고 있다. 즉 호텔 · 외식 사업은 일반적으로 식사시간을 미리 정해놓고 집중적으로 판매를 한다.

여섯째, 보관성의 한계점이 있다. 일반적인 기업에서는 상품생산을 위한 기자재나 재료를 오랫동안 보관할 수 있지만, 식음료의 상품은 식자재나 재료의 변질성이 있기 때문에 장시간의 보관은 어렵다. 즉 단시간 내에 판매되지 않으면 부패하기 쉽고, 비위생적이며 신선도가 떨어져 고객의 선호도가 떨어진다.

마지막으로, 무형성의 상품성이 강하다. 식음료 상품은 조리 직원의 기술이나 판매 직원의 기술에 대한 의존도가 높은 편이다. 이는 고객과 접점(接點)하는 직원들의 매너와 태도 등의 무형적인 서비스 능력에 따라 상품의 가치가 달라진다.

## 2. 식음료 사업의 성공요소

호텔 · 외식 사업에서 식음료는 직원의 매너, 기술, 업무능력, 인격 등에 따라 똑같은 물적인 상품일지라도 직원의 역할과 기술에 따라 고객의 가치가 다르게 느껴진다. 특히 식음료 사업은 인적서비스에 대한 비중이 매우 높기 때문에 훌륭한 인적자산의 확보가 곧 기업 경쟁우위의 핵심 원천이 된다고 할 수 있다.

그러므로 식음료는 유 · 무형의 상품(조리된 식음료와 직원의 무형적 서비스)이 동시에 만족스럽게 창출되어야 되기 때문에 호텔 · 외식사업에서 매우 중요함을 알 수 있다. 즉 식음료 판매를 효율적으로 운영하는 것은 식음료 부문의 전문적인 지식과 경험 그리고 기술이 절실히 요구되고 이는 인적서비스 직원에 의존할 수밖에 없다. 따라서 식음료 사업의 성공요소는 아래와 같다.

### 1) 훌륭한 업무 환경

기업 환경은 조직이 보유하고 있는 정보화의 수준과 조직구성원들의 지식 그리고 이를 구성하고 있는 하드웨어적인 인프라에 따라 차이가 두드러지게 나타난다.

존 스비오크라John Sviokla는 조직 내 정보화의 수준, 인프라의 구축 정도, 직원의 교육훈련과 복지수준 등과 같은 기업환경이 매우 중요한 성공요인이 된다고 했다. 따라서 성공적인 식음료 운영관리는 급격한 환경 변화에 능동적으로 대처할 수 있도록 훌륭한 업무환경을 구축하는 것이 무엇보다 중요하다.

### 2) 친절한 서비스

직원의 친절한 서비스는 훌륭한 업무환경에서부터 시작된다고 할 수 있다. 즉 직원이 기업에 대해서 만족과 보람을 느낄 때 외부고객에게 최고의 친절한 서비스 행위가 자발적으로 나타날 것이다. 특히 호텔기업은 모든 영업장에서 서비스가 행해지기 때문에 모든 직원이 표준화되고 동일시된 서비스를 상황별 고객에게 적합하도록 제공해야 한다.

### 3) 우수한 식음료상품

고객에게 최상의 음식과 음료의 제공은 식음료경영에서 가장 기본이 된다. 우수한 식음료의 상품과 함께 질 좋은 서비스가 제공되면, 고객은 최대의 만족과 자기가치를 경험하게 된다. 다시 말해, 우수한 메뉴의 개발과 질 좋은 상품의 생산은 신선한 식자재와 음료를 적시에 구입하고 업무능력이 뛰어난 직원이 정성을 다할 때 만족할 만한 상품을 고객이 구매할 수 있는 것이다.

### 4) 고객가치의 창출

고객은 호텔에서 인적서비스와 물리적서비스를 직원으로부터 제공받게 되면, 그 가치에 상응하는 적합한 대가를 반드시 지불한다. 이처럼 고객이 느끼게 되는 가치는 매우 복잡한 요인에 의해 작용되는데, 특히 가격, 서비스의 수준, 분위기, 각종 물리적인 환경, 식당의 시설, 기물의 종류, 직원의 매너, 상품의 질 등 매우 다양한 요소에 의해 좌우된다. 이와 같이 고객의 만족도와 충성도가 높은 고객자산은 호텔기업의 수익을 지속적으로 창출해 주는 귀중한 무형자산이 되기 때문에, 호텔기업은 고객만족과 고객유치에 기여할 수 있도록 적극적으로 고객가치를 창출할 수 있어야 한다.

### 5) 훌륭한 경영전략

그란트Grant는 기업경영에서 "주요 과업이 현존하는 자원과 역량을 적절하게 활용하여 기업의 가치를 극대화할 수 있도록 훌륭한 경영전략을 수립해야 한다."고 주장했다. 이러한 것은 어떤 기업에게도 매우 중요한 요소임에 틀림없지만, 특히 호텔기업은 고객의 불편사항을 즉시 해결할 수 있도록 시스템을 잘 갖추어야 하며, 이러한 상황별 대처능력을 극대화시킬 수 있는 훌륭한 경영전략의 수립이 성공요인의 하나이다.

## 3. 국가별 요리 특성

### 1) 서양식요리

서양요리의 음식을 제공하는 식당을 통틀어 서양식 식당Western Style Restaurant이라 말하는데, 흔히 양식당으로 불린다. 서양식 식당의 대표적인 것은 이탈리아식 식당, 스페인식 식당, 프랑스식 식당, 미국식 식당이 있다.

서양식 요리 중에서 프랑스식 식당에서 제공하는 프랑스요리의 발전 근거를 살펴보면 다음과 같다.

프랑스요리는 오늘날 서양요리를 대표하는 요리로서, 세계적인 요리로 발전되었는데, 이는 프랑스가 지형적으로 유럽의 중심부에 위치하여 문화교류가 활발하게 이루어진 정치 · 문화의 중심지이기 때문이다. 또한 풍부한 식재료와 포도 제조기술의 발달로 요리의 발전요소가 충족되었고, 요리를 즐기려는 프랑스인의 낭만적인 성격과 요리에 대한 남다른 애착 때문이라 할 수 있다.

16세기 초까지는 프랑스요리가 다른 나라의 요리와는 별다른 차이가 없었으나, 1550년 Catherine de Medici라는 이태리 메디치가의 공주가 프랑스 헨리 2세와 혼인을 하면서 데리고 온 궁중요리사들에 의해 이탈리아요리의 기술이 프랑스 요리사들에게 전파되면서 새로운 발전을 이루게 되었다. 그 후 프랑스요리는 뛰어난 예술적 감각과 풍부하고 질 좋은 포도주, 식재료를 바탕으로 더욱 발전 계승되어, 17세기 말까지 세계에 널리 알려지게 되었다. 또한 17세기 말에는 차, 커피, 코코아, 아이스크림 등의 출현과 함께 돔 페리뇽Dom Perignon이 포도를 활용하여 샴페인을 발명하면서 더욱 번성하기 시작했다.

그 후 또 하나의 발전 계기는 1847년 당대의 가장 위대한 요리장인 오귀스트 에스코피에Auguste Escoffier, 1846~1935의 출현이었다. 그는 복잡하고 많은 인력과 넓은 공간을 필요로 하는 고전요리가 산업혁명으로 인한 시대적 변화와 조화를 이루기 위해서는 조리기술과 형태, 서비스방법 등을 새롭게 변화시켜야 한다는 생각에서 조리의 과학화를 주장했다. 프랑스요리의 특징으로는 다른 나라의 요리에 비해 뛰어난 소스Sauce를 들 수 있다. 이들 소스는 수백 종에 이르는 와인Wine과 리큐르Liqueur 등을 사용하고 있다.

### (1) 이탈리아식 요리

이탈리아식Italian Style 요리는 14세기 초 마르코 폴로Marco Polo가 중국에 가서 면의 종류를 활용한 요리법을 배워 이탈리아로 건너왔다. 이 때 그는 처음으로 면을 이용하여 스파게티와 마카로니라는 요리를 만들어 전파하기 시작했다.

이탈리아에서는 면류를 활용한 음식을 총칭하여 파스타라고 하며, 오늘날에는 피자와 스파게티, 마카로니, 파스타 등이 전 세계적으로 유명한 음식이 되었다. 그리고 이탈리아에서는 식사 전에 먹는 전채요리로 안티파스타Antipasto와 함께 대표적인 식전주Aperitif로서 향료와 약초를 알코올에 발효 증류시킨 버무스Vermouth가 유명하다.

### (2) 스페인식 요리

스페인식Spanish Style 요리는 올리브기름, 마늘 그리고 양조주인 포도주를 요리에 많이 활용하고 있다. 특히 생선과 해산물을 요리에 많이 이용하는데, 새우, 가재, 돼지 요리 등이 유명하다.

(3) 프랑스식 요리

프랑스식French Style 요리는 1533년경 오를레앙Orlēans 공작이 이탈리아의 캐더린 메디치Catherine Medici와 결혼을 하면서 이탈리아의 유명한 조리사들을 프랑스로 불러들여 프랑스인들에게 조리법을 익히게 했다. 그 후 요리학교를 세워 기술 전파를 본격적으로 하게 되면서 프랑스요리는 예술적이면서도 품위가 있고, 우수한 기술과 재료를 활용하여 음식의 맛을 중요하게 표현했다. 따라서 프랑스요리는 이탈리아의 영향을 받아왔지만, 프랑스는 17세기 말부터 전 세계적으로 가장 유명한 요리국가가 되었다. 특히 17세기 말엽 포도생산을 시작으로 돔 페리뇽Dom Pērignon이 샴페인을 처음으로 발명하였고, 이를 요리에 활용할 수 있는 기술을 개발했다. 그래서 루이 14세 때는 프랑스요리가 유럽지역 전체로 확산되기 시작했으며, 유럽의 각 귀족들은 프랑스요리와 음료를 매우 좋아하게 되었다.

오늘날 프랑스요리 중에는 샤또 브리앙, 바다가재요리, 생굴요리 및 오드블요리, 따블 도오트요리 등이 유명하며, 특히 포도주와 브랜디를 조리과정에 많이 활용하고 있다.

(4) 미국식 요리

미국식American Style 요리는 육류요리를 중심으로 낙농제품, 바비큐, 햄버그 등의 요리가 발달했다. 미국인들은 옥수수와 곡물, 달걀, 과일 및 야채 등을 이용하여 각종 소스류를 개발한 독특한 식문화를 가져왔다.

(5) 한국식 요리

한국식Korean Style 요리는 조선시대 1398년(태조 7년) 국립대학인 성균관에서 유생 및 선비들에게 음식을 제공하게 되면서부터 처음으로 식당(食堂)이라는 말을 사용했다. 이 때 음식을 제공하는 사람을 '식당지기'라고 불렀다. 우리나라는 궁중요리를 중심으로 음식문화가 발전하면서 관혼상제음식, 사찰음식, 민간신앙음식, 계절음식, 향토음식, 떡과 과자, 발효음식, 제사음식 등의 독특한 음식문화를 만들어 냈다.

### 1 한국요리의 특성

한국요리는 우리의 유구한 역사와 함께 이루어진 문화유산 중 하나로서 지리적 여건과 기후변화 등의 영향을 받으며 각 지방과 해변지역에 따라 생산되는 다양한 농수산물 및 사냥과 가축의 사육을 주축으로 향토성이 짙은 음식들이 창출되었고, 시대에 따라 전파된 종교의 영향, 외세의 침입에 따른 새로운 문물 도입에 영향을 받으면서 향토음식, 궁중음식, 민간신앙음식, 관혼상제음식, 사찰음식, 계절음식 등 분야별로 변화의 과정을 거치면서 독특한 조리기술 개발과 상차림 및 독창적인 그릇문화의 변천과 더불어 우리의 식문화가 발전되었다고 할 수 있다. 따라서 오랜 세월동안 이루어진 독특한 형태의 다양한 음식들이 사회구조와 외래문화의 영향으로 오늘날에 와서는 전통성을 잃어버린 것도 있고, 또한 잊혀진 것들이 너무 많은 반면에 끈질긴 민족 보수성으로 현재까지 쌀을 주식으로 김치, 된장찌개, 불고기 등이 역사와 함께 유지되어온 것이 한국요리의 특성이라 할 수 있다.

### 2 한국요리의 메뉴구성

① 주식류

가. 밥

밥은 한국인의 주식으로서 쌀을 기본으로 쌀만을 가지고 짓든지, 여러 가지 잡곡류를 섞어서 짓거나 여러 가지 채소류를 알맞게 섞어서 곁들여 짓는 방법이 있다. 그 종류는 쌀을 주재로 하여 만드는 흰밥, 보리밥, 잡곡밥, 팥밥, 콩밥, 차조밥, 오곡밥 및 비벼서먹는 무밥, 콩나물밥, 비빔밥, 볶음밥 등 다양하게 만들어진다.

나. 죽

곡류를 주재로 한 반유동식의 일종인 죽은, 농경문화가 싹틈에 따라 토기에다 물과 곡물을 넣고 가열한 것이 그 유래일 것이다. 우리나라에서도 일찍부터 죽은 먹어 왔다고 생각되는데, 밥은 떡보다 먼저 시작했을 것이다. 오래 전부터 주식으로 발달된 죽은 별미, 보양식, 환자식, 이유식, 심지어는 구황식으로까지 이용되어 왔는데, 그 재료가 다채롭고 종류 또한 다양하다. 죽은 재료에 따라 흰죽, 장국죽, 비단죽, 미음, 두태죽, 어패조류죽, 응이 등으로 크게 나누어진다.

- 흰죽 : 죽의 기본형이다. 조리방법은 옛날이나 지금이나 별 차이가 없어 쌀을 불리거나 갈아서 끓인다. 종류에 따라 참기름이나 꿀 또는 소주를 타서 먹기도 하는데 옹근죽, 원미, 무리죽 등이 있다.
- 두태죽 : 콩류를 주재로 하여 만드는 죽으로서 팥을 삶아 그 앙금을 걸러낸 후 끓여 쌀을 넣고 만드는 동지절식인 팥죽, 팥죽 끓이는 방법과 같이 녹두를 주재로 하여 쑤는 녹두죽, 불린 흰콩을 살짝 삶아 찧거나 갈아서 쌀과 같이 끓인 콩죽 등이 있다.
- 장국죽 : 쌀을 주재로 하여 맑은 소고기장국에 멸치를 비롯하여 여러 가지 채소와 조미료를 넣고 끓이는 죽으로, 재료로 쓰이는 채소에 따라 콩나물죽, 아욱죽, 애호박죽, 김치죽, 맑은 장국죽으로 나뉜다.
- 어패조류죽 : 보양식품으로 애호되고 있는 죽이다. 그 죽을 특징짓는 재료, 즉 홍합이나 전복에 쌀을 넣고 볶다가 물을 부어 끓인 뒤 조미료로 간을 맞추어 만드는 홍합죽, 전복죽 등이 있다. 이외에도 영계백숙 국물에 찹쌀을 넣어 끓인 뒤 마늘, 대추, 인삼을 넣어 만드는 닭죽이 있다.
- 비단죽 : 밤, 호두 등의 견과류와 쌀을 아주 곱게 갈아서 쑨 죽으로, 고운 결과 견과류에서 우러난 지방으로 인해 반질거리는 죽의 모양이 마치 비단 같아서 비단죽으로 불린다. 쌀과 함께 쓰이는 재료에 따라 잣죽, 호두죽, 흑임자죽, 타락죽, 밤죽, 행인죽, 땅콩죽, 대추죽으로 나뉜다.
- 미음 : 쌀 등을 끓여 체에 걸러서 만든 것인데, 죽보다는 훨씬 묽으며 환자식이나 이유식으로 쓰인다. 쌀을 푹 고아 체에 받치거나 쌀가루를 노릇하게 볶은 것을 끓는 물에 넣고 다시 끓여 받친 쌀미음, 차조에 대추, 황율, 인삼 등을 넣고 고운

차조미음, 인삼, 찹쌀, 대추, 황율을 함께 고운 송미음 등이 있다.

- 응이 : 끓는 물에 메밀가루, 율무가루, 녹말가루 등을 묽게 타서 미음보다 더 걸쭉하게 쑨 것으로 죽보다는 조금 묽다. 기본재료에 따라 수수 응이, 연근 응이, 오미자 응이, 율무 응이 등이 있다.

다. 면

- 국수 : 우리나라의 전래풍습에서는 면요리가 생일, 혼례, 빈례용 음식이었다. 국수는 전, 잡채, 병과류, 음청류와 같은 음식을 기본 품목으로 하고 여기에 국수장국이나 냉면을 차린다. 국수요리는 한반도가 풍토상 밀농사가 적합하지 않았기 때문에 상용주식형의 음식으로 보급되지 못했다. 면류에는 냉면, 온면, 비빔국수가 있다. 잔치나 생일날의 점심에는 장수를 비는 뜻으로 반드시 면류를 장만한다. 국물은 육수를 쓰는 것이 원칙이며, 국수의 재료는 온면에는 밀가루와 녹말가루를 섞어 만든 녹말국수가 원칙이나 근래에는 가는 밀가루를 사용하고 있다. 냉면용 국수로는 메밀국수와 녹말가루를 섞어 누른 국수가 사용되며, 비빔국수로는 온면용 국수 · 냉면용 국수가 모두 사용된다.
- 만두 : 면류와는 그 모양이 다르지만 밀가루반죽을 둥근 모양으로 만들어 속을 넣어 빚어서 육수에 삶은 '수교의'라 불리는 만두가 있고, 밀가루반죽을 네모 반듯하게 만들어 네 귀를 서로 붙여 세모꼴로 만들어 찐 '편수'가 있다. 만두는 겨울에 좋고, 편수는 복중요리의 하나이다. 이외에 밀가루반죽 대신에 생선을 얇게 저며 속을 싼 다음 녹말가루를 묻혀서 찌는 '어만두'가 있다.

② 부식류

가. 국

우리나라의 음식 중에서 국은 반상차림에 반드시 있어야 하는 것으로, 밥에 따르는 기본적인 부식의 일종이다. 국과 탕은 같은 말이며 찌개와는 구별이 된다. 찌개가 국물이 적고 약간 짠데 비해, 국은 찌개보다 국물을 훨씬 더 많게 하고 찌개보다 싱겁다. 국은 맑은 장국, 토장국, 곰국, 찬국 등으로 크게 나눌 수 있는데, 국을 선정할 때에는 계절, 밥의 종류와 반찬의 내용에 따라 맛과 색채감, 영양소가 균형을 이루도록 고려해야 한다.

나. 찌개

찌개를 궁중용어로는 '조치'라 한다. 찌개는 국에 비해 건더기가 많고 국물이 적으며 간이 짠 밥반찬으로서 3첩 반상에는 올리지 않고 5첩 반상에는 한 가지, 7첩 반상에는 두 가지를 놓는다. 두 가지를 놓는 쌍조치에는 하나는 새우젓찌개, 다른 하나는 된장이나 고추장찌개로 한다. 찌개는 쌀뜨물에 새우젓국으로 간을 맞춘 젓국찌개, 쌀뜨물에 고추장과 간장으로 간을 맞춘 고추장찌개, 쌀뜨물에 된장으로 간을 맞춘 된장찌개 등으로 분류하고, 각각의 찌개에 넣는 재료에 따라 이름이 분화되어 그 종류가 대단히 많다.

다. 구이

구이는 기본적 조리법으로써 우리나라에서는 일찍부터 '적'이라는 조리법에서 발달했다고 한다. 조리 방법에 있어서는 대체적으로 소금, 간장, 기름, 술, 식초를 기본 조미료로 하고, 모두 꼬챙이에 꽂아서 구웠으며 지금과 같이 파, 마늘을 필수 조미료로 사용하지 않고 있다. 생선구이도 긴 꼬챙이를 생선 입에서부터 길게 꽂아서 구웠고 조미료는 소금, 간장, 기름, 술을 사용하였으며, 비린내가 많은 생선류에는 생강을 사용했다. 근래 우리나라에서 육어류 음식의 구이는 크게 나누어 소금구이와 양념구이가 있으며, 그 중 양념구이의 간을 간장 또는 고추장으로 하는 것이 특징이라 하겠다. 현재 구이의 대표적인 것은 불고기라 하겠으며, 이는 예로부터 '설야멱'이라 했고 궁중에서는 '너비아니'라 했다.

라. 찜

찜은 수조육류, 어패류, 채소류 등 다양한 재료를 사용하여 만들 수 있으며 반상, 교자상, 주안상 등에 차려진다. 찜은 적은 양의 물에 재료를 삶아 무르게 하거나 또는 기름에 지지거나 구운 후 재료를 덮을 만큼 다시 국물을 붓고 무르게 익히면서 양념하고 간이 어울릴 때까지 중탕으로 끓여 국물을 조린다. 다음에 고명을 얹어서 뜸을 들인 후 찜 그릇에 담아 알지단과 실백 등을 얹는다. 종류로는 갈비찜, 생선찜, 송이찜, 닭찜, 우설찜 등 다양하게 많으며 모양 그대로 찜을 하는 것이 많다.

마. 선

찜과 같은 방법으로 조리하며 식물성 재료인 호박, 오이, 가지, 배추, 두부와 같은 재료를 가지고 만든다. 여기에 소고기, 버섯 등으로 소를 넣어 육수를 조금 부어 익혀 낸 것을 찜과 분류하여 선이라 한다. 종류로는 애호박선, 오이선, 가지선, 두부선 등이 있다.

바. 조림과 초

조림은 생선, 고기, 두부, 감자 등의 재료를 큼직하게 썰고 간장 또는 간장 · 고추장을 섞어서 조린 음식으로서 밥반찬에 적합한 것으로, 현재는 일반화되어 있으나 그 역사는 비교적 짧은 조리법이다. 궁중요리로 '조리니'라고 하는 조림의 간은 주로 간장으로 하나 고등어, 꽁치, 아지, 전갱이 등과 같이 살이 불고 비린내가 강한 생선은 간장에 고추장을 섞어서 조린다.

한편, 조림과 비슷하면서 다른 이름을 가진 음식이 초이다. 초란, 조림과 같은 방법으로 요리하되, 조림의 국물에 녹말가루를 풀어 넣어 익혀서 그것이 재료에 엉기도록 한 것으로 전복초, 홍합초 등이 있다.

사. 적(산적)

적 또는 산적이란, 고기를 꼬챙이에 꿰어서 굽는 음식의 총칭이다. 예로부터 우리나라는 농업국이면서도 수렵과 어로에 능하여 소조육류 다루는 기술과 조리방법이 숙달되어 고기음식이 발달하였으며 그 결과 '설야멱적'과 같은 유명한 소고기 구이가 생겨 오늘날 불고기라는 음식의 뿌리가 되기도 했다. 고전에는 무척 많은 종류의 적을 볼 수 있으나, 지금의 한국음식에서는 다소 변형되어 있다. 제사상과 폐백에는 필수적이고 일상식의 상차림에도 두루 쓰이고 있다. 적의 종류는 육산적, 어산적, 섭산적, 닭산적, 송이산적, 회양적, 두릅산적 등이 있다.

아. 나물

우리나라의 나물은 반상차림의 보편적인 찬물의 하나로 채소, 산채, 들나물 등을 데치거나 찌거나 볶아서 여러 가지 양념을 넣어 만든 음식이다. 나물의 재료가 되는 채소, 산채, 들나물 등은 그 특성에 따라 조리법과 사용되는 양념이 조금씩 다르며, 크게 분류하면 무침나물과 볶음나물로 나눌 수 있다. 무침나물에는 시금치나물, 두릅나물, 미나리나물, 냉이나물, 달래나물, 녹두나물 등이 있고, 볶음나물에는 죽순채, 박나물, 호박오리나물, 고춧잎나물, 버섯나물, 깻잎나물 등이 있다.

자. 전(전유어)

전은 기름을 두르고 지진다는 뜻이다. 이것을 궁중에서는 '전유화'라 하여 '전유어'라 읽으며 전유어를 줄여 '저냐', '전'이라 한다. 또 '지짐개'라고도 한다. 이것이 제사에 쓰이며 '간납'이라고도 한다. 전은 고기, 생선, 채소 등의 재료를 다지거나 얇게 저며서 꼬챙이에 꿰지 않고 삼삼하게 간을 하여 밀가루, 달걀로 옷을 입혀서 번철에 기름을 두르고 열이 잘 통하도록 납작하게 양면을 지져내는 것이 통례이다. 전은 웬만한 재료이면 모두 이용하여 만들 수 있으며, 그 종류는 파전, 김치전, 두릅전, 굴전, 조개전, 새우전, 알쌈 등 대단히 많다.

차. 회

회는 어패류를 날 것 혹은 조리하지 않은 채로 데쳐 회즙에 찍어먹도록 한 음식이다. 우리나라는 3면이 바다로 둘러싸여 사철이 다양한 어패류가 회의 재료로 이용되며 내수면에서 잡히는 민물고기도 회의 중요한 재료가 된다. 회를 찍어먹는 장으로는 겨자즙, 초간장, 고초추장 등을 쓰고 있으나, 고추가 사용되기 전에는 겨자즙에 생강, 파, 산초 등을 섞어서 썼다. 요즘 생선회의 모습은 일본의 그것과 같이 두툼하고 큼직하나 본래는 껍질을 벗겨내고 결대로 가늘게 채 썰어 참기름에 버무려 얼음 위에 담아내고 있어, 그 맛이나 모양에서 어른을 공경하고 전통을 중요시하는 모습을 엿볼 수 있다. 특히 회는 신선도가 중요한 만큼 살아있는 어패류를 사용하였고, 개울이나 강가에서 잡은 잉어, 붕어, 쏘가리, 모래무지 등도 즐겼으며 향어, 장어 등의 양식 어류도 이용된다.

카. 편육

고기를 무르게 익혀 썰어서 초간장에 찍어 먹는 반찬이다. 즉 소고기 중에서도 양지머리, 소머리, 우설 등과 돼지고기의 돼지머리, 젖통, 삼겹살 등을 푹 삶아서 베보자기에 싼 다음 큰 돌로 눌러 굳힌 고기를 얇게 저며 초장이나 겨자에 찍어먹는 것이다. 삶은 국물은 국으로 이용한다. 편육은 수육 또는 숙육이라고도 한다.

타. 젓갈

젓갈은 저장식품류의 하나이다. 주로 조개류의 젓갈은 반찬용으로 멸치, 조기, 황새기, 잔새우 같은 생선의 젓갈은 김치용 젓갈로 담근다. 소금에만 절인 것, 고춧가루를 섞어서 소금에 절인 것으로 크게 나누는데, 숙성 중에 생기는 삭은 맛이 별미롭고 뼈 채로 담가서 숙성 중에 뼈가 연해지므로 일종의 칼슘의 근원식품이기도 하다. 젓갈은 독특한 맛과 풍미 이외에도 소화가 잘되며 식욕을 돋우어주는 것이다.

파. 튀각과 부각

주재료로는 다시마, 김, 미역 등을 비롯하여 철따라 생산 혹은 자생하는 신선식품 중 수분이 적고 향미가 있는 것이 사용되었다. 다시마, 미역, 감자, 호두 등은 튀각으로 김, 깻잎, 풋고추, 콩잎 등은 부각으로 사용되었다. 대체로 이들 재료를 튀겨서 소금이나 설탕 조미를 한 것이 튀각이고, 곡류 특히 찹쌀풀을 만들어 발라 말렸다가 튀긴 것이 부각이다.

하. 김치

김치류는 각종 채소류를 소금에 절이고 양념을 발효시킨 것으로, 발효작용을 받지 않은 단무지 등의 절임류와는 구분된다. 그러나 절임류라고 발효가 전혀 일어나지 않는 것은 아니다. 아무튼 소금을 사용하고 젖산발효가 뚜렷이 일어난 제품이라야 김치류라고 할 수 있다. 김치는 배추, 열무, 오이로 담근 김치류와 무를 주재료로 한 나박김치, 깍두기, 동치미, 짠지로 크게 나누어지고, 간장으로 간을 하여 담근 장김치가 있다. 사철동안 항상 어느 상에나 필수적인 요리이며, 특히 겨울에 겨울용 김치가 특이한데, 속 넣는 방법에 따라 통김치, 보쌈김치로 나누어진다. 계절에 따라 가을과 겨울에는 통김치, 봄에는 나박김치, 여름에는 오이소박이, 열무김치가 제철이다.

### 3 한국요리의 형식

#### ① 상차림의 형식

##### 가. 반상

밥을 주식으로 하는 형식의 상이다. 식사는 밥, 탕, 김치, 간장, 조치(찌개, 찜) 등 기본식과 반찬류, 후식으로 이루어진다. 반찬의 수를 첩수라 하여 그 수에 따라 3첩 반상, 5첩 반상, 7첩 반상, 9첩 반상, 12첩 반상으로 나뉜다. 여기에서 첩이란 뚜껑 있는 반찬그릇을 말하는 것으로서, 밥, 국, 찌개, 김치, 장 등을 제외한 반찬그릇의 수에 따라 첩수를 세며 반상기에서 반찬을 담는 그릇을 쟁첩이라 한다.

**o 3첩 반상**

- 기본식 : 밥, 탕, 김치, 간장(* 조치는 없음)
- 반 찬 : 생채, 숙채, 구이(혹은 조림)
- 후 식 : 단 것, 과일, 차

**o 5첩 반상**

- 기본식 : 밥, 탕, 김치, 간장, 초간장, 조치 1가지
- 반 찬 : 생채, 구이, 숙채, 전유어, 마른찬
- 후 식 : 단것(떡종류, 한과류), 과일, 차

### ㅇ 7첩 반상

- 기본식 : 밥, 탕, 김치, 간장, 초간장, 초고추장, 조치, 전골
- 반 찬 : 생채, 숙채, 구이, 전유어, 마른찬, 회, 찜
- 후 식 : 떡, 한과류, 과일, 차, 화채

### ㅇ 9첩 반상

- 기본식 : 밥, 탕, 김치, 간장, 초간장, 초고추장, 조치, 전골
- 반 찬 : 생채, 찜, 구이 2가지, 숙채, 전유어, 마른찬, 회, 조림
- 후 식 : 떡, 한과류, 과일, 차, 화채

### ㅇ 12첩 반상

- 기본식 : 밥, 탕, 김치, 초간장, 초고추장, 조치
- 반 찬 : 생채 2가지, 숙채 2가지, 구이 2가지, 편육, 회 2가지, 조림, 찜
- 후 식 : 떡, 한과류, 과일, 차, 화채

- 주안상 : 주류만을 대접하기 위한 상으로 술안주가 될 수 있는 요리를 차린다. 반상의 반찬은 술안주 요리로 안 되며, 술 종류에 따라 안주용 요리도 달라지나 대체로 술안주요리에는 여러 가지의 육포, 어포, 건어, 전류와 편육류, 신선로, 전골, 얼큰한 고추장찌개, 겨자채 같은 생채요리, 김치 등이 있다.
- 교자상 : 축하연이나 회식, 모임 등에 쓰이는 상차림이며 많은 인원이 함께 식사하는 방법으로써, 1인용으로 작은 그릇에 요리를 담는 것이 아니라 4~8명의 분량을 한 그릇에 담는다. 원래는 많은 손님이 모일 때에도 각기 외상을 차려 대접하는 관습이었던 것이 개량되어 교자상의 형식이 되었다.
- 면상 : 면상은 가정에서는 점심을 차리는 상인데, 상업요리로는 연회용으로 차리는 상이다. 온면, 냉면, 떡국 등의 간단한 것이 주식이기에 편(떡), 숙과류 등

으로 양도 보충하고 열량도 채워지도록 함이 원칙이다. 또한 면상에는 마른찬, 짠반찬 등은 사용하지 않으며 큰 자극 없이 먹을 수 있는 요리를 차려낸다.

④ 한국요리의 서비스방법

한국요리의 상차림과 그 서비스방법은 상차림의 형식, 지방, 차리는 사람, 상의 내용, 장소, 재료 또는 그 외의 여건에 따라 일정하게 놓는 위치나 접대하는 방법이 정해져 있는 것은 아니다. 그러나 주식과 부식을 분리하여 영양상 균형 있고 맛있는 식사를 위하여 재료와 조리법을 감안한다. 예로부터 내려오는 일정한 형식과 원칙이 있는데 이를 기본상인 반상을 중심으로 살펴보면 다음과 같다.

- 아침, 점심, 저녁을 막론하고 반상기를 사용하므로, 요리를 담은 그릇은 반드시 뚜껑을 덮는다.
- 상의 오른쪽 윗부분은 더운 요리 중 국물이 없는 요리를 놓는다.
- 상의 오른쪽 아랫부분에는 국이나 찌개처럼 국물이 있는 더운 요리를 놓는다.
- 소스에 해당하는 간장, 초고추장, 새우젓 등의 주위에는 이들을 필요로 하는 요리를 놓아 중앙을 차지하게 한다.
- 손이 자주 가는 요리는 앞에 놓는다.
- 중간 줄은 마른 찬이나 조림 등을 놓는다.
- 여러 명이 식사를 할 경우, 공동으로 사용하기에 미관이나 위생 상 곤란한 간장, 초고추장, 밥, 물김치, 신선로 등은 각 개인에게 요리를 담아 상차림을 한다.
- 뚜껑이 달린 오목한 그릇인 토구가 필요할 경우 음식을 먹다가 나오는 뼈나 가시를 뱉을 수 있도록 왼편 끝에 놓는다.
- 두 사람 이상이 식사를 할 경우, 김치는 중심에 놓고 더운 요리와 찬 요리는 서로 대각선으로 놓아 서로가 이용하기에 불편이 없도록 한다.
- 순서에 따라 요리를 낼 필요가 있는 경우, 차가운 반찬, 마른 반찬, 국물 없는 더운 요리, 국물 있는 더운 요리 순으로 상에 내어놓는다.
- 반찬의 내용은 가능한 한 같은 조리법을 사용하여 조리한 것이 겹치지 않도록

하며 또 같은 재료가 중복되지 않도록 한다.

- 식사가 끝나면 그릇 전부를 치우고 차와 후식을 놓는다.

(6) 중국식 요리

중국식Chinese Style 요리는 광활한 땅과 오랜 역사의 지방적 특색으로 음식문화도 크게 네 지방으로 구분되어 전해오고 있다. 이러한 지방적 특색의 요리를 중국에서는 총칭하여 청요리(淸料理)라고 한다. 중국은 약 2,000년 전에 요리의 전문서적이 출판되었다고 전해지고 있으며, 6세기경에는 「식경(食經)」이라는 전문요리 책이 존재했다. 특히 중국은 넓은 대륙을 동서남북으로 나누어 북경(北京)요리, 남경(南京)요리, 광동(廣東)요리, 사천(四川)요리 등으로 분류된다.

(7) 일본식 요리

일본식Japanese Style 요리는 4면이 바다로 구성된 해양국가의 특수성으로 일찍부터 생선과 어류를 중심으로 요리가 발전해 왔다. 특히 바다고기의 생선과 어류의 비린내를 잘 조화시켜 일본식 특유의 독특한 향기와 소스를 개발했다. 그리하여 일본은 다도(茶道)와 함께 초밥, 튀김요리, 사시미, 스키야키 등의 요리를 중심으로 요리문화를 발전시켜 왔다.

1 일본요리의 특성

일본요리는 일본풍토에서 독특하게 발달했다. 일본열도는 길게 뻗어있고, 바다로 에워져 지형과 기후의 변화가 많다. 따라서 사계절 생산되는 재료가 다양하고 계절에 따라 맛도 달라지며 해산물이 풍부하다. 이러한 환경에 의해 쌀은 주식이며 해산물이 부식이다. 일본요리는 형식에 따라 본선요리, 회석요리, 차회석요리, 정진요리, 보채요리 등으로 크게 분류할 수 있으며, 일반적으로 맛이 담백하고 색채와 모양이 아름다우며 풍미가 뛰어난 것이 특징이다.

특성을 구체적으로 살펴보면 다음과 같다.

- 어패류를 재료로 하는 것이 많다.
- 생식요리가 발달하였으며, 조미법에서 재료가 갖고 있는 맛을 최대로 살린다.
- 계절감이 뚜렷하다.
- 요리를 담는 기물이 다양하고 예술적이다.
- 요리를 담을 때 공간과 색상의 조화를 매우 중요시한다.
- 비교적 요리의 양이 적으며 섬세하다.
- 일본요리의 메뉴는 그 조리법에 따라 분류된다.
- 전채(前菜)가 계절별로 다양하다.
- 양식과 중식에 비해 강한 향신료의 사용이 비교적 적다.

2 조리방법에 의한 분류

- 생선회 : 활어회, 흰살생선회, 참치회 등
- 맑은국 : 달걀 맑은국, 흰 된장국, 닭다시 맑은국
- 절임류 : 배추절임, 다꾸앙, 우메보시
- 구이요리 : 소금구이, 데리야끼
- 조림, 삶은요리 : 생선 아라다키, 소고기 데리니, 야채조림
- 튀김요리 : 차새우튀김, 흰살생선튀김, 야채튀김, 소고기덴부라, 닭고기튀김
- 찜요리 : 생선술찜, 닭고기술찜, 전복술찜
- 무침요리 : 야채시라아에, 이가모미지아에
- 초회 : 새우초회, 게초회, 문어초회
- 냄비요리 : 복지리냄비, 도미지리냄비, 샤부샤부, 냄비우동, 스키야키
- 면류 : 데우찌우동, 기쓰네우동
- 덮밥류 : 닭고기덮밥, 돈가스덮밥, 튀김덮밥
- 밥 : 밤밥, 죽순밥, 굴밥, 천연송이밥

### 3 요리에 사용되는 용어 및 식재료 명칭

① 요리에 사용되는 용어

- 附出(스케다시) : 식전에 무료로 제공되는 음식
- 吸物(스이모노) : 맑은국
- 煮物(니모노) : 삶은요리
- 檮物(야키모노) : 구운요리
- 天付(덴다시) : 튀김요리에 곁들이는 소스
- 鹽檮(시오야끼) : 소금구이
- 幕の內(마구노) : 우찌도시락
- どんぶり(돈부리) : 덮밥
- 盛り合せ(모리아와세) : 모둠요리
- お好み(오꼬노미) : 손님 좋아하는 것만 골라서 주문하는 것
- 樂味(야구미) : 지리스나 소스에 넣는 양념
- つま(쯔마) : 무채
- 前菜(젠사이) : 전채요리
- 手かまき(데까마끼) : 김에다 마구로를 넣은 것
- ちりす(지리스) : 지리(냄비)에 곁들여 내는 초양념소스
- ちり(지리) : 맑은 다시국물에 끓여먹는 냄비요리
- てり(데리) : 양념을 한 간장
- てりやき(데리야키) : 양념간장을 바르면서 구운 구이요리
- あらたき(아라다끼) : 조림요리
- 赤出(아까다시) : 적된장을 사용한 된장국
- みそしる(미소시루) : 백된장을 사용한 된장국
- くたもの(구다모노) : 과일
- みそやき(미소야끼) : 된장에 생선을 재웠다가 된장을 제거한 후 구운 것
- ごばち(고바찌) : 작은 그릇에 제공하는 소량의 요리
- 赤味(아까미) : 참치의 등살부분의 살

- とろ(도로) : 참치의 배 부분의 살
- おとろ(오도로) : 참지의 중앙 배 부분의 기름기 있는 살
- 中とろ(쥬도로) : 참지의 배 부분 살 중 오도로 부분을 제외한 나머지 뱃살부분
- 手巻(데마끼) : 손님의 기호에 따라 만든 즉석김말이
- お新香(오싱꼬) : 일본김치
- しおからい(시오가라이) : 짜다
- からい(가라이 맵다
- あまい(아마이) : 달다
- しぶい(시부이) : 떫다
- にがい(니가이) : 쓰다
- しゆっぱい(슷빠이) : 시다
- 味がうすい(아징가 우스이) : 싱겁다
- やき(야끼) : 굽는 것
- むし(무시) : 찌는 것
- に(니) : 삶는 것
- いためる(이다메루 볶는 것
- ゆでる(유데루) : 데치다
- こがす(고가스) : 태우다
- やげる(야게루) : 그을리다
- もどす(모도스) : 담그다
- たく(다꾸) : 젓다
- あえもの(아에모노) : 무침요리
- さしみ(사시미) : 생선회

## ② 요리에 사용되는 식재료의 명칭

### o 어패류

| 순 번 | 일 어 | | 한 글 | 영 어 |
|---|---|---|---|---|
| 1 | さ け | 사 께 | 연 어 | Salmon |
| 2 | ひらめ | 히라메 | 광 어 | Halibut |
| 3 | ま す | 마 스 | 송 어 | Trout |
| 4 | さより | 사요리 | 핫꽁치 | Saury |
| 5 | さ ば | 사 바 | 고등어 | Mackerel |
| 6 | にしん | 니 싱 | 청 어 | Herring |
| 7 | いわし | 이와시 | 정어리 | Sardine |
| 8 | た ら | 다 라 | 대 구 | Cod |
| 9 | かれい | 카레이 | 가자미 | Flatfish |
| 10 | た い | 다 이 | 참도미 | Seabream Snapper |
| 11 | くろたい | 구로다이 | 흑도미 | Seabream |
| 12 | まぐろ | 마구로 | 참 치 | Tuna |
| 13 | あわび | 아와비 | 전 복 | Abalone |
| 14 | さ め | 사 메 | 상 어 | Shark |
| 15 | ふ ぐ | 후 구 | 복 어 | Globe Fish |
| 16 | ぶ り | 부리 | 망 어 | Yellow Tail |
| 17 | すずき | 스즈끼 | 농 어 | Seabass |
| 18 | さわら | 사와라 | 삼 치 | Mackerel |
| 19 | くろまえび | 구루마에비 | 참새우 | Prawn |
| 20 | おとり | 오도리 | 산새우 | Prawn alive |
| 21 | こはた | 고하다 | 전 어 | Gizzard Shad |
| 22 | しらうお | 시라우오 | 맹 어 | White Bait |
| 23 | ぼ ら | 보 라 | 숭 어 | Mutlet |
| 24 | くじら | 구지라 | 고 래 | Whale |
| 25 | まなかつお | 마나가쓰오 | 병 어 | Pomfiet |
| 26 | ひらす | 히라스 | 여름방어 | Yellow Tail |
| 27 | たちうお | 다찌우오 | 갈 치 | Ecabard Fish |
| 28 | き す | 기 스 | 바다모래무지 | Goby |
| 29 | だ こ | 다 꼬 | 문 어 | Octopus |
| 30 | に べ | 니 베 | 민 어 | Croaker |

| 순 번 | 일 어 | | 한 글 | 영 어 |
|---|---|---|---|---|
| 31 | あ ゆ | 아 유 | 은 어 | Sweet Fish |
| 32 | あなご | 아나고 | 갯장어 | Sea Eel |
| 33 | けがに | 게가니 | 털 게 | Hairy Crab |
| 34 | こ い | 고 이 | 잉 어 | Carp |
| 35 | どじょう | 도 죠 | 미꾸라지 | Madfish |
| 36 | めんだいこ | 멘다이꼬 | 명 란 | Spaum a Pollack |
| 37 | とりがい | 도리가이 | 새조개 | Cockle |
| 38 | わたりがに | 와다리가니 | 꽃 개 | Blue Crab |
| 39 | うなぎ | 우나기 | 뱀장어 | Eel |
| 40 | う に | 우 니 | 성 게 | Sea Urchin |
| 41 | あかがい | 우까가이 | 피조개 | Ark Shell |
| 42 | さざえ | 사자에 | 소 라 | Top Shell |
| 43 | しじみ | 시지미 | 재칫조개 | Corb Shell |
| 44 | かいそう | 가이소우 | 해 초 | Sea Weed |
| 45 | ふ な | 후 나 | 붕 어 | Crucian |
| 46 | ぐらげ | 구라게 | 해파리 | Jelly Fish |
| 47 | い か | 이 까 | 오징어 | Cuttle Fish |
| 48 | はまぐり | 하마구리 | 대 합 | Clam |
| 49 | なまこ | 나마꼬 | 해 삼 | Sea Cucumber |
| 50 | しゃこ | 샤 꼬 | 바다가재 | Lobster |
| 51 | つわにがに | 스와이가니 | 영덕대게 | Youngdeok Crab |
| 52 | このわた | 고노와다 | 해삼창젓 | Sea Cucumber |
| 53 | わかめ | 와까메 | 생미역 | Brown Seaweed |
| 54 | みろがい | 미루가이 | 떡조개 | Clam |
| 55 | あまだい | 아마다이 | 적도미 | Red Snapper |
| 56 | すっぱん | 숫 뽄 | 자 라 | Turtle |

### ○ 과실류

| 순 번 | 일 어 | 한 글 | 영 어 |
|---|---|---|---|
| 1 | だいこん | 무 | Radish |
| 2 | はくさい | 배 추 | Chinese Cabbage |
| 3 | とうがらし | 고 추 | Red Pepper |
| 4 | にんにく | 마 늘 | Rocambole(Garlic) |
| 5 | ねぎ | 파 | Welsh Onion |
| 6 | だまねぎ | 옥 파 | Onion |
| 7 | しゅんぎく | 쑥 갓 | Crown Oaisy |
| 8 | たけのこ | 죽 순 | Bamboo Shoot |
| 9 | にんじん | 당 근 | Carrot |
| 10 | きゅうり | 오 이 | Cucumber |
| 11 | もやし | 콩나물 | Sprouting Beans |
| 12 | びゃがいも | 감 자 | Potato |
| 13 | さつまいも | 고구마 | Potato(Sweet) |
| 14 | まつたけ | 송이버섯 | Pine Mushroom |
| 15 | しょうが | 생 강 | Pine Ginger |
| 16 | きんこう | 은 행 | Gingnut |
| 17 | がぼちゃ | 호 박 | Pumpkin |
| 18 | ピーマン | 피 망 | Green Pepper |
| 19 | やまいも | 산 마 | Yam |
| 20 | しいたけ | 표고버섯 | Shiitake(Mushroom) |
| 21 | えのきたけ | 콩나물버섯 | Kind of Mushroom |
| 22 | しゃち | 상 추 | Lettuce |
| 23 | ごぼう | 우 엉 | Burdock(Cockle) |
| 24 | れんこん | 연 근 | Lotus Root |
| 25 | おおねぎ | 대 파 | Welsh Onion |
| 26 | りんご | 사 과 | Apple |
| 27 | なし | 배 | Pear |
| 28 | すいか | 수 박 | Water Melon |
| 29 | もも | 복숭아 | Peach |
| 30 | いちご | 딸 기 | Strawberry |
| 31 | ぶとう | 포 도 | Grape |

| 순 번 | 일 어 | 한 글 | 영 어 |
|---|---|---|---|
| 33 | みきん | 귤 | Mandarin Orange |
| 34 | ゆず | 유 자 | Citron |
| 35 | うめ | 매 실 | Plum |
| 36 | くり | 밤 | Chestnut |
| 37 | なす | 가 지 | Eggplant |
| 38 | まくわうり | 참 외 | Melon |
| 39 | せり | 미나리 | Water Celery |
| 40 | けりんなんきん | 풋호박 | Squash |
| 41 | こいも(さといも) | 토 란 | Taro |

## ○ 기타 식재료

| 순 번 | 일 어 | 한 글 | 영 어 |
|---|---|---|---|
| 1 | いとこんにゃく | 구약나물 | Devils Tongue |
| 2 | こんぶ | 다시마 | Tangle |
| 3 | ピーナッツ | 땅 콩 | Peanut |
| 4 | はるそめん | 당 면 | Chinese Noodle |
| 5 | はくごま | 흰 깨 | White Sesame |
| 6 | くろごま | 검정깨 | Black Sesame |
| 7 | かんでん | 한 천(우무) | Agar-Agar |
| 8 | あかみそ | 빨간된장 | Red Soybean Paste |
| 9 | しろみそ | 흰된장 | White Soybean Paste |
| 10 | すしあけ | 유 부 | Fried Bean Curd |
| 11 | かまぼこ | 어 묵 | Boiled Fish Paste |
| 12 | のり | 김 | Sea Weed |
| 13 | そば | 모밀국수 | Buck-Wheat Noodle |
| 14 | ちりめんじゃこ | 잔멸치 | Anchovy |
| 15 | はくまい | 백 미 | Rice |
| 16 | うめぼし | 매 실 | Plum |
| 17 | そめん | 소면국수 | Noodle |
| 18 | こしょう | 후춧가루 | Pepper |
| 19 | わさび | 일본겨자 | Japanese Mustard |

| 순 번 | 일 어 | 한 글 | 영 어 |
|---|---|---|---|
| 20 | こまあぶら | 참기름 | Sesame Oil |
| 21 | とうがらしみそ | 고추장 | Hot Pepper paste |
| 22 | とうがらし | 고춧가루 | Red Pepper Powder |
| 23 | からし | 겨 자 | Mustard |
| 24 | あまみず | 물 엿 | Starch Syrup |
| 25 | むぎまい | 보리쌀 | Barley Rice |
| 26 | あわ | 좁 쌀 | Hulled Millet |
| 27 | おこめ | 쌀 | Rice |
| 28 | おじつけのり | 맛 김 | Seasoned Laver |
| 29 | なっとう | 메주콩 | Soybeans |
| 30 | ひしこいわし | 멸 치 | Anchovy |
| 31 | あじしお | 맛소금 | Salt |
| 32 | さとう | 설 탕 | Sugar |
| 33 | ななつけ | 오이지 | Pickled Cucumber |
| 34 | しょうや | 간 장 | Soy Sauce |

### ④ 일본요리에 사용되는 소스의 종류

소스는 원래 식품 본래의 맛과 향기를 유지하면서 음식의 맛을 돋우어주는 것이다. 소스는 라틴어 SAL(소금)에서 나온 것으로, 이는 소금을 기본으로 하여 만들어졌다는데서 유래되었다고 한다. 오늘날 사용되고 있는 소스는 수백 종에 이르는데, 일식요리의 소스는 대체적으로 요리의 이름을 따서 부르는 것이 많다.

- 사시미소스 : 간장, 정종, 미림을 넣고 끓인 다음, 가쓰오부시를 넣고 식힌 후 가쓰오부시를 건져내고 다른 용기에 옮긴다. 사시미가 준비되면 간장 사라에 적당한 양을 따른 후 준비된 와사비와 함께 곁들여 먹는다.
- 스키야키소스 : 다시물, 간장, 정종, 미림, 설탕을 넣고 끓인 후 식힌다. 스키야키의 용량에 맞는 양을 Pot에 담아 야채와 고기를 철판에 요리하면서 간을 맞추며 넣는다.
- 본즈 : 간장, 진간장, 식초, 정종, 다시마, 미림, 물을 넣고 끓인 후 가쓰오부시를

넣은 후 식힌다. 초구 간 것과 무즙을 혼합하여 잘게 썬 파를 넣고 서브한다.

- 소바다시 : 다시마, 가쓰오부시, 간장, 미림을 넣고 끓인 다음, 차게 식혀서 항상 냉장실에 보관한다. 덴다시를 서브할 때는 무즙과 생강즙을 넣어 준비한다.
- 우나기, 장어데리, 생선데리 : 술, 간장, 미림, 설탕, 진간장, 물엿, 조미료(생선), 우나기뼈 등을 삶은 물에 넣고 장시간 끓인다. 장어구이에 주로 사용되며(생선데리), 여러 가지 다른 생선구이에도 사용된다.(연어구이, 병어구이, 참치구이, 삼치구이, 도미 등)
- 고마다래 : 참깨, 땅콩잼, 우메살, 간장, 미림, 사꾸라, 미소, 토마토케첩, 마늘, 고추기름, 양파, 타바스코, 조미료, 우스타소스, 고춧가루 등을 혼합한 다음 닭수프를 넣고 젓는다. 샤부샤부 등에 사용된다.
- 일본식 샐러드 드레싱 : 간장, 초, 미림, 식용유, 참기름, 흰깨 등을 일정량의 비율로 혼합해서 만든다.
- 고마소스, 깨소스 : 진간장, 식초, 연간장, 잘 으깬 깨, 통깨, 다시물, 설탕, 미림을 일정량의 비율로 혼합해서 만들어 철판구이 야채볶음에 사용한다.
- 양파소스 : 양파 다진 것, 생강즙, 레몬즙, 미림, 간장, 식초, 식용유 등을 일정량의 비율로 혼합해서 만들며 철판구이 생선류에 소스로 사용한다.
- 겨자소스 : 간장, 올리브유, 설탕, 겨자분말, 흰깨, 검정깨, 양파, 마늘 다진 것, 생크림 등을 일정량의 비율로 혼합해서 만들며 철판구이용 소고기 종류에 사용한다.

### 5 일본요리의 서비스 방법

#### ① 일반적인 서비스

- 물수건은 손님 앞에서 인사한 후 고객의 오른쪽에서 낸다.
- 사시미와 모듬요리가 2인분 이상일 경우엔 앞접시를 언제나 곁들인다.
- 샤부샤부나 스키야키 등 냄비요리를 치울 때는 냄비 안에 적은 그릇을 담지 말고, 트레이로 적은 그릇부터 차례로 치운 후 냄비는 냄비대로 별도로 치운다.
- 냄비요리를 낼 때는 냄비요리 끓이는 시간이 소요되기 때문에, 손님과 대화를 나누는 것이 좋다.

- 가이세키요리의 경우, 요리에 대한 설명을 할 수 있도록 충분한 지식을 갖춘다.

② 룸에서의 서비스

- 손님이 방안에 들어가면 구두를 가지런히 한다.
- 문을 열고 닫을 때는 무릎을 꿇고 앉아 양손으로 문을 열고 닫는다.
- 문을 열 때는 처음 윗부분을 열고 난 후 양손으로 아랫부분을 연다. 닫을 때도 마찬가지다.
- 방문은 약 10~15도 정도 열어놓고 밖에서 대기자세를 하면서고객의 상황을 살핀다.
- 손님이 방 안의 벨을 사용하기 전에 필요한 것이 없는가를 먼저 살핀다.
- 손님에게서 항상 시선을 떼지 말고 서비스에 최선을 다한다.
- 서브하고 나올 때는 뒷모습을 보이지 않도록 한다.
- 방 안에서는 항상 트레이Tray를 사용한다.
- 음식과 그릇은 고객의 머리 위로 가지 않도록 한다.
- 빈 그릇이 많이 있을 경우엔, 트레이를 두 개 갖다놓고 한 트레이는 치워 사이드 테이블 위에다 놓고, 다른 트레이를 사용하여 나머지를 치운다.
- 그릇을 잡을 때는 입을 대지 않는 한쪽 가장자리를 잡는다.
- 방에 들어갈 때나 나올 때는 항상 정중하게 목례하고 서비스에 임하도록 한다.

잠깐, 쉬어가기!

## 식음료서비스 영어회화 (7)

1 조금만 더 기다려 주시겠습니까?
I'm sorry, Could you wait a little more?
しょしょおまちくださいませんか。

2 레몬을 가져오는 것을 잊었습니다.
I'm sorry, I forgot to bring the Lemon.
レモンをわすれました。

3 한국음식 어떻습니까?
How about trying the korean style food?
韓食はいかがでしたか。

4 아침식사는 10시까지입니다.
We are serving your breakfast until 10 o'clock.
朝食は10時までです。

5 양식당은 3층에 있습니다.
The western restaurant is on the 3th floor.
洋食堂は3かいでございます。

6 얼마입니까?
How much is it?
おいくらですか。

7 그 말씀을 들으니 기쁩니다.
I am glad to hear that.
そう言ってくださいましてありがとうございます。

8 거스름돈 여기에 있습니다.
Here is your change, sir.
おかえしです。

9 기다리겠습니다.
I will be waiting for you.
おまちします。

10 주문하신 마주앙입니다.
The MAJUANG, your ordered.
ご主文のマズアンです。

11 땅콩을 좀 더 드시겠습니까?
Would you like some more peanuts?
ビーナツを おかわりしましょうか。

12 나가시는 길에 회계원에게 지불해 주십시오.
Please pay at the cashier desk on the way out.
おかえりのさいに キャッシャーデスクで おしはらい おねがいします。

13 요금은 저쪽의 회계원에게 지불해 주십시오.
Please pay at the cashier desk over there.
おかんじょうは あちらのレジの ほうに おねがいします。

14 계산서를 따로 하시겠습니까? 함께 하시겠습니까?
Would you like separate checks or only one checks?
おかんじょうは べつべつさまですか。 おひとりさまですか。

15 현금으로 하시겠습니까? 카드로 하시겠습니까?
Would you like to pay cash or credit card?
げんきんとカード、 どちらに しますか。

16 이 영수증 밑 부분에 사인해 주세요.
Could you please sign at the bottom of the receipt.
この りょうしゅうしょに しょめい(サイン)して いただけますか。

17 세금과 봉사료를 포함해서 50,000원입니다.
It comes to 50,000 won. This price include tax and service charge.
ぜいきんとサービスりょうを ふくめて 50、000ウォンに なります。

18 죄송합니다만, 12시에 마감이라서 지금 계산 좀 부탁드리겠습니다.
I'm sorry, we have to close account's at this time.
However we remain open until at 12 p.m
すみません。 えいぎょうは 12じまでです。 いま おかんじょうをおねがいします。

19 잠시만 기다려 주십시오, 곧 계산해 드리겠습니다.
Please wait for moment, I'll make out your bill right away.
しょうしょうおまちください。 いま おかんじょうを もって きま す。

20 식사쿠폰이 없으면 손님께서 직접 계산하셔야 합니다.
If you don't have meal coupons, you have to pay for the meal.
しょくじのクーポンが ございませんでしたら、おきゃくさまの おしはらいに なります。

04 CHAPTER

# 식당서비스의 실무

SECTION 1

## 식당서비스의 실제 방법론

### 1. 그리팅

그리팅Greeting은 다음과 같은 방법으로 실시한다.

- 우선해야 할 것은 밝고 상냥한 얼굴로 고객을 반갑게 맞이한다.

  (예) 어서 오십시오.

  OO님, 안녕하셨습니까?

  그동안 안녕하셨습니까?

- 외국인의 경우에 그리팅은 아침, 점심, 저녁을 구분하여 사용한다.

  (예) Good morning, sir?

  May I help you?

  Good afternoon, sir?

  May I help you?

  This way please.

  Did you make a reservation?

  How many persons in your party, sir?

  Good evening, sir? This way, please.

I'll show you to your table.

- 단골고객인 경우에는 직함을 사용하여 친근감을 나타낸다.

안내는 다음과 같은 방법으로 실시한다.

- 안내 담당자는 호텔의 모든 정보를 제공할 수 있어야 한다.
  (예) 연회행사, 공연시간, 영업시간, 주변관광지 특성, 대표적인 교통시간 등 일반적인 안내정보
- 젊은 남녀고객은 벽 안쪽의 조용한 테이블로 안내한다.
- 멋있고 호화로운 고객은 가급적이면 식당의 가운데 테이블로 안내한다.(다른 사람의 시선으로부터 잘 보이는 위치가 좋음)
- VIP고객은 다른 사람의 시선에 잘 드러나지 않는 테이블 또는 파티션Partition 처리가 된 테이블로 안내한다.
- 외국인은 식당의 가운데 테이블 또는 다른 고객에게 잘 보이는 곳으로 안내한다.
- 안내를 할 때는 고객보다 2~3보 앞서서 지정된 테이블로 안내하고, 고객의 착석을 도와주기 위해 의자를 살짝 빼주며, 착석 시에 가볍게 밀어준다.
- 착석의 순서는 가급적이면 노약자, 어린이, 지체부자유자, 여성 순으로 한다.

## 2. 주문 접수방법

주문 접수방법Order Taking Method은 다음과 같다.

① 모든 메뉴의 리스트는 고객의 우측에서 시계방향으로 돌면서 제시하고, 고객의 좌측에서 시계방향으로 돌면서 주문을 접수받는다.[1)]

1) 식음료서비스는 메뉴의 제공과 고객으로부터 주문을 접수받는 방법이 테이블서비스의 형식에 따라 정해진다. 이 책에서는 현재 실질적으로 호텔기업에서 수행하고 있는 표준적 서비스를 다음과 같이 제시한다.
- 음료와 식료의 메뉴리스트 제공은 고객의 우측에서 시계방향으로 회전하면서 제시한다.

② 주문 접수는 가급적이면 여성(연장자 순)을 먼저 하되, 호스티스Hostess, 호스트Host 순으로 정한다.

③ 주문 접수는 명확하고 낮은 목소리로 복창 · 확인하며, 항상 필기도구와 메모지를 휴대하여 기록 유지한다.

④ 주문 접수는 바른 자세에서 고개를 약 15도 정도 숙여서 공손하게 받도록 한다.

⑤ 당일의 특별요리Daily Special Menu를 가급적 권장 유도하여 판매하고, 당일의 판매 가능한 메뉴의 특성과 종류를 숙지하여 고객에게 간단명료하게 설명할 수 있어야 한다.

⑥ 요리시간이 오래 소요되는 메뉴는 사전에 고객에게 요리시간을 알려주고, 요리 서브 후에는 항상 인사말을 해야 한다.

(예) "오래 기다리게 해서 죄송합니다, 맛있게 드십시오."

"그럼, 즐거운 시간 되십시오." 등

⑦ 요리의 주문 접수 후 음료 리스트를 고객의 우측에서 제시하고, 고객의 좌측에서 에프리티프Aperitif 또는 테이블와인Table Wine 등을 주문받도록 한다.

⑧ 주요리Main Dish의 식사가 끝나면 디저트 또는 음료 주문을 받도록 한다.

⑨ 모든 주문이 있은 후에는 항상 감사의 표시와 함께 가벼운 인사를 하도록 한다.

한편, 매출의 극대화를 위해 직원은 고객에게 가능한 고가의 식음료를 판매하여 수익을 극대화한다. 이러한 업셀링 주문 접수방법Up Selling Order Taking Method은 다음과 같다.

① 가능한 상품추천은 단가가 높은 쪽으로 유도하되, 고객의 구매의욕을 최대한 유발시키도록 해야 한다.

- 고객으로부터 음료와 식료의 주문과 접수방법은 고객의 좌측에서 시계방향으로 회전하면서 접수받도록 한다.

② 단골고객의 경우, 고객의 기호를 숙지하여 효율적인 주문을 받도록 하고, 음료 판매를 할 수 있는 지식을 구축해야 한다.

③ 가장 중요한 것은 자기매너를 충분히 발휘할 수 있는 상품지식이다.

(예) 식사 전에는 가급적 식전주를 권한다. 이때는 식사의 내용과 구성이 가장 잘 어울리는 식전주를 권유하되, 대표적인 식전주를 간단히 설명하면서 고객의 기호를 살며시 자극시키도록 한다.

(예) 주스류의 주문 접수 시에는 캔음료보다 가급적 가격이 좀 더 나가는 후레쉬음료를 주문받도록 한다.

**표 4.1 식당서비스의 실제방법**

| 단 계 | 세부내용 | 비 고 |
|---|---|---|
| 인사 | • 고객영접<br>• 예약 유 · 무 확인<br>• 테이블로 안내<br>• 의자서비스 | |
| 주문 | • 식전 음료 주문<br>• 메뉴 프레젠테이션<br>• 주문(Order Taking)<br>• 재주문(Repeat Order) | • 고객의 왼편에서 시계방향으로<br>• 고객의 오른편에서 시계방향으로 |
| 서비스 | • 음료서비스<br>• 기물체크<br>• 테이블 코스별 서빙시간을 조절한다.<br>• 첫 코스가 제공되기 전 최종 점검한다.<br>• 여성고객부터 시계방향 순으로 서브한다.<br>• 메인코스가 제공된 뒤 2~3분 경과 후 "음식은 어떻습니까?" 등의 질문을 건네면서 고객에 대한 세심한 관심을 표명한다.<br>• 상황을 주시하면서 두 번째 음료를 주문받는다. | • 3분 이내<br>• 수시로 체크<br>• 고객의 오른편에서 서빙한다.(단 샐러드와 빵은 왼쪽에서 제공) |
| 마무리 | • 테이블 정리 후 디저트 주문 유 · 무 확인 및 서비스한다.<br>• 고객을 주시하면서 대기한다.<br>• 의자서비스<br>• 계산서 체크 후 계산데스크로 안내한다.<br>• 환송 | • 저칼로리 디저트 메뉴를 중점 판매한다. |

## 3. 식음료서비스의 방법

### 1) 서비스의 기초

| 단 계 | 세부내용 | 비 고 |
| --- | --- | --- |
| 인사 | • 고객의 영접<br>• 예약의 유 · 무를 확인한다.<br>• 테이블로 안내한다.<br>• 의자를 살짝 당겨서 착석을 도와준다. | • 상냥하고 명쾌한 목소리<br>• 친절한 매너<br>• 좌측 전방 2~3보정도 위치하며 안내한다.<br>• 급하게 하지 않는다. |
| 주문 | • 식전주 주문 접수<br>• 메뉴리스트 제공<br>• 음식주문 접수<br>• 추가주문 | • 모든 메뉴와 음료의 주문 접수는 고객의 왼편에서 시계방향으로 회전하면서 주문을 받도록 한다.<br>• 모든 메뉴의 리스트 제공은 고객의 우측에서 제시한다. |
| 서비스 | • 음료서비스<br>• 세팅기물 점검과 확인한다.<br>• 메뉴별 서비스 시간조정을 한다.<br>• 첫 코스가 제공되기 전에 물의 보충 정도를 확인한다.<br>• 서브의 우선순위 고객부터 시계방향으로 서비스한다.<br>• 주 요리를 제공한 후 2~3분 뒤에 "음식은 어떻습니까, 더 필요한 것은 없습니까?" 등의 질문을 건네면서 세심한 관심을 표명한다.<br>• 고객 주시와 음료주문 접수한다. | • 고객이 테이블에 착석하면 식전주 등의 음료리스트를 우선적으로 제시한다.<br>• 수시로 체크한다.<br>• 표준적인 서비스는 고객의 오른편에서 제공한다.(단, 샐러드와 빵은 고객의 왼쪽에서 제공)<br>• 업셀링(Up Selling) |
| 마무리 | • 주 요리가 끝나면 식탁 위의 기물을 모두 치우고 후식을 주문받는다.<br>• 고객 주시와 대기한다.<br>• 의자를 살짝 빼 준다.<br>• 계산대로 고객을 안내한다.<br>• 환송 | • 물잔과 커피잔은 테이블에 남기고, 조심스럽게 나머지 기물을 철수한다.<br>• "오늘 음식은 괜찮으셨습니까?"라고 미소 지으며 가볍게 인사한다. |

* 이 책에서는 현재 우리나라 특급호텔에서 사용하는 기법을 소개한다. 즉 모든 메뉴와 음료의 주문 접수는 고객의 왼쪽에서 시계도는 방향으로 회전하면서 주문을 받도록 하고, 모든 메뉴의 리스트 제공은 고객의 우측에서 제시하는 것이 바람직하다.

### 2) 물 서비스Water Service

| 단 계 | 세부내용 | 비 고 |
|---|---|---|
| 준비 | • 얼음 및 피처의 청결상태 확인한다.<br>• 얼음을 워터피처에 1/3 가량 보충한다.<br>• 워터피처에 8부 정도의 물을 보충한다. | • 흠집이 없는 피처를 사용한다. |
| 운반 | • 워터피처는 트레이를 받쳐서 서브하거나 손에 직접 잡고 서브<br>• 서비스 스테이션에 충분하게 배치 | • 암 타월을 이용하여 피처에 물기가 없도록 닦는다. |
| 서빙 | • 주의하면서 얼음물을 제공한다.<br>• 오른손으로 워터피처를 잡고, 왼손으로 물방울이 떨어지지 않도록 암 타월을 받쳐 제공한다. | |
| 리필서비스 | • 글라스에는 항상 물을 8부 정도로 보충한다.<br>• 물 서비스를 보충할 때 물방울이 떨어지지 않도록 주의하며 서브한다. | |

### 3) 트레이 서비스Tray Service

| 단 계 | 세부내용 | 비 고 |
|---|---|---|
| 트레이 사용법 | • 왼손바닥이 트레이의 중심부에 오도록 한다.<br>• 손가락을 모두 펼친 상태에서 손가락 끝마디에 힘을 주어서 안정감을 유지한다.<br>• 왼손팔과 손바닥이 수평을 이루도록 하고, 어깨부위와 90도를 유지한다. | • 충분히 연습한다.<br>• 뛰거나 장난을 쳐서는 안 된다.<br>• 바른걸음을 유지한다. |
| 트레이 사용시 주의점 | • 트레이를 옆구리에 끼거나 흔들면서 이동하지 않는다.<br>• 고객과 마주칠 때는 항상 조심한다.<br>• 항상 주의를 기울인다.<br>• 기물이나 음식을 트레이에 담을 때는 중앙에서부터 바깥으로 물건을 담도록 하고 항상 균형을 이루도록 한다.<br>• 기물이나 음식을 비울 때는 역순으로 하여 무게 중심을 유지한다.<br>• 글라스를 담을 때는 스템글라스를 안쪽에 담고, 무게중심이 있는 하이볼글라스 등은 바깥쪽에 담는다.<br>• 고객에게 서브되는 순서대로 트레이에 가지런히 담는다. | • 글라스를 취급할 때는 특히 조심한다.<br>• 스템글라스는 키가 큰 종류부터 가운데에 위치하도록 한다.<br>• 특히 트레이에서 물품을 내릴 때는 균형 유지에 주의한다. |
| 관리 | • 트레이는 깨끗하게 닦아서 휴게실에 관리한다.<br>• 트레이의 크기에 따라 분류해서 보관한다. | • 최근의 트레이는 재질이 가볍고 소음이 없다. |

* 스템글라스(Stem Glass)는 목이 있는 것을 말한다. 즉 글라스는 목이 있는 것과 없는 것이 있는데 목이 있는 글라스 전부를 스템글라스라 한다. 이러한 스템글라스는 세 부분으로 나누어진다.

## 4. 식음료서비스의 세팅방법

### 1) 테이블세팅의 기본[2)]

#### (1) 점검내용

- 카스터Caster 또는 센터피스Center Pieces[3)]는 좌석 수와 균형을 갖추면서 보기 좋게 정리한다.
- 테이블의 좌석을 기준으로 볼 때 항상 우측에 후추를, 좌측에 소금을 위치시킨다.
- 배치도에 의해 빵 접시, 테이블나이프, 포크 등이 테이블의 끝 부분Table Rim과 일치하면서 준비되도록 한다.
- 쇼 플레이트Show Plate는 모양과 로고가 바른 위치를 향하도록 세팅한다.
- 고블렛Goblet의 위치는 테이블나이프 위쪽 2cm 위에 세팅한다.
- 헤드테이블Head Table은 특별히 신경을 기울인다.
- 냅킨 등 린넨은 청결해야 한다.
- 전체적으로 조화를 이루고 있는지 최종적으로 점검한다.

2) 식탁의 높이는 70~75cm, 의자 높이는 40~45cm가 표준이며, 한 사람이 점유하는 좌석의 폭은 70cm를 기본으로 한다.

3) 센터피스란 식탁의 중앙에 놓은 집기를 말한다. 즉 식탁을 돋보이게 하기 위해서 놓은 꽃병과 소금, 후추병, 촛대 등이 있으며 뷔페 테이블의 중앙에 장식물로 놓이는 생선요리, 케이크, 과일용 은제바스켓, 얼음조각 등도 이에 속한다. 꽃은 병에 꽂거나 수반을 이용할 수 있으며, 꽃과 촛대의 높이가 너무 높아 상대방의 얼굴을 마주보는데 방해가 되어서는 안 된다. 소금과 후추병은 보통 2~3명에 한 세트씩 세팅하며 내용물이 차있어야 하고, 응고되거나 구멍이 막히지 않았는지 확인한다.

### (2) 주요 린넨의 점검

- 냅킨Napkin[4)]
- 암 타월Arm Towel
- 테이블클로스Table Cloth[5)]
- 드래프Drape 또는 스커트Skirt
- 트레이클로스Tray Cloth
- 그린펠트Green Felt 또는 미팅클로스Meeting Cloth
- 벨벳클로스Velvet Cloth

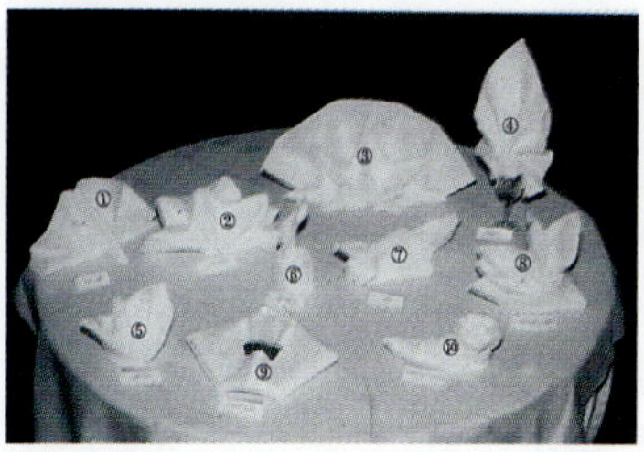

1 Standing Fan(서있는 부분)
2 Star(별)
3 Flower(꽃)
4 Waterfall(폭포)
5 Rose(장미)
6 Candle(촛불)I
7 Duck(오리)
8 Cork's Comb(닭벼슬)
9 Y-shirt(와이셔츠)
10 Cinderella Slipper(신발)

### (3) 글라스의 종류

- 칼린스글라스Collins Glass
- 텀블러Tumbler

---

4) 냅킨의 크기는 50cm×50cm가 표준이지만, 다소의 차이가 날 수 있다. 색상과 모양은 식당의 분위기와 조화를 이루는 격조 높은 것이어야 하며, 때때로 색상과 모양을 바꾸어 변화 있는 분위기를 연출하기도 한다.

5) 테이블클로스는 흰색을 사용하는 것이 원칙이지만, 근래에는 색과 무늬가 들어있는 다양한 종류의 클로스가 사용되고 있다. 테이블클로스는 깨끗하게 다림질되어야 하며, 클로스를 깔 때는 접었던 선이 식탁의 가로 · 세로와 평행이 되도록 한다. 이때 테이블에서 늘어지는 클로스의 길이는 40cm 정도가 되게 한다. 테이블클로스 밑에는 언더 클로스(Under Cloth), 또는 사일런스 클로스(Silence Cloth)라고 하는 펠트(Felt : 털로 다져 만든 천)나 프란넬(Frannel) 또는 얇은 스펀지로 된 클로스를 깔아 식탁 위에서 나는 소음을 방지시킨다. 그리고 테이블클로스 위에는 쉽게 더러워지는 것을 방지하며 테이블의 품위를 높여주는 톱 클로스(Top Cloth)가 사용되기도 한다.

- 올드 패션글라스Old Fashion Glass 또는 온더락글라스Onthe Rock Glass
- 고블렛글라스Goblet Glass
- 레드(화이트)와인글라스Red(White) Wine Glass
- 샴페인글라스Champagne Glass
- 꼬디알글라스Cordial Glass
- 브랜디글라스Brandy Glass
- 사우어글라스Sour Glass
- 칵테일글라스Cocktail Glass
- 머그글라스Mug Glass
- 디켄터글라스Decanter Glass

### (4) 서비스 스테이션의 점검

- 워터피처Water Pitcher
- 이쑤시개Toothpick, 카스터Caster, 트레이클로스Tray Cloth
- 각종 소스류Tabasco, Ketchup, Chilly Sauce, Worcester Sauce, Hot Sauce 등
- 머들러Muddler, 메뉴Menu
- 각종 나이프Knife, 포크Fork, 스푼Spoon
- 티 컵과 받침대Tea Cup & Saucer
- 기타

잠깐, 쉬어가기!

## 식음료서비스 영어회화(8)

1 봉사료 10%와 세금 10%가 포함되어 있습니다.
It's including 10% service charge and 10% tax.
サービスりょうきん 10%と ぜいきん 10%が ふくまれて おります。

2 감사합니다. 다시 방문해 주세요.
Thank you. Please come again.
ありがとうございます。 また おこしを おまちしております。

3 감사합니다. 즐거운 하루되세요.
Thank you very much. Have a nice day.
ありがとうございました。 たのしい いちにちに なる ように。

4 커피숍은 1층에 있습니다.
The coffee shop is located on the frist floor.
コーヒーショップは いっかいで ございます。

5 식당과 바는 11층에 있습니다.
The restaurant and bar is located on the 11th floor.
レストランと バー は 11かいで ございます。

6 화장실은 입구 나가시면 왼쪽에 있습니다.
Please, go out and left side.
トイレは いりぐちの ひだりがわでございます。

7 방 번호가 어떻게 되십니까?
May I have your room number, please?
ルーム ナンバー(へやばんごう)を おねがいします。

8 주문하신 음식 가지고 왔는데요, 어디서 드시겠습니까?
I have brought that you ordered, where can I put it?
ごちゅうもんした りょうりを もって きました。 どちらで おめしあがりになりますか。

9 전화주셔서 감사합니다.
Thank you for calling.
おでんわして くださって ありがとうございました。

10 금방 보내드리겠습니다.
I'll have them delivered to your room right away.
いま すぐ いかせます。

11 환율은 얼마입니까?
What is the rate of exchange?
かわせはどうなりますか。

12 공항까지 얼마나 걸립니까?
How long does it take to get to the airport?
空港までどのくらいかかりますか。

13 오늘 메뉴에 좋은 것이 있습니까?
What's good on the menu?
今日のメニューのうちスペシャルがありますか。

14 이 음식은 조금 맵습니다.
This food is a little hot.
これはすこしからいです。

15 부탁이 있는데요.
May I ask you a favor? 또는 Will you do me a favor?
たのみがありますが。

16 계산서는 하나로 할까요?
Shall I make out one bill, sir?
領收證は日つにしましょうか。

17 내가 주문한 것은 어떻게 되었습니까?
What happened to my order?
わたしが主文したものはどうなりましたか。

18 최선을 다하겠습니다.
I'm do my best.
最善をつくしております。

19 커피 더 하시겠습니까?
Would you like some more coffee?
コーヒはもうけっこですか

20 식전에 한 잔 하시겠습니까?
Would you like to drink for your dinner?
食事の前にいっぱいいかがですか。

SECTION 2

# 연회서비스의 실제 방법론

## 1. 연회서비스의 의의와 개념

### 1) 연회서비스의 의의

예전에는 주로 가정에서 연회를 베풀던 것이 호텔 · 외식사업의 급속한 발전과 도시화, 핵가족화, 레저시간의 증대, 주 5일 근무제의 확산 등으로 전문적인 시설이 갖추어진 연회장에서 각종 행사를 하기 시작했다. 이처럼 연회의 수요가 점차 증가됨에 따라 연회서비스를 전문적으로 담당하는 외식사업체가 등장하였고, 특히 호텔기업은 연회부문을 크게 확장하기도 했다. 게다가 최근에는 국제 행사의 적극적인 유치와 각종회의, 세미나, 전시회, 개인이나 단체의 모임 등 연회 행사의 중요성을 인식하기 시작했다.

최근에 오면서 연회서비스는 식음료F&B 부문의 영업장 중에서도 단일 영업장으로는 가장 넓은 범위와 규모를 가지고 있으며 호텔 수입원의 중요한 요소가 된다. 이처럼 중요하게 대두된 연회 행사를 성공적으로 이끌기 위해서는 무엇보다도 전문적이고도 체계적인 연회서비스가 가능해야 한다.

왜냐하면, 연회 행사는 회의의 성격과 규모에 따라서 일시에 많은 고객을 동시에 유치할 수 있고, 국가나 그 지역 그리고 기업의 이미지와 홍보를 극대화시킬 수 있기 때문이다. 또한 전시 컨벤션 또는 각종 회의에 참석하는 고객에게 객실과 식음료 및 기타 부대시설을 이용하게 함으로써 궁극적으로 수익창출에 크게 기여할 수 있다.

### 2) 연회서비스의 개념

연회Banquet란 사전적 의미로 "축하, 위로, 환영, 석별 등을 위해 여러 사람이 모여

베푸는 잔치"를 의미한다. 광의의 개념에서 연회는 "각종 회의, 세미나, 전시회, 교육, 패션 쇼, 디너 쇼, 발표회, 국제회의 등 다목적적인 의미까지 포함"하고 있다.

특히 호텔연회는 '단체고객'에게 객실과 식음료 외 기타 부수적인 사항, 즉 회의, 가족행사, 일반행사, 여흥, 시설공간 제공 등을 종합적으로 서비스하고, 이용자들이 연회행사 목적을 달성할 수 있도록 최상의 서비스를 제공하는 것이다.

이에 연회서비스Banquet Service는 호텔의 규모와 등급, 경영정책, 위치 등에 따라 차이가 있지만. 고객과의 계약 환경에 따라 종합적인 연회서비스를 실질적으로 제공해야 한다. 종합적인 연회서비스란 고객과 호텔 간의 행사계약Event Order이 체결되면서부터 본격적으로 연회서비스 업무가 시작된다. 행사계약서가 행사주체 부서로 인계되면 객실과 식음료 및 기타 부대 영업장, 영업지원(관리)부의 모든 부서들이 종합적으로 행사 성격과 특성에 맞춰 유기적인 협조체계를 유지하면서 대고객서비스 업무에 만전을 기해야 한다. 행사계약을 처음으로 수행하는 곳이 연회예약Banquet Reservation실의 업무이며, 이들은 성공적인 행사 개최를 위해 객실과 식음료 및 기타 부대 영업장의 업무지식과 특성을 반드시 이해하고 있어야 한다.

그 이유는 연회예약실의 업무능력이 곧바로 연회서비스의 원활한 행사계획의 수립과 실행에 직접적인 영향을 미쳐 호텔의 수익창출과 직결되기 때문이다. 따라서 호텔 관리자들은 연회서비스 부문을 종합적으로 관리하고 인사정책을 고려하여 적정한 순환근무 제도를 실시해야 한다. 왜냐하면, 연회서비스는 직원의 정신적 · 육체적 노동 강도가 다른 영업장에 비해 훨씬 높을 뿐만 아니라 행사 성격에 따라 근로시간의 탄력적 운영이 불가피하기 때문이다. 그런데 우리나라는 연회부문을 독립적인 부서로 편성하는 호텔들도 있지만, 대부분은 식음료 부문에 소속되는 경우가 일반적이다.

## 2. 연회서비스의 특성과 직무

### 1) 연회서비스의 특성

과거에는 결혼, 회갑, 돌, 백일, 약혼식 등의 잔치가 있을 시 가정에서 음식을 준비하여 이웃의 주민들과 친지들을 초청하여 연회를 베풀었다. 이때 회갑연이나 칠순잔치 등의 축하연에는 명창들을 초청하여 가무를 즐기기도 했다. 1970년대까지만 해도 가정에서 이루어지던 연회잔치가 1970년도 이후 도시화, 산업화, 핵가족화가 되어감에 따라 점차 연회시설을 갖춘 호텔이나 규모가 있는 식당 등에서 연회를 이용하기 시작했다. 이후 호텔연회의 수요가 점차 증가됨에 따라 호텔의 연회부가 따로 독립된 부서로서의 기능을 맡기도 하고, 연회서비스만을 전문적으로 취급하는 호텔이나 외식업체가 등장하기 시작했다.

연회서비스는 메뉴나 음료가 미리 주문되기에 정해진 순서대로 서비스를 해야 한다. 이때 연회 직원은 배정받은 테이블의 수와 인원의 수를 파악하고, 담당 테이블에 있는 식탁배열의 좌석순서에 따라 서비스를 하도록 한다. 연회서비스는 서브방식과 플레이트를 치우는 일에는 순서와 질서가 있어야 하기 때문에 헤드 테이블의 서브동작에 따라 일제히 질서정연하고 정숙하게 행동을 따라해야 한다.

다시 말해서, 식료 및 음료의 서비스는 반드시 서비스 책임자의 지시에 따라 수행되어야 하고, 헤드 테이블에서부터 먼저 서브가 진행되어야 한다. 그러나 서브진행 도중에 고객이 원하는 추가적인 서비스는 헤드 테이블과 관계없이 독자적으로 행동하면 된다. 특히 연회서비스의 장점은 회의의 규모와 성격에 따라 다르겠지만, 많은 고객을 동시에 호텔 내로 유입할 수 있고, 훌륭한 연회서비스로 호텔의 브랜드 이미지 향상과 홍보의 극대화를 실현시킬 수 있다. 또한 컨벤션 행사나 연회 행사시에는 객실 및 부대시설의 이용도 동반되므로 호텔의 매출증대를 달성할 수 있다.

### 2) 연회서비스의 직무

#### (1) 연회 지배인

연회 지배인Banquet Manager은 연회의 운영관리, 연회 직원의 교육과 감독 그리고 연회서비스의 모든 업무를 총괄하는 책임자이다. 호텔의 특성에 따라 연회이사, 연회부장, 연회과장의 직책이 있는 경우도 있지만, 대체적으로 연회 지배인은 식음료 부서장의 지휘 아래 연회부서의 모든 업무를 책임지며 임무를 수행한다. 또한 연회의 운영과 서비스의 모든 책임을 가지고 있으며 연회장을 최상의 상태로 관리 · 유지하며 직원관리 및 매상증진을 위한 계획을 수립한다.

연회 지배인의 주요업무는 다음과 같다.

- 연회서비스의 기술개발과 수익창출 아이디어 창조
- 연회시설의 관리감독과 업무흐름에 대한 조정과 통제
- 연회상품의 판매계획 수립
- 고객의 불편사항 접수하며, 이를 신속하게 해결
- 타 부서와 긴밀한 협조체계 유지
- 고객과 직원의 안전관리에 책임
- 연회장의 업무환경을 최상의 상태로 관리하고 감독
- 직원교육과 근태(勤怠)관리 책임
- 탄력적인 근로시간의 운영과 초과근무에 대한 보상 및 책임
- 각종 소모품과 행사기자재의 철저히 감독
- 호텔의 각종 업무회의에 참석
- 연회서비스의 인력운영 계획 수립 : 충분한 예비인력(실습생, 인력헬프시스템MHS : Manpower Help System의 구축)과 행사 보조인력 확보
- 행사 보조(아트룸Art Room, 플라워숍Flower Shop, 하우스맨Houseman, 음향조명실, 기타용역 등)부문 통제와 감독
- 일일 매출현황 감독과 철저한 인벤트리Inventory 및 점검
- 행사기자재의 불출감독과 적정한 확보 및 유지
- 행사진행자 요구사항을 적절히 조절하고 부하에게 업무전달
- 행사종료 후 고객만족도 조사 및 점검
- VIP고객의 영접과 환송
- 마케팅 부문의 코디네이터Coordinator와 행사장 수시점검 및 조정과 통제
- 특별 이벤트행사의 기획과 처리 및 감독

(2) 연회 부지배인

연회 부지배인Banquet Assistant Manager은 연회 지배인의 지시를 받아 실질적으로 행사 준비에 필요한 제반사항을 준비하여 성공적인 연회행사가 되도록 연회 직원의 인력 배치 및 교육과 업무를 수행한다. 또한 연회행사의 모든 준비 및 철저한 확인감독과 서비스 수행에 직접적인 조장을 맡으며 직원들을 진두지휘 한다.

연회 부지배인은 연회캡틴Banquet Captain이라고도 하며, 주요업무는 다음과 같다.

- 연회 지배인 유고 시 임무대행
- 각종기물과 린넨류를 관리 유지하며 최상의 서비스를 제공
- 고객의 영접을 담당하며, 고객의 불평을 해결
- 신속, 정확한 서비스를 위해 조리부문과 긴밀히 협조
- 경비절감과 에너지절약
- 연회 직원교육과 실습생trainee 교육훈련 실시
- 연회 행사에 대한 계산서의 취급과 영업보고
- 행사지시서에 의거하여 행사배치도를 수립
- 행사배치도에 의거한 인력운영 계획을 수립
- 연회부문 일일보고서 작성과 영업마감에 대한 책임 및 업무 인수인계
- 연회장의 안전관리와 시설물을 수시로 점검
- 관련 부서와의 업무협조에 대한 계획을 수립
- 연회 직원의 근무계획표Working Schedule 작성 및 점검

(3) 연회 직원

연회 직원은 웨이터Waiter와 웨이트리스Waitress로 구성되고, 접객보조원으로 예비 호텔리어Hotelier인 실습생Trainee을 활용하기도 한다. 이들은 연회캡틴의 지시에 의해 항상 안전사고에 주의하면서 행사계획표에 따라 다양한 세팅과 테이블을 배치하며 식음료서비스를 수행한다. 특히 연회 직원은 정신적 · 육체적인 노동의 강도가 다른 부서에 비하여 높은 편이다. 따라서 효율적인 인력운영 계획에 근거하여 정기적인 순

환근무제도와 각종 인센티브의 제공이 필요하기도 한다.

연회 직원의 주요업무는 다음과 같다.

- 연회캡틴의 업무지시를 준수
- 연회행사와 관련된 제반 업무현황을 숙지
- 최상의 복장과 용모를 관리하고 자신의 매너를 관리
- 행사장의 세팅과 행사배치도에 의한 준비 철저
- 행사종료 후 사용기자재와 장비의 정리정돈 철저
- 행사장 청결유지와 각종 안전사고 예방에 최선
- 항상 업무에 투입될 수 있도록 철저한 체력관리와 유지
- 신속, 정확, 친절한 서비스와 개인위생에 유의
- 접객 보조요원의 행사투입을 위하여 업무교육 실시
- 각종 소모품과 비품의 절약
- 고객 불편사항이 발생되지 않도록 주의하며 이에 신속히 응대
- 각종 제반 보고사항이 발생되면 즉각 상사에게 보고
- 연회의 특성상 탄력적인 근무시스템의 지침을 준수

## 3. 연회서비스의 안전관리

- 행사 장비와 기자재를 운반하기 전에 반드시 작업용 장갑을 착용한다.
- 장비의 이동시는 반드시 장비 이동에 관한 안전수칙을 준수해야 한다.
- 이동무대의 설치와 이동시에는 철저히 주의사항을 숙지하고 작업에 임해야 한다.
- 유압사다리, 철제사다리 등을 이용해서 작업을 해야 할 때는 경험이 있는 직원의 도움을 받도록 하는 것이 좋다. 특히 유압사다리 또는 고가사다리를 사용할 때는 반드시 사용하기 전에 안전핀이나 기타 안전상태를 점검하고, 천장부위의 전등이나 샹들리에에 닿지 않도록 주의한다.

- 테이블, 의자 등의 세팅은 가로·세로의 줄과 간격이 일치해야 하므로, 물체를 옮길 때 주의를 기울여야 한다.
- 장비운반 시 장애물 등 방해물이 없는지를 확인한 후 이동시킨다.
- 글라 및 도자기류는 깨지기 쉬우니 주의해서 취급하도록 한다.
- 파티션을 분리하거나 이동시킬 때는 적당한 거리를 유지하며 이동시킨다.
- 안내문 또는 홍보용 용지를 부착할 때 벽지의 파손이 안 되도록 주의한다.(양면 테이프, 강력 접착테이프, 압핀, 스카치테이프 등)
- 화환, 화분, 장식물을 설치하고자 출입문을 막아서는 안 된다.
- 장비류를 벽면에 설치할 때는 벽과의 간격을 30cm 이상 띄운다.
- 벽면을 이용하여 아이스카빙Ice Carving을 설치할 때는 물 튀김방지용 비닐을 벽면에 부착한다.(벽면의 파손방지)
- 장비류 이동시 절대로 끌거나 밀면서 이동시키면 안 된다.(단, 바퀴가 부착된 것은 예외)
- 천정 부위에 설치된 각종 조명장비나 빔 프로젝트Beam Projector를 주의한다.
- 행사 때 사용되는 알코올 등은 사전에 점검하고, 소화기 및 석면포, 불연성물질 등을 미리 준비해 놓는다.

- 조명기구 설치, 전기 연결선의 사용 등 전기를 사용할 때는 반드시 전기기사의 도움을 받고 안전한 제품과 용량을 사용해야 한다.
- 캠프파이어가 있을 때에는 마지막까지 불이 꺼졌는가를 확인하고, 당직지배인에게 이상 유·무를 반드시 보고한다.

## 4. 연회서비스의 행사계획과 서비스

### 1) 연회서비스의 행사계획 순서

연회 행사를 성공적으로 완료하기 위해서는 각 관련 부서 간의 협동은 필수적이다. 일반적으로 연회 행사가 접수되면 각 부서의 책임자들이 모여 연회 행사에 대한 세부사항을 논의한다. 단체 행사 범위가 넓고 특별한 경우에는 실제로 행사가 시작되기 몇 개월(3~6개월) 전에 세부사항이 계획되며, 각 부서 간의 책임자와 충분한 사전 협의가 이루어져야 한다.

연회서비스의 책임자는 행사계획서에 의거하여 확인해야 할 사항은 연회 행사 목적, 인원, 고객 특성, 연회 명칭, 연회 종류와 테이블 플랜Table Plan, 연회장의 사용 규모, 식음료의 종류, 행사 진행의 흐름도, 주최자의 요구사항, 행사시간 등을 정확히 파악하여 서비스의 수행능력을 평가하여 행사준비에 대한 계획을 수립한다.

연회서비스의 행사계획 순서는 다음과 같다.

첫째, 행사 주최자와 연회에 대한 행사내용을 먼저 계약하고, 행사계약서를 작성하여 관리자에게 승인받는다.

둘째, 행사계획서에 의거하여 행사명, 메뉴 및 인원, 행사일시, 행사시간, 세부적인 행사내용 등이 기록된 연회 행사통보서를 협조사항과 함께 관련부서에 보낸다.

셋째, 접수된 행사의 예약 확인서에 의거하여 연회부서에서는 행사계획서를 수립한다.

넷째, 행사에 필요한 각종 연회 기자재의 사용가능 장비현황을 점검하고, 고객의 요구사항을 해결하는데 이상이 없는지를 점검한 후 필요한 조치를 한다.

다섯째, 행사계획서에 의거하여 인력운영 계획Manpower Schedule을 수립하고, 각 포지션별 담당자를 선정하여 임무를 부여한다.

여섯째, 행사시간대별 작업순위를 정하고 맨파워Manpower를 분산 배치한다.

일곱째, 할당된 작업지시서에 의거하여 각종 테이블과 좌석배치, 각종 기자재 세팅, 린넨류 점검, 행사에 필요한 각종 홍보물 부착, 최종 바닥점검 등의 절차를 연회 성격에 적합하도록 세팅한다. 특히 출입문과 창문, 기둥과 무대의 위치 등 공간은 최대한 균형을 맞추어 활용하고, 테이블 배치는 연회의 성격과 테이블서비스의 유형에 따라 조화롭게 배치한다.

마지막으로, 연회 행사준비가 완료되면 연회 지배인은 철저하게 확인 감독을 하고,

이상 유 · 무가 없는지 점검한다.

### 2) 연회 행사의 서비스 절차

연회 행사의 서비스 절차는 크게 3단계로 구분할 수 있다. 즉 연회 행사가 진행되기 이전 단계의 서비스(고객 영접)와 연회 행사 진행 중 서비스(식음료서비스 및 어텐션Attention 그리고 연회 행사 진행 후 서비스(고객 환송)이다.

#### (1) 고객 영접

- 고객이 입장하기 전에 웨이터, 웨이트리스는 연회장 입구에서 고객의 입장을 기다린다.
- 연회장 입구에 정렬할 때는 키 순서대로 대기한다. 경우에 따라서 오른쪽에 웨이트가 서고, 왼쪽에 웨이트리스가 정렬하는 방법도 있다.
- 고객이 입장하면, 웨이터와 웨이트리스는 순서대로 고객을 연회장 안으로 안내한다. 만약 좌석이 정해져 있으면 지정된 좌석으로 안내한다.
- 헤드웨이터 또는 캡틴은 입구에서 마지막 고객까지 영접을 하며, 연회에 참가하는 손님의 수(인원)를 확인한다.

#### (2) 식음료서비스 및 어텐션

연회를 위한 식음료서비스는 테이블서비스Table Service와 입식서비스Standing Service가 있다. 연회 성격과 목적에 따라 계획된 서비스 형식으로 고객에게 식음료를 제공한다. 특히 연회 행사 진행 중 식음료서비스 및 어텐션Attention에 대한 유의점은 다음과 같다.

- 행사 중 늦게 도착한 고객은 성명을 먼저 확인하고, 가급적 행사 주최자에게 동의를 구한 다음 행사장으로 안내한다.
- 요리서비스는 연회의 성격과 목적에 따라 다소 차이가 있으나, 정식메뉴의 서브

는 음식의 코스별로 차례대로 제공한다.(연회지배인은 사전에 행사 진행자와 충분한 협의와 이해를 구해야 한다. 왜냐하면 행사 주최자는 메뉴의 서브 순서와 서브 시간을 모를 수도 있기 때문)

- 행사 도중에 퇴장하는 손님은 조심스럽게 출구 쪽으로 안내한다.
- 적정온도, 음향, 조명 등에 대해서는 항상 주의를 기울여 실내 환경을 항상 쾌적하게 유지시킨다.
- 연회의 종료는 행사 진행자가 예정된 시간을 준수하지 못할 때도 있는데, 이렇게 되면 다른 행사준비에 차질이 생길 수 있다. 따라서 연회 담당자는 행사 진행자와 충분한 협의와 이해를 구한 후 행사시간을 조정하거나 통제해야 한다.
- 연회를 성공적으로 마치기 위해서는 경우에 따라 행사 진행자는 사회자를 보좌하기도 한다.

(3) 고객 환송

- 연회가 끝나면 웨이터와 웨이트리스는 고객을 전송하고, 좌석 등에 분실된 물건이 있는지를 체크한다.
- 연회 지배인 또는 캡틴은 주최자 측에 정중한 인사를 하고, 회계 카운터Cashier Desk로 행사 주최자를 안내하여 요금 청구서의 확인 및 정산을 마무리한다.
- VIP고객이나 특별행사의 경우에는 환송서비스Sending Service를 실시한다.
- 행사에 사용된 장비들과 기자재를 점검하고, 이상이 없는가를 최종적으로 확인한다.

한편, 연회 행사가 끝나면 행사시 사용된 공기구 및 비품관리를 다음에 진행될 행사를 위해 철저히 한다. 세부방법은 다음과 같다.

- 연회 행사가 끝나게 되면 각 행사장에 따라 사용한 공기구 및 비품들은 곧바로 원래의 위치에 정렬시킨다.
- 소금, 후추 등은 다음 행사를 위해 곧바로 보충하도록 하거나, 사용한 것을 구분

하여 보관하도록 한다.

- 사용된 린넨류는 악취가 나지 않도록 분리하여 곧바로 세탁실로 이동시킨다.(단, 세탁실 근무자가 퇴근했을 때는 연회장 백사이드Back Side에 보관했다가 익일 아침에 즉시 세탁실로 이동시키도록 한다.)
- 항상 청결을 유지하고 최선의 상태로 서비스가 될 수 있도록 공기구 및 비품을 잘 갖추어야 한다.

## 5. 연회서비스의 종류와 방법

### 1) 연회서비스의 종류

#### (1) 테이블서비스 파티Table Service Party 또는 디너 파티Dinner Party

연회 행사 중 가장 격식을 갖춘 의식적인 연회로서, 그 비용도 높을 뿐만 아니라 사교상 어떤 중요한 목적이 있을 때 개최한다. 이러한 행사에 초대장을 보낼 때는 연회의 취지와 주빈의 성명을 기재한다. 초대장에는 복장에 대해 명시할 수도 있으며, 일반적으로 복장에 대한 명시가 없을 시는 정장을 하는 것이 원칙이다. 유럽에서의 디너 파티는 당연히 예복을 입고 참석한다.

디너 파티의 연회가 결정되면 식순이 정해지고 참석자가 많을 경우에는 연회장 입구에 테이블 플랜(배치도)을 놓아 참석자의 혼란을 피하도록 한다. 디너 파티는 초청자와 주빈이 입구 쪽에 일렬로 서서 손님을 맞이한다.

이때 경우에 따라서는 식사 전에 리셉션 칵테일Reception Cocktail을 하기도 하며, 식당에의 입장은 호스트Host가 주빈 부인을 에스코트하여 선도하고, 다음으로 주빈이 호스티스hostess를, 그 이하는 남성이 여성에게 오른팔을 내어 잡도록 하여 좌석 순에 따라 착석한다.

식탁의 배열은 식당이나 연회장의 넓이와 참석자 수, 그리고 연회의 목적에 따라 여러

가지 스타일로 연출한다. 식순에 있어서는 파티의 성격, 사회적 지위나 연령층에 따라 상 · 하가 구별되는데, 이는 행사 주최자와 충분한 협의를 한 후에 결정한다. 외국인의 경우, 부인을 위주로 하며 대체로 그 방의 상석은 입구에서 가장 먼 내측이 상석이 된다.

(2) 칵테일 파티Cocktail Party

칵테일 파티는 여러 가지의 주류와 음료를 주제로 하고, 오드볼Hors d'oeuvre을 곁들이면서 스텐딩 형식으로 행해지는 연회를 말한다. 이는 식사 중간, 특히 오후 저녁식사 전에 베풀어지는 경우가 많다. 축하일이나 특정인의 영접 때에는 그 규모와 메뉴 등이 다양하고 서비스 방법도 공식적으로 차원 높게 베풀어지지 않으면 안 된다.

칵테일 파티의 준비는 행사 예산과 정확한 초대인원, 메뉴의 구성, 파티의 성격 등을 미리 파악해두어야 한다. 특히 칵테일 파티에 사용될 주류를 얼마나 준비하는가 하는 것은 매우 중요하다. 보통 한사람 당 3잔 정도를 마실 것으로 추정하면 합리적이다.

칵테일 파티의 장점은 디너 파티에 비해 비용이 적게 들고, 지위고하를 막론하고 자유로이 이동하면서 자연스럽게 담소할 수 있다. 또한 참석자의 복장이나 시간도 별로 제약받지 않기 때문에 현대인에게 더욱 편리한 사교모임 파티이다.

이는 고객이 파티장 입구에서 행사 주최자와 인사를 나눈 다음, 입장하여 연회장 내에 차려져 있는 바에서 좋아하는 칵테일이나 음료를 주문 선택하여 손님과 어울리면 된다.

서비스 직원이 특히 주의해야 할 점은 칵테일 파티는 고객이 입장하면, 직원은 바 테이블에 준비된 칵테일이나 음료를 트레이에 옮겨 담아서 고객에게 서브(이때 칵테일 냅킨을 사용하여 글라스의 밑 부분을 감싸면서 서브)해야 하며, 셀프서비스Self Service 형식이라도 고객 사이를 자주 다니면서 재주문을 받도록 한다.(사용한 글라스와 집기비품은 신속하게 돌아다니며 치운다.) 특히 여성고객은 오드볼 테이블에 자주 가지 않는 경향이 많으므로, 오드볼 트레이를 들고 고객 사이를 다니면서 서비스하는 것을 잊지 말아야 한다.

### (3) 뷔페 파티Buffet Party

뷔페 파티의 특징은 동시에 많은 고객을 서비스할 수 있으며, 고객은 기호에 따라 음식을 마음껏 선택할 수 있다. 그리고 다양한 종류의 음식을 미리 준비해 두어야 하며, 고객 회전율이 빠르고 원가관리의 철저한 교육과 감독이 필요하며 고객은 원하는 음식만을 주문할 수 있다.

뷔페 파티는 스탠딩 뷔페 파티Standing Buffet Party와 착석 뷔페 파티Sitting Buffet Party 그리고 테이블 뷔페 파티Table Buffet Party가 있다.

첫째, 스탠딩 뷔페 파티는 고객이 취향에 맞는 요리와 음료를 마음껏 선택하여 즐길 수 있다. 이는 고객이 "한 손에 접시를 들고 다른 한 손은 포크를 들고 서서 하는 식사" 방식이다. 이러한 식사 형태는 공간이 비좁아서 테이블과 의자를 배치할 수 없는 경우에 적합하며, 착석 뷔페 파티에 비해 비교적 형식에 구애를 덜 받지만 고객은 음식을 적게 먹는 경향이 있다.

둘째, 착석 뷔페는 오픈 뷔페와 클로즈 뷔페의 형태가 있으며, 이것은 고객이 앉을 만한 테이블과 의자를 갖출 수 있도록 충분한 공간이 필요하다. 테이블에는 접시, 글라스, 포크, 나이프, 냅킨 등을 미리 세팅해놓아야 한다. 그리고 요리사는 뷔페 테이블Buffet Table에 음식을 가지런히 진열해 놓고, 카빙Carving을 원하는 고객에게는 직접 음식을 썰어 담아주어야 한다. 뷔페의 음식량은 일정량만을 세팅하며 자주 음식을 보충해주는 것이 효과적이다. 착석 뷔페는 음식이 식당의 테이블에 차려지기 때문에 저녁식사나 점심식사와 같은 주요리 식사이다.

오픈 뷔페Open Buffet의 특징은 불특정 다수의 고객을 대상으로 하며, 가격이나 이용시간이 미리 정해진 상설뷔페의 일종으로서 요금은 이용고객에게 부과된다.

클로즈 뷔페Closed Buffet의 특징은 특정 고객의 주문에 의해 가격과 이용시간은 미리 정해지고 사전에 예약되어야 한다. 이는 회갑연이나 동창회, 가족모임, 각종 계모임 등 특정 모임을 위한 행사가 주를 이룬다.

셋째, 테이블 뷔페파티Table Buffet Party는 행사인원이 많을 경우, 뷔페용 음식테이블을 별도로 설치하지 않고 메뉴에 따른 적정량의 음식을 기물을 사용하여 종류별로 고객용 라운드 테이블Round Table에 직접 음식을 차려놓는 경우이다. 이것은 일반 뷔페 행사와는 달리 고객이 직접 일어서서 음식을 가지러 갈 필요 없이 테이블의 앉은 자리에서 식사할 수 있지만, 고객용 테이블마다 각각의 음식을 차려야 하기 때문에 직원의 일손을 더 많이 필요로 하는 단점이 있다. 즉 테이블 뷔페파티는 마치 한정식을 차린 것과 비슷하나, 메뉴 구성에서 서양식 요리가 함께 제공되는 것이 특징이다.

### (4) 리셉션 파티Reception Party

리셉션 파티는 한 번 제공된 음식만으로 행사가 진행되고 음식이 더 보충되지 않는다. 이때 제공되는 음식은 대체적으로 더운 음식과 차가운 음식이 조화를 이루며 카나페, 샌드위치, 커틀렛, 치즈, 디프류, 작은 패티 등의 한입거리 음식이다.

### (5) 티 파티Tea Party

티 파티는 입식의 형태로서 커피와 차를 마실 때 음료와 과일, 샌드위치, 디저트류, 케이크류, 쿠키류 등을 곁들이는 것이다. 보통 간단한 회의나 간담회, 발표회, 세미나 등에서 많이 하는 파티의 일종이다.

### (6) 출장연회 파티Outside Catering Party

최근에 출장연회가 대두되었는데, 이는 식음료를 준비하는 직원이 직접 행사주최자 측에 방문하여 식음료를 이용할 수 있도록 모든 준비를 제공해주는 것이다. 다시 말해서 고객이 요구하는 장소나 시간에 맞춤형 행사이므로 요리, 음료, 그릇, 테이블

등 모든 호텔의 기물을 운반하여 고객이 만족할 만한 행사로 실시하는 것이다. 즉 호텔·외식사업체에서 음식을 준비하여 연회 주최자가 요청하는 장소로 이동하여 음식과 서비스를 함께 제공하는 파티를 말한다. 이것은 대체적으로 소규모 행사에 적합하며 간단한 식음료가 제공된다. 대표적인 출장연회로는 가정집에서의 잔치행사나 개관식, 작품전, 전시회 등의 경우에 이용된다.

출장연회의 단점은 직원이 여러 가지 행사 품목과 장비, 음식 등의 생산에 필요한 물품을 고객이 요청한 장소로 이동시켜 행사를 준비해야 되므로 생산 원가가 많이 소요된다. 출장연회 요청시의 점검사항은 다음과 같다.

- 소요시간 및 차량 운행코스
- 장비 및 비품을 운반하는 장소, 엘리베이터 사용여부
- 장소 내에 전기, 수도 및 주방시설 유·무
- 장소 도면작성과 테이블정리Table Arrange의 조화성 고려
- 서비스요원 대기장소 및 백사이드Back Side
- 우천시의 대비책
- 차량운행 및 행사계획에 대비한 해당부서 의뢰 요청
- 장비, 집기, 비품 체크리스트Check List 작성
- 메뉴의 계획
- 서비스 계획(일시, 장소, 인원수, 형식)
- 출장소요 경비계획

(7) 기타 파티

- 가족파티Family Party : 최근 들어 생활이 윤택해지면서 가족모임을 호텔에서 실시하는 경우가 많은데 결혼식, 약혼식, 생일잔치, 돌잔치, 회갑[6], 칠순잔치 등을 말한다.

- 가든파티Garden Party : 가장 쾌적한 날씨를 선택하여 정원이나 경치가 좋은 야외에서 칵테일 리셉션Cocktail Reception이나 뷔페파티Buffet Party 등의 연회를 말한다.

## 2) 연회서비스의 방법

### (1) 연회서비스를 위한 준비물

1 디너 파티Dinner Party

| 구 분 | 준 비 물 |
|---|---|
| 테이블 기본 | Appetizer Fork & Knife, Soup Spoon, Fish Fork & Knife, Table Fork & Knife, Dessert Spoon & Fork, Tea Spoon, Butter Knife, Caster Set 등 |
| 글라스 종류 | Water Goblet, White Wine Glass, Champagne Glass 등 |
| 린넨 | Napkin, Table Cloth, Tray Cloth 등 |
| 도자기류 | Appetizer Plate, Fish Plate, Main Plate, Dessert Plate, Butter Dish, Coffee Set 등 |

6) - 회갑(回甲) : 61세 화갑(華甲). 화(華)자는 십(十)이 여섯 개이고 일(一)이 하나라고 해석하여 61세를 가리키며, 일갑자인 60년이 돌아왔다고 해서 환갑(還甲) 또는 회갑(回甲)이라고도 한다.
- 진갑(進甲) : 62세 때의 생일잔치이다.
- 칠순(七旬) : 두보시(杜甫詩)의 곡강시(曲江詩) 중, "인생칠십고래희(人生七十古來稀)"에서 유래되어 70세를 뜻함. 즉 옛날에는 70세가 되도록 사는 예가 드물었다하여 고희(古稀)라고도 하며, 이는 70세 되는 해의 생일잔치를 말한다. 최근에는 현대문명의 발달로 평균수명이 높아짐에 따라 점차 회갑보다 칠순에 의미를 많이 두는 경향이 있다.
- 희수(喜壽) : 77세 되는 해의 생일잔치이다.
- 팔순(八旬) : 80세 되는 해의 생일잔치. 즉 80세 산수(傘壽)로 산(傘)자를 팔(八)과 십(十)의 파자(破字)로 해석하여 80세라는 의미한다.
- 미수(米壽) : 88세 되는 해의 생일잔치이다.
- 백수(白壽) : 99세가 되는 생일에 백수연을 치른다.
- 회혼례(回婚禮) : 결혼 60주년을 맞아 자녀들 앞에서 혼례복을 입고 60년 전과 같은 혼례식을 다시 한번 올리면서 백년해로 60주년을 기념하는 의례이다.

2 뷔페 파티Buffet Party

| 구 분 | 준 비 물 |
|---|---|
| 테이블 기본 | Soup Spoon, Table Knife & Fork, Dessert Spoon & Fork, Butter Knife, Tea Spoon, Caster Set 등 |
| 글라스 종류 | Water Goblet, Highball Glass 등 |
| 린넨 | Napkin, Under Cloth, Table Cloth, Drape, Velvet Cloth 등 |
| 도자기류 | Main Plate, Bread Plate 등 |

3 칵테일 파티Cocktail Party

| 구 분 | 준 비 물 |
|---|---|
| 테이블 기본 | Salad Fork, Serving Fork & Spoon, Bread Plate, Cocktail Napkin & Pick 등 |
| 린넨 | Table Cloth, Drape, Velvet Cloth 등 |
| 바(bar) 세팅 | Glass(Highball, On the Rock, Champagne), Ice Cube, Ice Water, Juice, Ice Pail & Pick, Ice Tongs, Soft Drink 등 |

(2) 연회의 테이블 배열 방법

연회 행사에 있어서 의자[7] 및 테이블 배열Table Arrange은 장소와 분위기에 알맞게 해야 하며, 특히 연회장의 공간은 최대한 활용해야 한다. 연회의 성격에 따른 테이블 배열은 아래와 같다.

1 원형 테이블Round Table

많은 인원을 수용할 수 있고 식사와 함께 제공하는 디너쇼, 패션쇼 등의 테이블을 배치할 때 적합하다. 대략 테이블과 테이블의 간격은 3m 정도이며, 의자와 의자의 간격은 90㎝ 정도로 한다. 테이블은 무대를 중심으로 중앙 부분을 고정한 뒤 앞줄부터 맞추면서 배열하면 되나, 뒷줄은 앞줄의 중앙 부분이 보이도록 지그재그식으로 맞춘다. 원형테이블은 6~10인용까지 있으며, 표준적인 규격은 180㎝×180㎝이다.

7) 의자의 종류 : ① Stocking Chair, ② Arm Chair, ③ Easy Chair, ④ Stool Chair

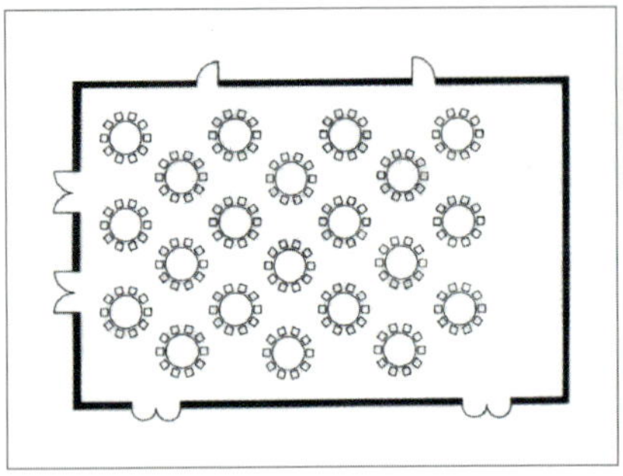 

2 U형 배열U-shape

일반적으로 의자와 의자 사이는 50~60㎝의 공간을 유지하며 식사의 성격에 따라 더 넓은 공간을 필요로 할 경우도 있다. 테이블클로스Table Cloth는 양쪽이 균형 있게 내려 와야 하며, 헤드테이블은 앞쪽에서 커트를 쳐서 다리가 보이지 않도록 한다.

3 E형 배열E-shape

U형과 비슷한 배열방법이지만, E형은 많은 인원이 식사를 할 때 이용되며, 뒷면의 의자 사이는 다니기에 편리하도록 120㎝ 정도의 간격을 유지한다.

4 T형 배열T-shape

T형은 많은 손님이 헤드 테이블에 앉을 때 유용하다. 헤드 테이블을 중심으로 T형을 길게 배열할 수 있으며 상황에 따라 테이블 폭을 두 배로 늘릴 수 있다.

5 I형 배열I-shape

고객의 다리가 테이블과 테이블 사이의 중간다리에 걸리지 않도록 유의하여 세팅한다.

 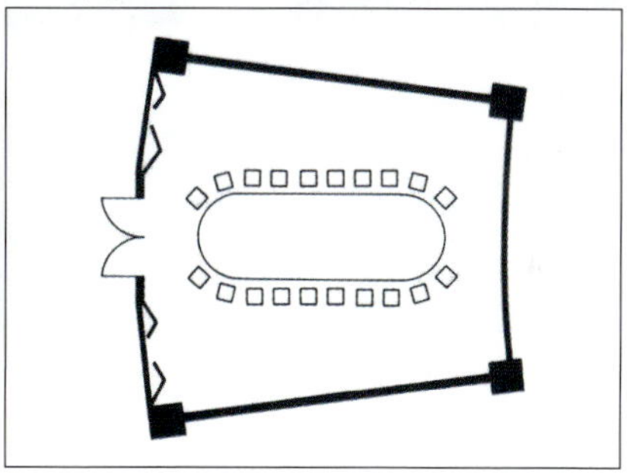

6 타원형 배열Oval

I형 배열과 비슷하며 반원형Half Round을 붙여서 세팅한다. 반원형 테이블의 표준 규격은 90cm×180cm이다.

7 공백사각형 배열Hollow Square

U자 테이블 모형과 비슷하나, 사각이 밀폐되기 때문에 안쪽에는 스커트Skirt를 둘러 주어야 한다. 사각형Square 테이블의 표준규격은 90cm×90cm이다.

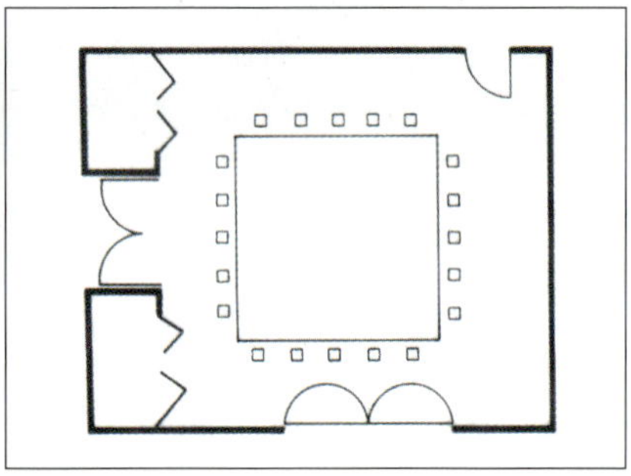

8 기타 회의형 배열

스쿨 스타일School Style은 행사의 내용에 따라 다소 차이는 있지만, 세미나 테이블(또는 미팅 테이블)의 표준규격인 180cm×45cm의 테이블을 사용한다. 테이블과 테이블 간격은 150cm, 의자와 의자의 간격은 40cm 정도로서 보통 1개의 테이블에 3개의 의자를 배치하도록 한다.

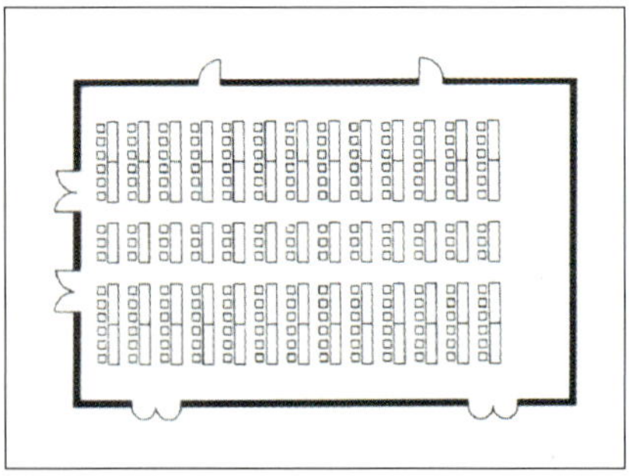

(3) 연회의 서비스방법

1 디너 파티의 서비스방법

- 식탁 배열은 "I" Shape, "U" Shape, "T" Shape, Hollow Square, Horseshoe Shape 등이 있으나, 행사 성격과 목적에 적합한 유형을 선택하여 결정한다.
- 고객의 수에 따라 서비스 인원을 배치한다.(인력의 계획 수립)
- 서비스 담당구역에 대한 배정을 정확히 하고, 직원은 할당된 담당 테이블에 대해서는 마지막까지 책임을 가지고 서비스를 담당한다.
- 캡틴이 주빈Host에게 먼저 서브를 하고나서, 그 다음사람에게 서브가 진행될 때 다른 테이블에서는 서비스를 시작하도록 한다.

2 정식메뉴의 서비스방법

- 연회 성격이 축하연일 경우 사회자는 연회를 시작하는 신호를 알린다. 이때 식전음료를 동시에 제공한다.
- 식전음료 제공과 동시에 애피타이저Appetizer가 제공된다.
- 애피타이저의 주문이 없다면, 수프가 서브되기 직전에 화이트와인을 서브한다.(서브온도 6~8℃ 유지)
- 수프접시를 치우고 생선요리를 서브한다.
- 생선요리를 치우고 샐러드를 서브한다.
- 레드와인을 서브한다.(서브온도 16~18℃ 유지)
- 주요리Main Dish를 서브한다.
- 테이블 위의 모든 기물을 치우고, 부드러운 솔Crumb Brush을 이용하여 식탁 위를 정리 정돈한다.(워터 글라스, 커피 컵, 디저트 포크, 차 스푼 등은 치우지 않는다.)
- 포멀 디너Formal Dinner인 경우에는 후식 전에 축배를 들게 되므로, 직원은 샴페인을 서브한다.(서브온도 6~8℃ 유지)
- 디저트를 제공하고 나서 커피 또는 차를 서브한다.

한편, 정식메뉴의 서비스방법은 노멀식Normal : 표준서비스과 포멀식Formal : 정식서비스이 있다.

**표 4.2 표준서비스**

| 순서 | 메 뉴 | 서 브 | 서비스방법 | 비 고 |
|---|---|---|---|---|
| 1 | | 고객입장 | 고객입장 시 상냥한 미소로 인사 의류나 모자 등을 받아서 체크 룸에 보관하고 착석을 도와줌 | 적극적인 서비스 |
| 2 | 화이트와인 | 화이트와인 | 캡틴의 신호에 의해서 주빈의 와인테스트가 끝나면 서브를 시작 | 1. 암 타월 착용<br>2. 서브 순서와 균형을 맞춰서 서브 |
| 3 | 애피타이저 | 애피타이저 | 헤드테이블과 보조를 맞추어서 고객의 오른쪽에서 시계방향으로 돌면서 서브 | |
| 4 | 빵 | 빵 | 브레드 바스켓을 이용하여 고객의 왼쪽에서 시계방향으로 돌면서 서브 | 정중하게 서브 |
| 5 | 테이크아웃 | 애피타이저 | 고객의 오른쪽에서 시계방향으로 돌면서 철수 | 소음이 발생되지 않게 조심하며 철수 |
| 6 | 수프 | 수프 | 고객의 오른쪽에서 시계방향으로 돌면서 서브함. 만약 수프 튜린을 사용한다면 수프 볼은 고객의 오른쪽에서 세팅하고, 서브는 고객의 왼쪽에서 시계방향으로 돌면서 서브 | 시계방향으로 돌면서 서브 |
| 7 | 샐러드 | 샐러드 | 고객의 왼쪽에서 시계방향으로 돌면서 서브 | 트레이 사용 |
| 8 | 테이크아웃 | 수프 | 고객의 오른쪽에서 시계방향으로 돌면서 철수 | 트레이 사용 |
| 9 | 메인디시 | 메인디시 | 고객의 오른쪽에서 시계방향으로 돌면서 서브 | 트레이 또는 플레이트 서비스 |
| 10 | 소스 | 소스+<br>테이크아웃 | 주요리 서브 후 신속하게 소스를 서브하면서 불필요한 기물을 철수 | A1 Sauce, Hot Sauce |
| 11 | 디저트 | 디저트 | 고객의 오른쪽에서 서브 | 트레이 사용 |
| 12 | 커피 또는 차 | | 고객의 오른쪽에서 서브 | 커피포트 이용 |

* 주의사항

① 백사이드 준비 및 테이블세팅은 행사시작 1시간 전까지 완료
② 테이블 배열과 서브방법은 행사주최 측과 사전협의
③ 냉수와 빵 등은 행사시작 10분 전에 세팅해도 무방함
④ 백사이드에서는 각종 소스류와 암 타월 등 서브에 필요한 모든 기물을 준비
⑤ 서브 중 고객의 요청사항이 발생하면 신속하게 해결
⑥ 행사의 서브 책임자는 모든 서브동작이 질서정연하게 이루어지도록 사전에 교육

**표 4.3 정식서비스**

| 순서 | 메 뉴 | 서 브 | 서비스방법 | 비 고 |
|---|---|---|---|---|
| 1 | | 연습 | 각 조별로 편성하여 예행연습 | 실전과 똑같이 연습 |
| 2 | 화이트와인 | 와인서브 | 주빈 테스팅을 한 후에 캡틴의 신호에 의해서 일제히 서브 | 암 타월 사용 |
| 3 | 애피타이저 | 애피타이저 | 캡틴의 신호에 의해 동시에 입장하고, 캡틴이 헤드 테이블의 주빈 서브를 마치고, 그 다음 서브를 진행하려고 할 때 동시에 서브를 시작함. 그리고 화이트와인을 추가로 서브하고, 필요시 스테이크의 굽는 정도를 물어봄 | 플레이트 서비스 |
| 4 | 테이크아웃 | 애피타이저 | 고객의 오른쪽부터 철수 | |
| 5 | 수프 | 수프 볼 | 고객의 오른쪽에서 서브 | 트레이 사용 |
| 6 | | 수프 튜린 (Soup Tureen) | 고객의 왼쪽에서 레이들을 사용하여 조심해서 서브 | 암 타월 사용 |
| 7 | 빵 | 빵 | 고객의 왼쪽에서 시계방향으로 돌면서 서브 | 브레드 바스켓 사용 |
| 8 | 테이크아웃 | 수프 | 수프 볼을 고객의 오른쪽에서 철수 | 트레이 사용 |
| 9 | 생선+ 화이트와인 | 생선+레몬 | 고객의 오른쪽에서 서브+화이트와인 보충 | 플레이트 서비스 |
| 10 | 테이크아웃 | 생선 | 고객의 오른쪽에서 철수 | 트레이 사용 |
| 11 | 셔벗(Sherbet) | 셔벗 | 고객의 오른쪽에서 서브 | 트레이 사용 |
| 12 | 테이크아웃 | 셔벗 | 고객의 오른쪽에서 철수 | 트레이 사용 |
| 13 | 레드와인 | 레드와인 | 주빈 테스팅 후 캡틴의 신호에 의하여 그 다음 테이블에 서브될 때 일제히 서브 | 암 타월 사용 |
| 14 | 메인디시 | 메인디시 | 고객의 오른쪽에서 서브 | 플레이트 서비스 |
| 15 | 샐러드+ 레드와인 | 2인 1조 (샐러드+ 드레싱) | 한 명은 고객의 왼쪽에서 시계방향으로 돌면서 샐러드를 서브하고, 다른 한 명은 고객의 왼쪽에서 드레싱 볼을 사용하여 서브 | 트레이 사용<br>레드와인 보충서브 |
| 16 | 테이크아웃 | 메인플레이트, 샐러드 볼, 빵 플레이트, 버터 볼 | "맛있게 드셨습니까?"라고 인사하며 고객의 오른쪽에서 시계방향으로 돌며 조용히 테이블 위의 기물을 철수한다.(워터 고블렛, 레드와인 글라스, 디저트 세팅은 제외) | 조심스럽게 철수 |
| 17 | 청소 | 테이블 청소 | 테이블 위의 빵가루, 기타 오물들을 깨끗하게 청소한다. | 먼지가 날리지 않도록 주의 |
| 18 | 디저트 | 디저트 | 고객의 오른쪽에서 서브 | |
| 19 | 샴페인 | 샴페인 | 샴페인은 주빈의 테스팅 없이 캡틴의 신호에 의해 동시에 서브 | 암 타월 사용 |
| 20 | 커피 또는 차 (2인 1조) | A조(커피 컵), B조(커피 또는 차) 서브 | A조 : 따뜻한 커피 컵을 조용히 세팅<br>B조 : 커피포트를 이용하여 커피나 차를 서브 | 고객 오른쪽에서 서브 |

| 순서 | 메 뉴 | 서 브 | 서비스방법 | 비 고 |
|---|---|---|---|---|
| 21 | 시원한 물 | 시원한 물 | 고객의 테이블을 점검하면서 시원한 물 서브 | 암 타월 사용 |
| 22 | 스피치 | 스피치 | 주빈의 연설이 시작되면 캡틴과 헤드웨이터만 남고, 나머지 종사원은 백사이드에 조용히 대기 | 조용히 이동 |
| 23 | 마무리 | 환송 | 전 직원 출구에 정렬하여 고객에게 감사의 인사를 표시 | 매우 정중하게 |

* 주의사항

① 서브의 순서에서 ⑭번과 ⑮번은 서로 바꾸어서 서브를 실행해도 무방함.

② 커피 컵의 세팅은 기본적인 세팅으로서 고객이 입장하기 전에 준비할 수도 있으나, 종사원들의 서브 중에는 먼지가 발생할 수도 있으므로 가급적이면 위의 순서대로 서브를 수행하는 것이 바람직함.

### (4) 연회의 테이블세팅 순서

① 연회서비스는 테이블 배열을 완료하고 세팅을 시작한다.

② 세팅의 순서는 주 요리Main Dish에 균형을 이루는 포크와 나이프 종류를 먼저 하고 글라스, 도자기류 등의 순서대로 실시한다.

③ 의자의 폭을 고려하여 행사에 가장 적합한 모양의 냅킨Napkin을 세팅한다.

④ 한 사람 의자의 폭은 60~70cm이며, 의자는 세팅된 냅킨의 중심부를 기준으로 정한다.

⑤ 테이블 나이프와 테이블 포크Table Knife & Fork의 세팅은 냅킨을 중심으로 균형을 이루도록 세팅한다.

⑦ 세팅순서는 메뉴의 구성에 따른 순서에 의거하여 샐러드 포크Salad Fork, 디저트 포크와 디저트 스푼Dessert Fork & Spoon, 빵 접시와 버터 받침대Bread Plate & Butter Dish를 세팅한다.

⑧ 식사용 기물의 세팅은 테이블의 림Rim : 끝 부분으로부터 약 1.5~2cm 간격을 유지하여 세팅한다.

⑨ 글라스류는 물잔Water Goblet, 와인글라스Wine Glass의 순으로 세팅하며, 글라스의 위치는 테이블 나이프Table Knife의 위쪽 끝 부분에서 약 1.5~2cm 간격을 두고 세팅한다.

⑩ 카스터Caster는 왼쪽부터 시작하여 소금과 후추Salt & Pepper, 이쑤시개Toothpick, 꽃병

Vase의 순서로 세팅한다.

⑪ 세팅이 완료되었으면 냅킨을 펴놓는다.

⑫ 세팅이 불완전하거나 불충분한 자리는 냅킨을 펴지 않는다.

⑬ 테이블 위의 세팅이 모두 끝났다면 의자를 놓도록 한다.

⑭ 단, 커피 컵과 받침대 세팅은 ⑦번의 순서가 끝난 다음에 세팅하거나, 백사이드 Back Side에 미리 준비를 해 놓았다가 주 요리Main Dish 식사가 끝나면 불필요한 기물을 철수하고, 이때 세팅을 하면서 커피나 차Coffee & Tea를 서브하면 된다.

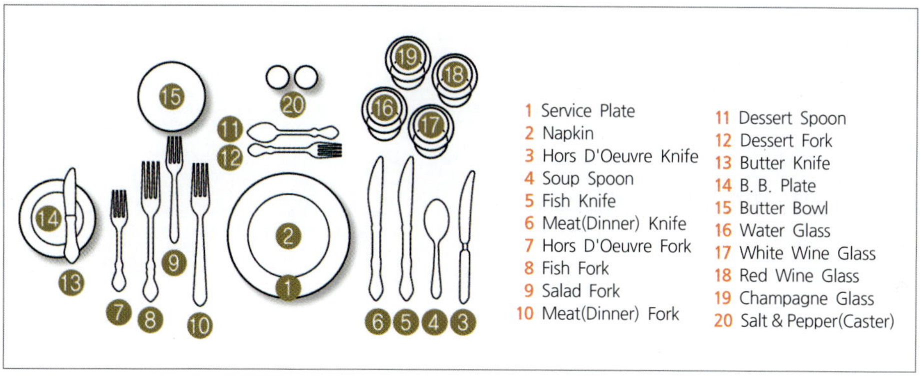


그림 4.1 정식메뉴 세팅방법

### 3) 호텔 식음료실무 체크리스트

#### (1) 연회예약 체크리스트

| 구 분 | 내 용 | 비 고 |
|---|---|---|
| 연회 예약 | 1. 행사장소 점검과 철저한 점검<br>2. 참석 예상인원 확인(행사 전과 당일기준)<br>3. 행사시간 확인<br>4. 메뉴 확인(행사 전과 당일기준)<br>5. 음료, 오드블 및 칵테일 확인<br>6. 각종 사인보드 문구 확인<br>7. 현수막 문구와 부착위치 확인<br>8. 행사 프로그램 확인<br>9. 호텔 기자재 협조사항 확인(녹음, 전화, 조명, 연단 등) | |

| 구 분 | 내 용 | 비 고 |
|---|---|---|
| | 10. 마이크 수량 및 위치 확인<br>11. 꽃 장식 위치 확인<br>12. 아이스카빙(Ice Carving) 모양, 문구, 위치 확인<br>13. 엔터테이너(Entertainer) 확인(밴드, 피아노, 노래, 사회자 등)<br>14. 케이크 절단과 시간, 건배, 축배 등 확인<br>15. 와인, 샴페인 등의 음료확인<br>16. 브레이크 타임(Break Time) 확인<br>17. 명찰 및 명패 확인<br>18. 테이블 배치도와 세팅방법 확인<br>19. 행사 식순 확인<br>20. 행사담당 인솔자 또는 진행자의 위치와 부가서비스 확인<br>21. 행사에 VIP고객의 참석여부 확인<br>22. 차량 배차 확인<br>23. 행사대금 지불책임자 및 지불방법 철저히 확인<br>24. 행사인솔자 또는 진행자의 비상연락망 확인<br>25. 객실의 사용여부 확인 | |

## (2) 수영장 및 간이식당 체크리스트

| 구 분 | 내 용 | 비 고 |
|---|---|---|
| 수영장<br>및<br>스낵코너 | 〈영업개시 이전〉<br>1. 음료는 냉장 보관되어 있는가?<br>2. 모든 영업 준비물은 재고가 충분한가?<br>3. 간이식사용 재료는 잘 준비되어 있는가?<br>(핫도그, 샌드위치, 햄버그, 김밥, 아이스크림, 튀김, 빵 등)<br>4. 테이블 및 파라솔의 상태는 양호한가?<br>5. 간이영업을 위한 준비기물의 이상이 없는가?<br>(휴지와 휴지통, 접시와 트레이, 냅킨, 필기도구, 메모지, 나무젓가락, 아이스크림 스푼, 테이블청소용 타월, 글라스류, 포크와 나이프류, 오프너 등)<br>6. 영업 준비금은 정확하게 수령하였는가?<br>7. 메뉴의 가격과 등록기의 상태는 이상이 없는가?<br>8. 빌(Bill)의 수령은 이상이 없는가, 그리고 일련번호는 확인하였는가?<br><br>〈영업마감 이후〉<br>1. 영업에 사용되었던 기물의 회수와 정리정돈<br>2. 영업장 주변의 정리 상태와 전원상태 확인<br>3. 빈 병의 회수와 인벤트리(Inventory) 실시<br>4. 영업매출의 입금과 보고서 작성<br>5. 업무수행에 따른 애로사항 점검과 개선사항 확인<br>6. 에너지관리와 안전관리 점검<br>7. 수영장의 청결상태 점검<br>8. 영업종료 후의 철저한 잠금장치 확인 | |

### (3) VIP고객 영접 체크리스트

| 구 분 | 내 용 | 비 고 |
|---|---|---|
| VIP 고객 영접 | 1. 행사장과 좌석 확인<br>2. 카스터(Caster)의 VIP 형식 세팅점검<br>3. 테이블 배치 시 고객 다리와 테이블 다리 부분이 교차되지 않도록 배치<br>4. 옷걸이와 냅킨이 충분히 확보되었는지 점검<br>5. 바닥청소, 의자상태의 청결 확인<br>6. 마이크의 준비, 기타 기물의 청결성 점검<br>7. 비상출입구의 개폐여부 확인<br>8. 병풍의 위치, 꽃병의 위치 확인<br>9. 전담서비스의 서비스매뉴얼 숙지<br>10. 테이블클로스와 글라스(크리스탈)의 청결상태 점검<br>11. 물수건의 준비상태 점검<br>12. 냉 · 난방 상태와 공기정화 점검<br>13. 식전주(Aperitif)와 테이블용 음료, 식후주의 준비상태 확인(셰리와인, 위스키, 진, 보드카, 럼, 맥주, 포트와인, 비알코올성 음료 등)<br>14. 오드블의 준비상태 확인(식전주를 신청했을 때 즉시 제공하기 위해)<br>15. 냉수와 재떨이 준비상태 확인<br>16. 필기도구와 메모지 점검<br>17. 각종 소스류 등의 점검<br>18. 사이드스테이션(Side Station) 확보<br>19. 와인스탠드와 쿨러(Wine Stand & Cooler) 준비<br>20. 아이스큐브(Ice Cube) 점검 | |

### (4) 실습생 체크리스트

| 구 분 | 내 용 | 비 고 |
|---|---|---|
| 실습생 | 1. 유니폼은 단정하며, 자기 몸에 적당한가?<br>2. 구두는 광택이 나는지, 그리고 머리는 단정한가?<br>3. 손톱 등의 개인위생은 관리하는가?<br>4. 유니폼 불출 및 세탁 장소는 숙지하고 있는가?<br>5. 신체상 보기 흉한 모습은 아닌가?<br>6. 사전 서비스교육은 충분히 받았는가?<br>7. 린넨류의 취급과 처리요령을 알고 있는가?<br>8. 직원전용 동선을 알고 있는가?<br>9. 행사장, 호텔영업장 등의 위치는 정확히 알고 있는가?<br>10. VIP고객에 대한 인식을 하고 있는가?<br>11. 종사원들의 이름과 직책을 숙지하는가?<br>12. 실습생 출 · 퇴근시간을 숙지하는가?<br>13. 종사원 안전교육에 대한 의식을 가지고 있는가?<br>14. 항상 공손한 인사, 밝고 명랑한 태도를 유지하고 있는가?<br>15. 실습생들의 애로사항을 고려하는가? | |

| 구 분 | 내 용 | 비 고 |
|---|---|---|
| | 16. 실습생들의 직무를 올바르게 인식시키고 있는가?<br>17. 실습생들의 비상연락망을 알고 있는가?<br>18. 실습생들의 장기적인 인사정책을 고려하고 있는가?<br>19. 실습생들의 소지품관리에 대한 교육은 실시하였는가?<br>20. 종사원들의 호칭 사용에 대한 교육은 되어있는가?<br>21. 정기적인 전체미팅은 하고 있는가?<br>22. 실습생들의 식사시간과 장소를 알고 있는가?<br>23. 전화수화 요령은 사전교육 되었는가?<br>24. 음료서비스에 대한 교육은 되어 있는가?<br>25. 식료에 대한 서비스방법은 알고 있는가?<br>26. 서비스와 관련한 용어정리는 되어 있는가?<br>27. 메뉴에 대한 지식은 충분한가?<br>28. 고객의 질문에 신속하게 답변할 준비는 되어 있는가?<br>29. 보고시스템을 알고 있는가?<br>30. 안전사고에 대비한 응급조치 요령을 알고 있는가?<br>31. 백사이드(Back Side) 업무에 대한 이해는 하고 있는가?<br>32. 백사이드의 안전관리에 대해 알고 있는가?<br>33. 각종 기물의 처리요령은 알고 있는가?<br>34. 주방의 출입동선은 알고 있는가?<br>35. 기물파손에 대한 처리요령은 알고 있는가?<br>36. 각종 기물의 보관장소와 운반요령은 알고 있는가?<br>37. 연회장비 취급요령은 알고 있는가?<br>38. 행사장의 출입문은 알고 있는가?<br>39. 실습생 동료 간의 협력은 잘 이루어지고 있는가?<br>40. 영업장의 각종 전원스위치 위치는 알고 있는가?<br>41. 대기자세, 걸음걸이는 양호한가?<br>42. 인사요령, 보고요령은 숙지하였는가?<br>43. 직원용 화장실을 이용하고 있는가?<br>44. 각종 호텔시설물들의 용도는 정확히 알고 있는가?<br>45. 예비 호텔리어로서 마음의 자세를 확고히 하였는가? | |

### (5) 일반적인 안전관리 체크리스트

| 구 분 | 내 용 | 비 고 |
|---|---|---|
| 일반 안전 관리 | 1. 현관 출입문 및 각종 외부로 통하는 문은 이상이 없는가?<br>2. 바닥의 청소상태와 미끄럼방지는 잘되고 있는가?<br>3. 집기비품은 정 위치에 보관되고 있는가?<br>(소화기, 전화기, 비상벨, CCTV, 웨곤(Wagon), 고압용사다리, 체어카(Chair Car), 세탁용 카트 등)<br>4. 행사장과 각 영업장의 출입문은 잘 작동되고 있는가?<br>5. 주방과 통하는 연결통로는 이상이 없는가?<br>6. 파티션(Partition)의 보관 장소는 이상이 없는가?<br>7. 파티션의 분리 시 안전수칙을 알고 있는가?<br>8. 중앙무대, 연단, 이동용 계단 등의 취급요령은 알고 있는가?<br>9. 현수막, 플래카드용 이동 스위치는 이상이 없는가?<br>10. 병풍, 마이크 등의 보관법과 사용방법은 알고 있는가?<br>11. 이동무대의 설치와 철거요령은 알고 있는가?<br>12. 출장연회에 대한 장비는 안전하게 관리되고 있는가?<br>13. 행사장 비상통로는 이상이 없는가?<br>14. 행사장 백사이드에 불필요한 장비와 집기비품은 없는가?<br>15. 행사장 바닥과 벽면은 불연성 소재로 처리되어 있는가?<br>16. 행사장의 화장실은 고객용과 직원용으로 구분 관리되며, 누수 부분, 전등 등은 이상이 없는가?<br>17. 테이블, 의자, 린넨류 등은 안전하게 관리되는가?<br>18. 소방용 기구 주변에 방해물은 없는가?<br>19. 연회용 기물은 분리되어 보관되어 없는가?<br>20. 각종 전압의 사용은 표준 용량을 준수하고 있는가? | |

### (6) 세미나 체크리스트

| 구 분 | 내 용 | 비 고 |
|---|---|---|
| 세미나 | 1. 배치도는 행사주문서와 동일하게 되었는가?<br>2. 참석인원과 좌석세팅은 일치하는가?<br>3. 무대단상은 충분한 공간과 장비가 준비되었는가?<br>4. 연단, 시원한 물, 사이드 스테이션(Side Station) 등은 준비되었는가?<br>5. 입구의 안내데스크는 준비하였는가?<br>6. 조명, 마이크 볼륨 등은 점검하였는가?<br>7. 강사가 바뀔 때마다 물 잔의 교대를 준비하고 있는가?<br>8. 입구에 전화기는 설치하였는가?<br>9. 출입구 및 분리용 병풍은 준비하고 있는가?<br>10. 파티션(Partition)은 이상 없이 준비되었는가?<br>11. 무선마이크의 준비와 작동상태는 점검하였는가?<br>12. 동시통역 시설의 필요 여부를 확인하였는가?<br>13. 각종 오디오 및 녹음용 시설의 설치여부는 확인하였는가?<br>14. 강의내용 녹음 여부는 확인하였는가?<br>15. 각종 사인보드와 화이트보드, 필기용 도구와 메모지 등은 이상 없이 준비하였는가?<br>16. 각종 현수막은 철저하게 점검했으며, 부착 위치는 적당한가?<br>17. 브레이크 타임(Break Time)은 확인하였는가?<br>18. 고객이 반입하고자 하는 음료는 사전에 충분히 논의되었는가?<br>19. 행사장이 갑자기 변경되는 일이 발생되지 않도록 사전에 철저한 확인을 하는가?<br>20. 행사장 대여료와 사용시간은 행사주문서와 동일한가?<br>21. 행사장 준비를 위해 투입된 종사원에게 충분한 안전교육을 시켰는가?<br>22. 체어카(Chair Car), 왜건 등의 운반용 기물은 이상이 없는가?<br>23. 테이블과 의자의 열과 행은 올바르게 준비되었는가?<br>24. 세팅이 모두 종료된 다음, 바닥과 주변의 정리정돈을 실시하는가?<br>25. 이동무대는 반드시 2인 1조로서 작업을 수행하는가?<br>26. 각종 린넨류의 세팅은 팽팽하게 균형을 이루고 있는가?<br>27. 린넨류의 세팅은 흠집이 없는 것으로 하고, 모서리가 많으므로 특별한 주의를 기울이고 세팅하는가? | |

### (7) 디너쇼 체크리스트

| 구 분 | 내 용 | 비 고 |
|---|---|---|
| 디너쇼 | 1. 서비스 인력은 충분히 확보하였는가?<br>2. 서비스 방법과 교육은 충분히 숙지시켰는가?<br>3. 사전에 서비스 예행연습을 실시하였는가?<br>4. 서비스 책임 담당테이블의 배치는 적정한가?<br>5. 무대장치와 조명 설치는 이상이 없는가?<br>6. 금연, 주의사항, 비상구 등의 안내판은 부착되었는가?<br>7. 행사 시작과 종료에 대비한 안전요원은 확보하였는가?<br>8. 각종 준비물과 기자재는 정위치에 설치되어 있는가?<br>9. 무대와 병풍 등은 조화를 이루고 있는가?<br>10. 파티션은 안전한가?<br>11. 넘버스탠드(Number Stand)는 번호순서대로 준비되어 있는가?<br>12. 초청인과 연예인 대기실은 구분하여 정리되어 있는가?<br>13. 음료판매 교육은 잘되어 있는가?<br>14. 특별석(S석)과 일반석(A석)의 구분은 확실하게 되어 있는가?<br>15. S석과 A석의 구분 착석을 위해 진행요원을 배치하였는가?<br>16. 행사장 입구에 안내데스크는 설치되어 있는가?<br>17. 행사장 준비메뉴와 제공시간을 표지판에 안내하고 있는가?<br>18. 행사장의 고객입장, 식사, 공연시간 등의 안내판은 충분하게 준비하여 비치하였는가?<br>19. 입장권 회수를 위해 입구에 준비물을 비치하였는가?<br>20. 대기(Stand By)계획은 수립하였는가?<br>21. 행사 주최측과 충분한 협의를 하였는가?<br>22. 늦게 도착한 고객의 식사는 별도의 장소에 준비하여 놓았는가?<br>23. 어린이 동반고객을 위하여 휴게실을 마련해 두었는가?<br>24. 하나의 좌석에 한 명만 착석하도록 안내직원을 배치하였는가?<br>25. 부모와 동반하여 입장하는 어린이를 통제하기 위해 충분한 이해를 구할 수 있도록 사전교육하거나 대응책을 마련해 두었는가?<br>26. 고객의 자리이동 여부를 점검하는 종사원을 배치하였는가?<br>27. 자리착석 시 입장순서에 의거하여 빈자리가 없도록 안내하는 교육은 되어 있는가?<br>28. 고객이 행사장을 외출할 때를 대비하여 인식표 또는 번호표는 마련해 두었는가?<br>29. 음식서비스의 마지막 순서인 디저트를 제공하고, 테이블 위의 모든 기물을 철수할 수 있도록 교육은 되어 있는가?<br>30. 디저트를 서브한 후 넘버스탠드(Number Stand)와 불필요 기물을 철수할 준비는 하였는가?(공연 등을 관람할 때 테이블 위에 기물이 있으면 고객들이 불편하거나, 기물파손의 우려가 있으니 모두 철수시켜야 한다.)<br>31. 행사보조요원(Helper)들의 통제와 자리이탈 시 철저한 보고시스템 구축과 행사책임자의 허락을 획득한 후 철수할 수 있도록 사전교육은 되어 있는가?<br>32. 공연진행 중에 방해요소가 발생 시 통제할 수 있는 전담직원의 선정과 안전교육은 실시하였는가?<br>33. 체크룸(Checkroom)의 운영담당자는 결정하였는가?<br>34. 조명시설과 냉 · 난방시설의 안전교육은 실시하였는가?<br>35. 행사 종료 후의 행사장 철수방안에 대한 계획은 수립하였는가?<br>36. 당일의 매출 처리방안은 마련하였는가?<br>37. 영업지원 부서에 대한 협조사항을 충분히 요청하였으며, 이에 대한 통제를 하고 있는가?<br>38. 대형 행사에 대비키 위해 호텔 주변의 순찰요원과 경계요원을 행정구역에 신청하거나 협조를 구하였는가? | |

### (8) 뷔페 체크리스트

| 구 분 | 내 용 | 비 고 |
|---|---|---|
| 뷔페 | 1. 각종 현판(Sign Board)은 충분히 설치되어 있는가?<br>2. 종사원들은 고객의 요구사항에 대비하기 위하여 메모지, 필기도구, 성냥 등은 소지하고 있는가?<br>3. 종사원들의 호칭과 서비스용어는 표준화되어 있는가?<br>4. 좌석현황, 테이블번호, 예약현황, VIP예약 등은 숙지하는가?<br>5. 영업장의 동선이용은 충분히 안내되고 있는가?<br>6. 회계요원 및 안내요원은 별도로 결정하였는가?<br>7. 뷔페 이용고객이 갑작스럽게 특별한 날(생일, 결혼기념일, 회갑연 등)임을 요청할 때를 대비하여 충분한 사전교육과 준비는 하고 있는가?<br>8. VIP좌석 또는 예약좌석은 마련해 두었는가?<br>9. 냉장고에 음료는 적당한 온도를 유지하며 충분히 비치해 두었는가?<br>10. 실습생 또는 헬퍼(Helper)요원이 있을 때 적합한 업무부여와 관리감독 그리고 서비스교육은 충분히 실시하였는가?<br>11. 아이스크림 기계는 이상이 없는가?<br>12. 뷔페라인의 조명은 적당한가?<br>13. 어린이용 의자는 준비되어 있는가?<br>14. 뷔페음식의 종류에 따라 이름표(Name Tag)를 비치하였는가?<br>15. 뷔페라인은 고객이 이용하기에 적정한 배치가 되었는가?<br>16. 뷔페테이블은 수시로 점검하는가?<br>17. 접시류는 충분하게 준비하였는가?<br>18. 각종 소스류는 청결하며 수시로 점검하는가?<br>19. 카빙, 초밥코너 등의 부가적인 준비물은 준비를 하였는가?<br>20. 고객이 사용한 테이블은 신속히 철수하고 재세팅(reset up)을 위한 준비기물은 충분히 준비하였는가?<br>21. 테이블의 카스터(Caster)는 양호하게 준비하였는가?<br>22. 백사이드는 조화롭게 기물철수용 비품들을 비치하였는가?<br>23. 영업개시 전 최종적으로 안전점검을 실시하는가?<br>24. 음료판매 업셀링(Up Selling)은 교육이 되었는가?<br>25. 식사 도중에 바닥은 수시로 점검하는지, 그리고 고객이 음식물과 오물들을 바닥에 떨어뜨리면 신속히 치울 수 있도록 교육시키는가?<br>26. 식당 입구에 고객의 건의함 또는 홍보물 등을 비치하는가?<br>27. 대인과 소인의 구분은 명확하게 하고 있는지, 그리고 식당 입구에 구분기준을 작성하여 비치하고 있는가?<br>28. 식당의 실내온도는 적당하게 유지하고 있는가?<br>29. 실내의 음악소리는 적당한가?<br>30. 뷔페식당은 많은 고객이 항상 움직이므로 적정한 공간 구성이 되도록 레이아웃을 설정하였는가? | |

## (9) 일식연회 체크리스트

| 구 분 | 내 용 | 비 고 |
|---|---|---|
| 일식<br>연회 | 1. 행사 목적과 주제에 대해 인식하고 있는가?<br>2. 행사시간, 일정, 메뉴 등에 대하여 알고 있는가?<br>3. 행사참석 예상인원과 식사인원 수는 정확히 파악하였는가?<br>4. 행사요금과 비용의 지불방법은 알고 있는가?<br>5. 행사서비스에 필요한 인원은 충분히 확보하였는가?<br>6. 서비스 담당테이블에 따라 적정한 서비스 인원을 배치하였는가?<br>7. 헤드테이블의 서비스 담당자는 별도로 결정하였는가?<br>8. 서비스 인원에 대하여 행사내용에 대한 교육은 주지시켰는가?<br>9. 서비스 인원에 대한 복장, 위생, 필기도구와 메모지 등은 점검하였는가?<br>10. 행사장 안내요원과 체크 룸 담당자는 결정하였는가?<br>11. 각자의 대기위치는 정해 주었는가?<br>12. 현판(Sign Board) 및 플래카드는 부착되어 있는가?<br>13. 행사장의 실내온도는 적절한가?<br>14. 행사장 실내의 음악은 접합한가?<br>15. 무대장치 및 무대조명은 이상이 없는가?<br>16. 실내조명(전등)은 이상이 없는가?<br>17. 연단 및 마이크의 상태는 점검하였는가?<br>18. 입구에 안내데스크는 설치되어 있는가?<br>19. 아이스카빙의 모양과 설치장소, 크기는 정해져 있는가?<br>20. 케이크의 준비와 커팅여부를 확인하였는가?<br>21. 좌석배치도, 식순, 음료 등의 여부는 확인하였는가?<br>22. 국민의례 여부는 확인하였는지, 그리고 방송실 및 음향실과 협의하였는가?<br>23. 건배의 여부를 확인하였는가?<br>24. 요리의 준비시간과 서비스시간을 확인하였는가?<br>25. 글라스류, 테이블 위의 기타 장식물 세팅 등과 관련하여 확인하였는가?<br>26. 집기 기자재와 연회용 장비 등의 사용에 대해 충분히 논의되었는가?<br>27. 바닥의 청소상태는 양호한가?<br>28. 실내의 분위기 연출을 위해 병풍, 화분, 수반 등의 배치문제는 확인하였는가?<br>29. 실내청소, 커튼, 벽면 등의 전반적인 준비상태를 최종 점검하였는가?<br>30. 접시류 및 글라스 등에는 이물질이 없이 깨끗한 것을 세팅하였는가?<br>31. 출입구에 행사안내와 고객 건의함을 비치하였는가?<br>32. 입구 접수대에는 방명록, 필기도구, 명찰과 외피 등을 준비하였는가?<br>33. 실내 냉·난방시설과 조명시설은 점검하였는가?<br>34. 테이블, 의자, 린넨류 등은 깨끗한 것을 사용하였는가?<br>35. 넘버 스탠드와 링(Number Stand & Ring)의 세팅여부는 확인하였는가?<br>36. 메뉴순서에 대한 서비스 교육은 되었는가?<br>37. 음료판매 업셀링(Up Selling)은 교육이 되었는가? | |

### (10) 한식연회 체크리스트

| 구 분 | 내 용 | 비 고 |
|---|---|---|
| 한식 연회 | 1. 행사목적과 주제를 파악하였는가?<br>2. 행사시간과 참석인원, 식사인원을 확인하였는가?<br>3. 메뉴의 구성과 가격, 서비스 순서를 확인하였는가?<br>4. 메뉴의 구성에 따른 서비스 순서를 교육하였는가?<br>5. 서비스 인원점검과 테이블 배정은 하였는가?<br>6. 메인테이블서비스담당자는 별도로 결정하였는가?<br>7. 서비스 인원의 복장, 위생점검, 준비사항을 주지시켰는가?<br>8. 안내자와 체크 룸 담당자는 지정하였는가?<br>9. VIP고객, 행사진행 프로그램 등을 확인하였는가?<br>10. 대기시간과 위치는 결정하였는가?<br>11. 현판(Sign Board) 및 플래카드는 점검하였는가?<br>12. 행사장의 실내온도는 적절한가?<br>13. 음향, 조명, 무대장치 등은 점검하였는가?<br>14. 마이크, 연단 등의 이용시간과 볼륨의 높이를 점검하였는가?<br>15. 아이스카빙의 위치, 문구, 모양 등은 확인되었는가?<br>16. 케이크의 커팅과 이용시간을 확인하였는가?<br>17. 좌석배치도, 식순, 국기 등의 여부는 확인하였는가?<br>18. 행사 식순은 점검하였는지, 그리고 필요사항을 확인하였는가?<br>19. 건배순서가 있는지 확인하였는가?<br>20. 요리의 서브시간 및 방법을 교육하였는가?<br>21. 행사장의 청결상태는 양호한가?<br>22. 공간 활용을 위하여 병풍, 파티션 등의 활용은 계획하였는가?<br>23. 행사에 필요한 전원연결 및 전압의 용량은 확인하였는가?<br>24. 고객의 건의함, 행사안내는 비치하였는가?<br>25. 접수대의 준비물(방명록, 펜, 명찰)은 이상이 없는가?<br>26. 행사 목적에 맞도록 테이블 배치를 하였는가?<br>27. 냅킨 및 기물의 세팅은 이상이 없는가?<br>28. 글라스류, 테이블 장식 등은 이상이 없는가?<br>29. 넘버 스탠드와 링(Number Stand & Ring)은 준비를 하였는가?<br>30. 메뉴의 내용에 대한 안내판을 각 테이블마다 비치하였는가?<br>31. 음료의 준비사항과 그에 따르는 부수적인 준비물을 준비하였는가?<br>32. 각 테이블마다 필요한 소스류와 카스터(Caster)를 준비하였는가, 그리고 가스레인지의 작동여부 및 부탄가스의 양은 확인하였는가?<br>33. 요리 내용과 서브진행 순서를 조화롭게 구성하였는가?<br>34. 서브에 필요한 인적 구성을 충분히 배치하였는가?<br>35. 백사이드 업무에 필요한 준비물, 전담요원 등을 배치하였는가?<br>36. 기본반찬의 숫자와 내용은 요리사와 협의되었는가?<br>37. 기본반찬의 세팅시간은 행사주최자와 협의되었는가?<br>38. 음료의 주문내용과 서브요령을 점검하였는가?<br>39. 각종 소스류와 기본적인 장식 등의 세팅은 충분히 협의되었는가?<br>40. 메뉴가 코스로 정해졌다면, 주방과 서브시간을 협의하였는가? | |

## (11) 양식연회 체크리스트

| 구 분 | 내 용 | 비 고 |
|---|---|---|
| 양식<br>연회 | 1. 행사내용과 목적을 확인하였는가?<br>2. 행사참석 인원과 식사인원을 파악하였는가?<br>3. 메뉴의 가격과 메뉴구성을 확인하였는가?<br>4. 서비스 인원을 충분히 확보하였는가?<br>5. 서비스 담당테이블은 정해져 있는가?<br>6. 메인테이블서비스 담당자를 별도로 정하였는가?<br>7. 서비스 인원에 대해 행사내용과 서비스방법을 교육시켰는가?<br>8. 서비스 인원의 복장점검과 위생점검을 실시하였는가?<br>9. 안내요원과 체크 룸의 담당자는 배정하였는가?<br>10. 대기위치는 결정하였는가?<br>11. 현판(Sign Board) 및 플래카드는 점검되었는가?<br>12. 행사장의 실내온도는 적절한가?<br>13. 무대장치 및 무대조명, 음향실 등은 이상이 없는가?<br>14. 실내조명과 마이크 시설은 이상이 없는가?<br>15. 안내데스크, 고객의 건의함 등은 입구에 설치하였는가?<br>16. 아이스카빙의 위치, 문구, 모양 등은 결정되었는가?<br>17. 케이크의 커팅시간과 건배제의는 확인되었는가?<br>18. 좌석배치도, 식순, 국기 등의 여부는 확인하였는가?<br>19. 테이블의 세팅방법은 충분히 교육되었는가?<br>20. 음료의 판매와 기술은 숙지하였는가?<br>21. 전원연결과 전압의 용량은 이상이 없는가?<br>22. 바닥의 청결상태는 양호한가?<br>23. 행사목적에 부합하도록 테이블 배치를 하였는가?<br>24. 냅킨 및 부가적인 기물세팅은 이상이 없는가?<br>25. 글라스류, 소스류, 카스터 등은 이상이 없는가?<br>26. 수반, 장식물, 아이스카빙 등의 위치와 모양은 확인되었는가?<br>27. 넘버 스탠드와 링(Number Stand & Ring)은 준비를 하였는가?<br>28. 백사이드의 준비물과 담당요원을 결정하였는가?<br>29. 요리의 특징과 서비스방법을 숙지하였는가?<br>30. 디저트 기물은 음식과 맞게 준비되어 있는가?<br>31. 음료의 특성과 칵테일의 기본적 매뉴얼을 숙지하고 있는가?<br>32. 메뉴가 코스로 정해졌다면 주방과 서브시간을 협의하였는가?<br>33. 스테이크의 굽기 정도를 사전에 협의하였는가?<br>34. 사이드 스테이션(Side Station)에 보충용 세팅기물과 생수 등을 비치하고 있는가?<br>35. 테이블의 배치와 서비스 방법은 행사주최자와 협의하였는가?<br>36. 얼음(Ice Cube)은 충분히 준비하였는가?<br>37. 메뉴의 내용에 대한 안내판을 각 테이블마다 비치하였는가?<br>38. VIP고객, 행사진행 프로그램 등을 확인하였는가?<br>39. 고객의 건의함, 행사안내는 비치하였는가?<br>40. 접수대의 준비물(방명록, 펜, 명찰)은 이상이 없는가?<br>41. 행사목적에 맞도록 테이블 배치를 하였는가?<br>42. 메뉴가 코스로 정해졌다면 주방과 서브시간을 협의하였는가?<br>43. 대형행사인 경우에는 사전에 예행연습으로 점검을 해야 한다.<br>44. 와인쿨러와 바스킷(Wine Cooler & Basket) 등은 사이드 스테이션(Side Station)에 비치하고 있는가? | |

### (12) 중국식연회 체크리스트

| 구 분 | 내 용 | 비 고 |
|---|---|---|
| 중국식 연회 | 1. 행사내용 점검과 목적을 파악하였는가?<br>2. 행사성격과 고객의 성향을 파악하였는가?<br>3. 행사시간 및 일정에 대하여 알고 있는가?<br>4. 행사참석 인원과 메뉴의 특성을 충분히 인식하고 있는가?<br>5. 서비스의 순서에 대한 인력계획을 수립하였는가?<br>6. 담당테이블에 인원을 배정하였는가?<br>7. 헤드테이블의 담당자와 서브규칙을 협의하였는가?<br>8. 서비스 인원의 복장점검과 위생점검은 하였는가?<br>9. 각자의 대기위치는 정해져 있는가?<br>10. 체크 룸과 안내요원을 배치하였는가?<br>11. 현판(Sign Board) 및 플래카드는 이상이 없는가?<br>12. 행사장의 실내온도, 조명시설은 적합한가?<br>13. 무대장치와 무대조명, 마이크는 이상이 없는가?<br>14. 안내데스크와 고객 건의함을 설치하였는가?<br>15. 아이스카빙의 위치, 모양, 크기, 조명, 문구를 확인하였는가?<br>16. 케이크 커팅의 시간과 건배제의는 확인하였는가?<br>17. 테이블배치와 행사프로그램을 충분히 협의하였는가?<br>18. 행사 식순과 음향실의 준비사항을 점검하였는가?<br>19. 요리시간과 서브순서, 서브요령을 점검하였는가?<br>20. 행사장의 청결유지와 백사이드는 점검하였는가?<br>21. 전원연결과 사용용량은 안전하게 사용되는가?<br>22. 입구접수대에는 준비물(방명록, 펜, 명찰)을 비치하였는가?<br>23. 테이블배치는 행사목적에 적합한가?<br>24. 냅킨 및 기물세팅은 깨끗하게 정리되었는가?<br>25. 글라스류, 소스류는 이상 없이 세팅되었는가?<br>26. 넘버 스탠드와 링(Number Stand & Ring)은 준비되었는가?<br>27. 자스민차는 충분히 준비되어 있는가?<br>28. 여분의 서비스 플레이트는 충분히 준비되어 있는가?<br>29. 서비스 포크와 스푼은 준비되어 있는가?<br>30. 사이드 스테이션(Side Station)은 테이블의 공간에 따라 신속한 서비스가 가능하도록 효율적인 배치를 하였는가? | |

### (13) 칵테일연회 체크리스트

| 구 분 | 내 용 | 비 고 |
|---|---|---|
| 칵테일 연회 | 1. 행사내용과 고객의 특성을 파악하였는가?<br>2. 행사 주체자와 서비스 방법을 협의하였는가?<br>3. 메뉴의 구성과 음료의 특성을 이해시켰는가?<br>4. 파티에 참석하는 인원수를 사전에 결정하였는가?<br>5. 테이블의 배치와 공간구성을 설명하였는가?<br>6. 서비스 인원확보와 VIP담당자를 확인하였는가?<br>7. 서비스 인원에 대하여 행사목적을 충분히 교육하였는가?<br>8. 서비스 인원에 대한 개인위생과 복장점검을 하였는가?<br>9. 체크 룸의 선정과 안내요원의 배치는 결정하였는가?<br>10. 고객의 입장 시 각자의 대기위치는 결정하였는가?<br>11. 현판(Sign Board) 및 플래카드는 확인하였는가?<br>12. 행사장의 실내온도, 조명시설은 적합한가?<br>13. 무대장치 및 음향시설은 이상이 없는가?<br>14. 마이크의 준비상태와 무대, 연단 등은 점검하였는가?<br>15. 아이스카빙의 위치와 모양, 크기는 확인하였는가?<br>16. 케이크 커팅의 여부와 건배는 확인하였는가?<br>17. 행사 식순과 프로그램을 숙지하고 있는가?<br>18. 칵테일의 제조방법은 충분히 알고 있는가?<br>19. 서브될 수 있는 칵테일의 종류를 선정하였는가?<br>20. 바닥의 청결유지를 위하여 철저한 확인을 하였는가?<br>21. 서비스 인원에게 칵테일파티의 특성을 충분히 교육시켰는가?<br>22. 입구 접수대의 준비물(방명록, 펜, 명찰)은 이상이 없는가?<br>23. 테이블의 배치는 공간구성과 조화를 이루고 있는가?<br>24. 글라스, 냅킨, 부재료 등은 충분히 준비하였는가?<br>25. 백사이드에는 서비스에 필요한 기물(트레이, 암 타월, 아이스카빙, 냅킨 등)을 충분히 확보하였는가?<br>26. 테이블의 장식은 이상이 없는지, 색상의 조화는 양호한가?<br>27. 테이블 분위기 연출을 위한 큰 촛대, 꽃 등의 배치는 적절한가?<br>28. 아이스카빙의 위치는 행사장의 공간과 조화를 이루고 있는가?<br>29. 음식의 소스, 바의 위치 선정은 확인하였는가?<br>30. 행사주최측이 특별히 요구하는 술이 없는지 사전에 확인을 하였는가?<br>31. 주류, 소프트드링크, 아이스, 레몬 등은 충분히 준비하였는가?<br>32. 칵테일 냅킨, 오프너, 얼음 통은 완벽하게 준비하였는가?<br>33. VIP를 위한 글라스(Crystal Glass)는 별도로 준비되어 있는가?<br>34. 행사의 성격에 맞도록 안내요원의 복장을 특색 있게 구성하였는가?(예 : 한복, 연회복 등)<br>35. 연주 등의 공연이 있다면 무대위치를 적절히 고려하였는가? | |

잠깐, 쉬어가기!

## 식음료서비스 영어회화(9)

1 죄송합니다만, 지금 주방이 오픈되지 않았습니다. 11시에 오픈을 합니다.
I'm sorry, the kitchen is closed now. We open at 11 : 00 a.m.
すみませんが、 キッチンんは まだです。 11じに オープン しま す。

2 객실 열쇠를 보여주시겠습니까?
Could you show me your room key?
ルーム キーを みせて ください。

3 다시 한 번 말씀해 주시겠습니까?
Would you please tell me once more?
もう いちどおっしゃって いただけますか。

4 누구와 통화하시겠습니까?
Who would you like to talk to?
どなたと おはなしに なりたいですか。

5 전화하고 싶은 사람의 이름과 방 번호를 알려주세요.
Will you give me the name and room number of your friend.
おでんわしたい あいての おなまえと へやばんごうを おしえて く ださい。

6 미안하지만, 그는 지금 자리에 없는데요.
I'm sorry, but he is out.
すみませんが、 ただいま るすです。(かれは せきを はなれて おります。)

7 제가 다이얼을 돌려드릴까요?
May I dial the number for you?
わたしが タイヤル(おでんわ)を おまわし いたしましょうか。

8 먼저 8을 누르고 객실번호를 누르세요.
Please dial 8 first and then the room number.
おさきに 8ばんを おして、 それからへやばんごうを おして ください。

9 이름의 Spelling을 말씀해 주시겠습니까?
How would you spelling your name?
おきゃくさまの えいごの スペルを おねがいします。

10 외부전화를 하시려면 9번을 누르세요.
Please, dial 9 to get an outside line.
しないでんわ(がいぶでんわ)は 9ばんを おして ください。

11 이것은 주방장 특별요리입니다.
This is the chef's specialty.
これはコック長のスペシャル料理です。

12 식사와 함께 와인 주문하시겠습니까?
Would you like some wine with you meal?
食事とともにワインはいかがですか。

13 맛있게 드십시오.
Enjoy your meal.
おおいしくどうぞ

14 치워도 되겠습니까?
May I take out your plate?
かたづけてもよろしいですか。

15 테이블을 치워드릴 테니 조금만 기다려주십시오.
Please wait for a while. I will clean up the table.
テーブルをかたづけますのでしょしょおまちください

16 제가 필요하면 언제든지 저를 불러주십시오.
If you need anything please call me.
もし必要なことがございましたらいつでもおよびくださいませ。

17 제가 지배인에게 물어보겠습니다.
I'll call to our manager.
わたしが支配人をよびます。

18 이 좌석은 예약이 되어있습니다.
This is the table you reserved.
ここは豫約の席です。

19 조금만 기다리시면 좌석이 준비됩니다.
There will be seats available for you if you wait for a while.
すこしおまちすれば座席がよいできますので

20 손님 자리가 준비되었으니 저를 따라오십시오.
Please come with me, sir. Your seat it ready.
お客さま座席のよいができましたこちらへどうぞ

4th Industrial Revolution

ICT Convergence

**Food & Beverage Management**

P A R T 3

# 메뉴부문

4th Industrial Revolution

ICT Convergence

**Food & Beverage Management**

05 CHAPTER

# 메뉴의 분류

SECTION 1

## 메뉴의 의미

### 1. 메뉴의 유래

메뉴Menu란, 라틴어의 Minutus와 영어의 Minute에서 유래되었으며, 의미는 "상세하게 기록된 것"으로 전해진다. 원래의 의미는 요리장에서 요리 재료를 조리하는 방법을 설명한 것이라고 하며, 요리장에서 식탁으로 나오게 된 것은 서기 1541년 프랑스 앙리8세 때 브랑위그 공작이 베푼 만찬회 때부터였다고 한다.

주인인 공작은 여러 가지 음식을 접대함으로써 생기는 복잡함과, 순서가 틀리는 불편을 해소하기 위해 요리명과 순서를 기입한 리스트를 작성하여 그 리스트에 의해 음식을 차례로 즐겼는데, 연회에 참석한 손님들도 그 편리함을 깨닫고 요리표를 사용하게 됨에 따라 널리 전파되었다고 전해진다. 그 후 19세기에 이르러 프랑스 파리에 있는 팰리스 로열Palace Royal에서 메뉴의 명칭이 일반화되어 사용되었다고 한다.

### 2. 메뉴의 정의

『웹스터사전Webster's Dictionary』에 의하면, 메뉴란 "A detailed of foods served at a meal"이라 설명되어 있다. 『옥스포드사전The Oxford Dictionary』에 의하면, 메뉴란 "A detailed list of the dishes to be served at a banquet dr meal"로 정의되어 있다.

즉 메뉴란 "식사로 제공되는 요리를 상세히 기록한 목록표"로 정의할 수 있다. 이것은 우리말로 '차림표' 또는 '식단'이라고 부르며, 이것의 의미는 '판매상품의 이름과 가격 그리고 상품을 구입하는데 필요한 조건과 정보를 기록한 표'로써, 단순히 상품의 안내에만 그치는 것이 아니라 고객과 식당을 연결하는 판매촉진의 매체로써 기업이윤과 직결되며, 식당의 얼굴과 같은 중요한 역할을 담당하고 있다는 것이다.

## 3. 메뉴의 종류

### 1) 식사 내용에 의한 분류

#### (1) 정식메뉴Table d'hote Menu

이것은 숙박자의 편의도모와 숙박시설의 영업적인 면이 고려되어 숙박에 식사를 곁들여 제공하는 폴 빵숑Full Board(Full Pension)에서 생겨났다고 볼 수 있다. 이 메뉴는 아침, 점심, 저녁, 연회 등을 막론하고 어느 때든지 사용할 수 있으며, 미각, 영양, 분량의 균형을 참작한 한 끼분의 식사로 요금도 한 끼분으로 표시되어 있어 고객의 선택이 용이하다. 또한 이 정식메뉴는 주기적으로 새로운 메뉴를 작성하여 고객의 기대와 호기심을 충족시켜야만 한다.

정식메뉴의 일반적인 요리순서는 전채 → 수프 → 생선 → 야채 → 주요리 → 치즈 → 후식 → 커피 또는 티로서, 메뉴의 구성은 코스별로 진행된다.

정식메뉴의 코스별 순서는 일반적으로 다음과 같다.

① 찬 전채Cold Appetizer(Hors d'oeuvre Froid)

② 수프Soup(Potage)

③ 온 전채Warm Appetizer(Hors d'oeuvre Chaud)

④ 생선Fish(Poisson)

⑤ 주요리Main Dish(Releve)

⑥ 더운 주요리Warm Main Dish(Entree Chaud)

⑦ 찬 주요리Cold Main Dish(Entree Froid)

⑧ 가금류요리Roast(Rotis)

⑨ 더운 야채요리Warm Vegetables(Legume)

⑩ 찬 야채Salad(Salade)

⑪ 더운 후식Warm Dessert(Entremets de Douceur Chaud)

⑫ 찬 후식Cold Dessert(Entremets de Douceur Froid)

⑬ 생 및 조림과일Fresh or Stewed Fruit(Fruit ou Compote)

⑭ 치즈Cheese(Fromage)

⑮ 식후 음료Beverage(Boisson)

⑯ 식후 생과자Pralines(Friandises)

이와 같이 정식메뉴의 구성은 코스별로 제공되어 왔으나, 최근에 실무에서 효율적으로 제공되는 코스별 메뉴 구성은 다음과 같은 순서로 고객에게 주로 제공된다.

① 5 Course(전채 → 수프 → 주요리 → 후식 → 음료)

② 7 Course(전채 → 수프 → 생선 → 주요리 → 샐러드 → 후식 → 음료)

③ 9 Course(전채 → 수프 → 생선 → 셔벗 → 주요리 → 샐러드 → 후식 → 음료 → 식후 생과자)

정식메뉴의 특징은 풀코스 메뉴로서 한 끼분의 식사가 세트로 구성되어 있으며(대체적으로 값도 비싸고 질도 우수한 반면에) 고객이 주문한 풀코스 메뉴를 제공하기에 고객으로 하여금 특정한 코스에서 다른 메뉴를 선택할 기회가 없다. 그러나 고객은 메뉴 차림표와 가격을 용이하게 이해할 수 있고, 순서별로 제공되는 음식을 먹을 수 있는 이점도 있다.

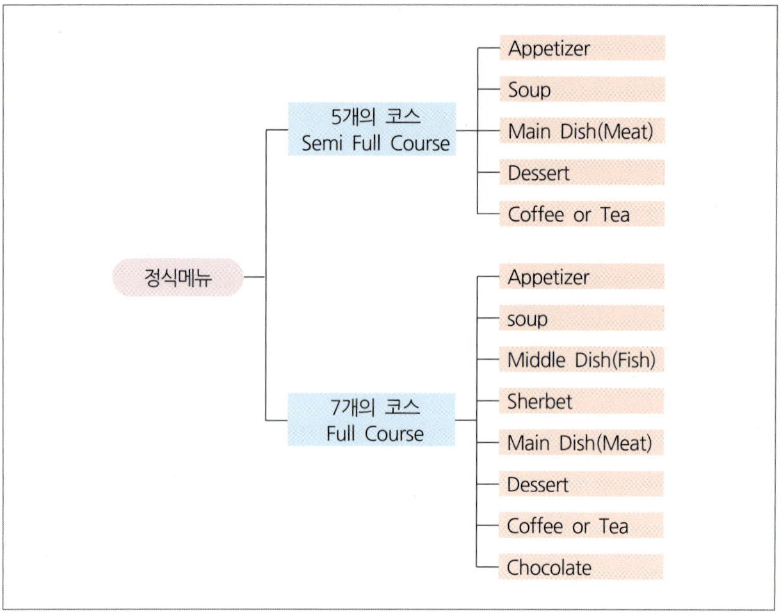


(2) 일품요리 메뉴A La Carte Menu

이 메뉴는 정식메뉴의 순으로 구성되어 있으나, 각 코스별로 여러 가지 종류의 음식을 나열해 놓고, 고객으로 하여금 기호에 맞는 음식을 선택하여 먹을 수 있도록 만들어진 메뉴이다. 이 메뉴는 한 번 작성되면 장기간 사용하게 되므로 요리준비나 재료구입 업무에 있어서는 단순화되어 능률적이라 할 수 있으나, 원가상승에 의해 이익이 줄어들 수도 있고, 단골고객에게는 신선한 맛을 느낄 수 없게 만들어 판매량이 줄어들 수 있으므로 고객의 호응도를 감안하여 새로운 메뉴계획을 꾸준히 시도해야만 한다.

일품요리의 메뉴 구성은 다음과 같다.(일품요리는 메뉴가 코스별로 제공되는 것이 아니라, 메뉴의 구성은 아래와 같지만 고객이 원하는 만큼 음식을 주문하여 식사를 하면 되고, 주문된 음식의 각각마다 가격은 별도로 부여된다.)

① 냉(冷) 전채요리Cold Appetizer(Hors d'oeuvre Froid)

② 수프Soup(Potage)

③ 온(溫) 전채요리Warm Appetizer(Hors d'oeuvre Chaud)

④ 생선요리Fish(Poisson)

⑤ 주 요리Main Dish(Releve)

⑥ 더운 앙뜨레Warm Entree(Entree Chaud)

⑦ 찬 앙뜨레Cold Entree(Entree Chaud)

⑧ 가금류요리Poultry(Volaille)

⑨ 더운 야채요리Garniture(Warm Vegetable : Legume)

⑩ 야채Salad(Salade)

⑪ 더운 휴식Warm Dessert(Entremets de Douceur Chaud)

⑫ 찬 후식 및 아이스크림Cold Dessert and Ice Cream(Entremets de Douceur Froid Ouglace)

⑬ 생과일 및 조림과일Fresh Fruit or Stewed Fruit(Fruit ou Compote)

⑭ 치즈Cheese(Fromage)

⑮ 식후 음료Beverage(Boisson)

(3) 특별메뉴Daily Special Menu

특별메뉴는 원칙적으로 매일 시장에서 특별한 재료를 구입하여 주방장이 최고의 기술을 발휘함으로써 고객에게 식욕을 돋우게 하는 메뉴이다. 이것은 기념일이나 명절과 같은 특별한 날이나, 계절과 장소에 따라 그 감각에 어울리는 산뜻하고 입맛을 돋우게 하는 메뉴이다.

특별메뉴의 장점은 다음과 같다.

- 매일매일 준비된 상품으로 신선하게 서비스할 수 있다.
- 특별메뉴로 주방의 재고품을 판매할 수 있다.
- 고객의 선택을 흥미롭게 할 수 있다.
- 계절감에 적합한 메뉴를 개발하여 판매할 수 있다.
- 특이한 메뉴개발로 매출액을 증진시킬 수 있다.

계절에 어울리는 특별메뉴의 요리재료는 다음과 같으며, 야채류와 과일 종류는 계절에 따라 특별요리로 언제든지 내놓을 수 있다.

| Fish and Seafood (Poisson et Fruits de Mer) | 한국어 | 계 절 |
|---|---|---|
| Oyster(Huitres) | 굴 | 9~10월 |
| Mussels(Moules) | 조개 | 9~10월 |
| Mackerel(Maquereau) | 고등어 | 4~10월 |
| Salmon(Saumon) | 연어 | 3~9월 |
| River Trout(Truite) | 송어 | 4~9월 |
| Sole(Sole) | 혀넙치 | 1~12월 |
| Cod(Cabillaud) | 대구 | |
| Whiting(Merlan) | 유럽산 대구 | |
| Haddock(Aigrefin) | 대구 일종 | |
| Herring(Harengs) | 청어 | |
| Turbot(Turbot) | 가자미류 | |
| Halibut(Fletan) | 광어 | |

| Poultry(가금류) | 계 절 |
|---|---|
| Duck, Chicken, Capon(식용수탉) 등 | 연중 |
| Goose(거위) | 12월 |

| Game(엽조류) | 계 절 |
|---|---|
| Snipe(도요새) | 10~3월 |
| Wile Duck(물오리) | 가을, 겨울 |
| Venison(산새류) | 7~12월 |
| Pheasant(꿩) | 10~2월 |
| Partridges(메추라기류) | 9~2월 |
| Grouse(뇌조류) | 8~12월 |

## 2) 식사시간에 의한 분류

### (1) 조식Breakfast

조식은 미국식과 대륙식이 가장 대표적이다.

- 미국식 조식ABF : American Breakfast : 달걀요리와 주스, 토스트, 커피를 포함해서 핫케이크, 햄, 베이컨, 소시지, 프라이드 포테이토, 콘플레이크, 우유 등을 선택해서 먹는 식사이다.
- 대륙식 조식CBF : Continental Breakfast : 달걀요리와 곡류가 포함되지 않고 빵과 커피, 우유 정도로 간단히 하는 식사이다.

### (2) 브런치Brunch

아침과 점심식사의 중간에 먹는 식사이다. 현대인의 바쁜 생활로 도입되어 최근 미국의 식당에서 많이 이용되고 있다.

### (3) 점심Lunch

아침과 저녁 사이에 먹는 식사로, 보통 정오에 하는 식사이다.

### (4) 저녁Dinner

보통 저녁은 정식메뉴Full Course가 많으며, 간단하게 음료와 균형을 이루어 식사를 즐긴다.

잠깐, 쉬어가기!

## 식음료서비스 영어회화(10)

1 이 전화는 구내만 가능하고 외부는 연결되지 않습니다.
You can't make a local call with this house phone.
このでんわは かんないのみで がいぶとは つながりません。

2 객실에서 100을 누르시면 프런트에서 도와드립니다.
Dial 100 from your room and the front desk will help you.
おへやで 100ばんを おすと フロントに つながります。

3 저쪽에 공중전화 박스가 있습니다.
There is a public phone box over there.
あちらに こうしゅうでんわボックスがあります。

4 미안하지만, 자리에 앉으시면 음료를 주문하셔야 합니다.
이것은 저희 회사의 방침입니다.
I'm sorry, but you must order drinks if you sit at a table. It's our policy.
すみませんが、 おせきに つきましたら のみものを ちゅうもんしなければ なりません。うちのホテルの ほうしんです。

5 감사합니다만, 우리는 노팁 정책입니다. 손님의 계산에 봉사료 10%가 가산됩니다.
No thank you, we have a no-tipping policy.
There will be a 10% service charge in your bill.
たいへん ありがとうございますが、 うちのホテルでは ノーチッ プせいさくです。

6 죄송합니다만, 담배를 피우시면 안 됩니다. 여기는 금연구역입니다.
Excuse me, your mustn't smoke here. It's a no smoking area.
すみませんが、 おきゃくさま ここで タバコを すっては いけませ ん。きんえんくいきです。

7 이것은 정부방침에 의한 것입니다.
It is our government's policy.
これは せいふの ほうしんです。

8 이것은 법으로 정해져 있습니다.
It is required by law.
これは ほうりつに きめられて おります。

9 주말을 제외하고 매일 오후 5시에 영업을 시작해서 12시에 문을 닫습니다.
At 5:00 every evening except weekend. And we close at 12:00 p.m.
しゅうまつを のぞいて まいにち ごご 5じから 12じまで えいぎょ うします。

10 저희들은 10시에 영업장을 마감하기 때문에, 간단한 메뉴를 주문하시겠습니까?
We need to take last order at 10 : 00 p.m. Could you please order simple meal?
えいぎょうは 10じまでですので かんたんなメニューで ごちゅうもん おね がいします。

11 테이블을 치워드릴 테니 조금만 기다려주십시오.
Please wait for a while. I will clean up the table.
テーブルをかたつけますのでしょしょおまちください

12 저쪽 테이블 손님이 계산하셨습니다.
The gentleman at the table over there paid for your bill.
あのテーブルのお客さまが計算しました。

13 카드승인이 안 됩니다. 다른 카드로 계산해 주시겠습니까?
Your card is not acceptable. Would you please pay your bill with another card?
カードがきかないですねほかのカードはございませんか。

14 이 계산서에 방 번호와 성함을 기재해 주십시오.
Would you please write your name and room number on the check.
この計算書にルーム番號とお名前を記入してください。

15 계산은 나가실 때 하시면 됩니다.
You can pay the bill when you leave.
計算はおかえりの時おねがいします。

16 손님의 성함과 연락처를 주시기 바랍니다.
Please give me your name and telephone number.
お客さまの名前と連絡處をおしえてください。

17 메모지와 볼펜이 필요하십니까?
Do you need a piece of memo paper and a pen?
メモ用紙とボルペンがいりますか。

18 OOO 손님에게 메시지를 남기시겠습니까?
Would you like to leave a message for Mr. ○○○?
OOOさまにメッセージをのこしますか。

19 소리가 너무 크면 주위 손님께 방해가 되니 소리를 조금 낮추어 주시겠습니까?
Your loud voice bothers the people around you. Would you please lower your voice down?
お객さまのこえがまわりにめいわくになりますのですこしちいさいこえでおねがいします。

20 죄송합니다만, 오늘 이 메뉴는 준비가 안 됩니다.
I am sorry, but we are not ready for this menu today.
もうしわけございません、今日はこのメニューがよいできませんでした。

SECTION 2
# 메뉴의 특성과 조리법

## 1. 메뉴의 작성법

### 1) 메뉴작성의 원칙

- 고객의 욕구를 우선적으로 파악
- 원가와 수익성을 고려
- 식재료의 구입여부 확인
- 조리기구 및 시설의 수용능력
- 고객욕구의 다양성과 매력성 고려
- 영양적 요소 고려

### 2) 메뉴작성의 유의점

- 같은 재료의 요리를 중복시키지 않는다.
- 같은 색의 요리를 반복시키지 않는다.
- 비슷한 소스를 중복해서 사용하지 않는다.
- 같은 조리방법을 두 가지 이상 같은 요리에 사용하지 않는다.
- 요리제공의 순서는 경식(輕食)에서 중식(重食)으로 균형감 있게 맞춘다.
- 요리와 곁들여지는 재료와의 배합과 배색에 유의한다.
- 계절감각과 용도별 성격, 특산물을 고려하여 작성한다.
- 메뉴의 표기문자는 요리의 내용에 따른 각국의 고유문자를 사용하며, 양식인 경우는 프랑스어 표기를 원칙으로 한다.

## 2. 메뉴의 특성과 분류

### 1) Aperitif(에프리티프 : 식전주)

식전주는 식사 전에 분위기를 익히거나 식욕을 돋우려 마시는 술이다. 따라서 타액이나 위액의 분비를 활발하게 하는 자극적인 것이 좋다. 보통 직원이 "식사 전에 한 잔 하시겠습니까?"라고 주문을 받는다.

#### (1) 식전주를 이용할 때의 기본적인 에티켓

- 식전주는 보통 한 두 잔이면 적당하다.
- 한 잔 더 청할 때는 처음에 마신 것과 같은 것을 마신다.
- 식전의 위스키는 물이나 소다수로 희석하여 약하게 마신다.
- 식전주에 나오는 올리브, 레몬, 버찌 등은 먹어도 좋다.
- 술을 못하는 사람이라도 진저엘이나 세븐업, 콜라 등을 마신다.
- 차게 마시는 식전주는 글라스의 목 부위인 스템Stem 부분을 잡도록 한다.

#### (2) 식전주의 대표적인 종류

- 키르Kir : 크림드카시스에 백포도주를 섞은 술
- 키르 로얄Kir Royale : 크림드카시스에 샴페인을 섞은 술
- 마가리타Margarita : 데킬라를 칵테일로 믹스한 술
- 맨하탄Manhattan, 마티니Martini, 삼페인Champagne
- 셰리Sherry
  - 스페인산 백포도주이다.
  - 담백하고 약간 곰팡이 냄새가 난다.
  - 카나페나 수프에 잘 어울리는 술이다.
  - 크림셰리 : 여성에게 잘 어울리는 술이다.
  - 드라이셰리 : 남성에게 잘 어울리는 술이다.

- 버무스Vermouth
  - 와인에 여러 가지 약초와 향료를 넣은 술이다.
  - 프렌치 버무스와 달콤한 맛의 이탈리안 버무스가 있다.
- 칵테일Cocktail
  - 롱 드링크는 텀블러라는 잔에 담겨 나온다.
  - 얼음이 녹기 전에 마신다.
  - 하이볼, 진피즈, 톰칼린스, 위스키샤워 등이 있다.
  - 쇼트 드링크로는 올드 패션드, 스크루 드라이버, 다이쿼리, 핑크 레이디, 밀리언 달러, 네이키드 레이디 등이 있다.

### 2) Appetizer(애피타이저 : 전채요리)

전채요리라는 식사 순서에서 제일 먼저 제공되는 요리로서 프랑스어로는 '오-되브'라고 한다. 'Hors'는 앞이라는 뜻을 나타내고 'd'oeuvre'는 작업, 즉 식사를 의미한다. 영어로는 'Appetizer', 북구에서는 'Smorgas Bord', 러시아에서는 'Zakuski' 이탈리아어로는 'Antipasti'라 불리기도 한다. 이 요리는 본 요리를 더욱 맛있게 먹을 수 있도록 식욕을 돋워주기 위한 목적으로 제공되기 때문에 모양이 좋고 맛이 있어야 하며, 특히 자극적인 짠맛이나 신맛이 있어 위액의 분비를 왕성하게 하고 분량이 적어야 한다.

#### (1) 대표적인 종류

- 세계적으로 유명한 3대 전채요리는 철갑상어알[8], 거위간, 송로버섯이 있으며, 기본적인 종류는 칵테일 애피타이저, 샐러드, 카나페, 모듬야채 등 다섯 분류로 나

8) 캐비아(Caviar)의 유래 : 캐비아라는 말은 터키의 Havyar라는 말에서 변형된 것이다. 캐비아는 철갑상어의 알로서 진주빛의 회색부터 연한 색깔이 구분되어 다양하다. 미국에서는 1960년까지 어떠한 알이라도 알의 색이 검은 것은 캐비아로 불리어졌다. 또한 미시시피강의 철갑상어가 크고 질 좋은 알들로서 대량으로 공급되자, 소비자들은 이러한 알들을 착색하여 판매한다고 비판받기도 했다.

누기도 한다.

- Baby Shrimp Cocktail
  - 칵테일글라스에 상추를 넣고 위에 새우를 올린 다음, 브랜디소스를 얹는다.
  - 에그 슬라이스드 위에 레드, 블랙 캐비아를 올린다.
  - 레몬, 파슬리를 장식한다.
- Home Made Smoked Salmon with Caviar
  - 음식접시 중앙에다 썰어놓은 양상추를 깐다.
  - 양상추 위에 훈제연어 3조각을 올린다.
  - 그 위에 양파링과 케이퍼를 올린다.
  - 가니시로는 삶은 달걀 조각으로 한쪽과 레몬 웨지 한쪽, 그리고 레드, 블랙 캐비아로 장식한다.
- Sauted Scallops "Provencale"
  - 가리비조개는 프라이팬에 살짝 굽는다.
  - 접시에 보기 좋게 놓는다.
  - 가리비조개를 편으로 보기 좋게 놓은 다음, 토마토소스를 가리비조개 위에 뿌린 다음 제공한다.
- Poached Lobster
  - 접시 위쪽에 특수야채를 보기 좋게 장식한다.
  - 접시에 토마토 살사소스를 놓고 위에 로브스터 꼬리살을 5조각 놓는다.
  - 포도 식초와 오일을 혼합한 다음 위에 뿌려준다.
- Snail Burgundy Style
  - 달팽이껍질 안에 달팽이 버터를 넣고 달팽이 고기를 넣은 다음 버터를 덮는다.
  - 오븐에 넣어 익힌 다음 가열된 달팽이 플레이트에 담아서 제공한다.

### 3) Soup(수프)

수프는 육류나 생선에 뼈 혹은 조각을 채소와 조합하여 향신료를 넣어 삶아 우려

낸 국물을 기초로 해서, 각종 재료를 가미하여 다시 끓인 것을 말한다. 이것은 위에 부담을 줄이고 주 요리를 시작하기 전에 섭취하는 것으로서 영양가가 많다.

(1) 수프의 분류

- 스톡Stock : 육류, 생선, 가금류나 이들의 뼈 등을 장시간 끓인 묽은 액체의 국물이며, 맛과 향을 보충하기 위해 야채, 향신료와 허브를 첨가하기도 한다.
- 화이트스톡White Stock : 송아지나 소고기, 치킨, 생선, 야채를 찬물에 담그거나 뜨거운 물에 데친 후 양파, 파슬리, 월계수 잎 등을 넣어 서서히 4~6시간 정도 끓여 위로 뜨는 불순물을 걷어내고 걸러낸다.
- 브라운스톡Brown Stock : 송아지, 소고기, 가금류 등을 씻거나 뜨거운 물에 데친 후 팬에서 갈색이 나도록 볶아 토마토페이스트, 월계수 잎, 파슬리 등을 넣고 4~6시간 끓여 위로 뜨는 불순물을 제거하고 걸러낸다.

(2) 수프의 종류

- Lobster Bisque Soup
  - 버터에 당근, 셀러리, 양파, 부추 등을 네모로 썰어 넣어 소테Saute한다.
  - 랍스터나 새우머리, 껍질을 첨가하여 충분히 소테한 다음 브랜디로 플람베한 후 레드와인, 토마토페이스트를 넣어 소테하다가 피시 스톡과 나머지 재료를 첨가하고 푹 끓인 다음 고운체에 거른다.
  - 생크림을 섞어 잠시 끓여 소금, 후추로 양념한 후 서빙 시 생크림으로 색을 살린 다음 바닷가재살 또는 브래드 크루톤을 띄워 낸다.
- French Onion Soup
  - 양파와 리크를 슬라이스하여 브라운색이 나도록 버터에 충분히 볶는다.
  - 콩소메 수프에 섞어 냉동 보관한다.
  - 서빙 시 필요량만큼 끓여 소금, 후추, 위스키, 와인 등을 첨가한 다음 그라탕 볼에 담고, 프랑스 빵 위에 파르메산 치즈를 듬뿍 뿌려 살라만더에 노릇하게 구워 서빙한다.

- Italian Minestrone
  - 마늘, 베이컨을 버터에 소테한 다음 감자, 토마토를 제외한 모든 야채를 넣어 충분히 소테한다.
  - 토마토 페이스트를 넣어 볶은 다음 나머지 재료를 전부 넣어 간을 맞춘다.
  - 서빙 시 파슬리를 잘게 다진 파르메산 치즈를 뿌려준다.
- Beef Consomme
  - 양파, 당근, 샐러리 등을 다진 것, 간 소고기에 위의 재료들을 전부 첨가하여 비프스톡을 첨가한다.
  - 불에 올려 끓으며 불을 낮추고, 내용물이 떠오르면 그 가운데에 구멍을 내고 시머링Simmering한다.
  - 콩소메Consomme가 맑게 되면, 소창으로 걸러내어 냉동 보관한다.
  - 서빙 시 끓인 콩소메수프에 양파, 당근, 샐러리 등을 쥘리엔느Julienne로 썰어 첨가한다.
- Soup of the Day
  - 말 그대로 오늘의 수프다. 수프는 그날의 재료와 야채가 준비되는 대로 매일 바꿔어주기 때문에, 주방에서는 요리의 지식과 자부심이 필요하다.
  - 버터를 녹여 야채를 넣고 소테하다가 밀가루Flour를 넣어 충분히 섞이게 하여 오븐에 넣어가며 색이 나지 않게 충분히 소테한 다음 닭고기육수를 넣어 시머링한다.
  - 월계수 잎, 닭고기 베이스, 치즈 등을 넣어 천천히 시머링한다. 그리고 소금, 후추로 간을 맞춘다.
  - 서빙 시 브레드 크루톤Bread Crouton을 띄운다.

### 4) Sea Foods(해산물요리)

정찬요리에서 수프 다음에 제공되며, 육류가 제공되기 전에 제공되는 코스이다. 생선은 육류보다 섬유질이 연하고 맛이 담백하여 열량이 적다. 또한 소화가 잘되고 단백질, 지방, 칼슘, 비타민 A, B, C 등이 풍부하여 건강식으로 육류에 비해 선호도가 높아가는 추세이다. 그러나 부패하기 쉬운 결점이 있어 신선도를 유지하는데 유의해야 한다.

일반적으로 생선요리는 바다생선, 민물고기, 조개류, 갑각류, 연체류, 식용개구리, 달팽이 등을 들 수 있다. 이들의 저장방법에 따라 신선한 생선, 얼린 생선, 절인 생선, 통조림 등으로 나누어진다. 해산물요리Sea Foods의 종류는 다음과 같다.

(1) 해수어의 종류

- 대구Cod : 흰색살이며, 육식성으로 날카로운 이빨을 가지고 있다.
- 해덕Haddock : 대구과의 일종으로 심해에 산다. 육질은 백색이고, 지방이 적고 단백질이 많다.
- 명태Whiting : 대구과의 일종으로 지방이 적으며 살집은 조각살로 구성되어 부스러지기 쉽다.
- 멸치Anchovy : 청어과의 일종으로 맛이 깨끗하고 신선하며 향긋하다.
- 청어Herring : 은색비늘, 푸른등, 은백색의 배로 육질이 희고 맛이 좋다.
- 정어리Mackerel : 청어과의 일종으로 등이 푸른 생선이다.
- 참치Mackerel : 육식성이며, 육질의 색은 불그스레한 색으로 살의 조직력이 좋고 맛이 좋다.
- 붕장어Conger Eel : 바닷장어로, 뱀처럼 생겼다. 뼈가 많아 양식에는 별로 사용치 않으나, 동양식에는 중요한 생선회의 일종이다.
- 회색숭어Gray Mullet : 연어과에 속하고 사루기Graying와 비슷하다. 육질은 독특하고 풍미가 있다.
- 적도미Red snapper : 바다 숭어과의 일종. 일명 '바다의 도요새'로 육질이 희고 향기가 좋다.
- 헬리벗Halibut : 북방 해양산의 넙치과. 매우 크지만 육질이 희고 맛이 부드럽다.
- 혀가자미Sole : 혀넙치. 가장 맛이 좋고 최고의 육질을 가졌으며, 껍질이 벗겨진다. 가장 많은 요리법이 개발되어 있는 생선이다.

- 광어Turbot : 넙치과. 해수어 중 가장 선호되는 종류이다. 육질은 희고 단단하여 저장이 용이하고 4~9월 사이의 육질이 제일 좋다.
- 홍어Skate : 가오리과. 연골생선, 날개 모양의 가슴지느러미만이 요리에 사용되므로 낭비가 큰 생선이다. 육질은 맛이 있다.(전라도음식에 많이 사용)

(2) 담수어의 종류

- 뱀장어Eel, Anguille : 이주성 어종. 해수와 담수에서 산다. 고지방을 함유하고 있어 소화가 용이하지 않다. 중간 크기의 뱀장어가 제일 품질이 좋다.
- 농어Perch : 육식성. 해수 및 담수성이며 비늘이 많고 날카로운 지느러미를 가지고 있다. 육질은 희고 탄력이 있으며 맛이 좋고 부드럽다.
- 연어Salmon : 산란기는 10~12월. 강 상류에서 서식하고, 산란 전은 살이 붙고 중량감이 있으나, 산란 후에는 중량감이 줄어든다. 수컷보다 암컷이 좋다.
- 철갑상어Sturgeon : 흑해와 카스피해에서 주로 서식. 종류는 스텔렛Sterlet, 스터전Sturgeon, 하우젠Hausen이 있다. 깨끗한 물에서 서식하기 때문에 민물고기로 간주된다. 이 고기의 알은 캐비아Caviar로서 알젓을 만드는데 사용한다.
- 잉어Carp : 흐르는 물이나 연못에 서식. 등뼈 물고기로 분류되며 종류에는 미호Mihor, 스케일Scale, 레더Leather 3종이 있다. 육질은 부드럽고 소화가 잘되며 겨울에 질이 가장 좋다.
- 메기Sheatfish : 강, 호수에 서식. 2개의 긴 수염과 4개의 짧은 수염이 있으며 색깔은 갈색이다. 강이나 호수의 밑바닥에 살며 물고기, 게, 개구리 등을 잡아먹고 산다. 특히 물새도 잡아먹는 것으로 알려져 있다. 육질은 어린 것이 좋다.
- 개구리다리Frog Leg : 개구리다리 요리는 중세부터 발전되어온 요리로서 육질이 매우 연하여 미식가들로부터 호응이 좋다. 개구리는 습지에서 자라며, 조리 시 육질의 탄력과 색깔을 희게 하기 위해 찬물에 약 12시간 정도 담가놓는다.

(3) 갑각류의 종류

- 게Crab : 식욕이 왕성하고 육식을 하는 갑각류로서 연안의 바위 사이에 숨어서 산

다. 종류는 다양하며 양쪽에 각각 5개의 다리가 있고, 몸체는 칼슘 분비로 딱딱한 껍질로 덮여 있으며 성장하는 과정 동안 계속 껍질을 벗는다. 육질은 조직이 거칠고 부패되기 쉬우나 맛이 대단히 좋다.(예 : 꽃게, 영덕대게, 홍게)

- 가재Crayfish : 강, 연못, 호수 등의 칼슘이 풍부한 얕은 물에 서식한다. 다리는 양쪽에 각각 5개씩 달려있고 긴 수염을 가지고 있으며 깨끗한 물에서 산다. 가재의 육질 결정은 물의 청결과 가재가 먹는 먹이의 종류에 따라 좌우한다. 속살은 즙이 많고 독특한 단맛을 낸다.
- 바닷가재Lobster : 바다 밑바닥 벌에서 서식한다. 민물게와 비슷하고 두 개의 집게발이 있다. 육질은 풍미가 있고 우수하여 고가로 팔린다. 보통 산채로 삶아서 저장했다가 요리한다.
- 새우Shrimp : 모래 해안을 따라 서식한다. 긴 꼬리 갑각류에 속하는 작은 갑각류로 긴 촉각과 10개의 발을 가지고 있으나 집게발은 없다. 육질은 희며 고기는 맛이 있으나 상하기가 쉽다.

(4) 패류의 종류

- 굴Oyster : 쌍각 연체동물로, 껍데기의 바깥쪽은 거칠지만 내부는 매끄럽다.
- 홍합Mussers : 얕은 물의 자연 둑에서 양식을 한다. 길쭉하고 검푸른 색의 쌍각 연체동물로 속은 홍색이다.
- 대합Clam : 모래시장의 언덕에 서식한다. 불룩한 조가비를 가진 쌍각 연체동물로서 둥글고 골이 패어있으며 베이지색이다.
- 관자Scallop : 껍질은 넓으며 뚜껑이 도는 부분은 붉고 평평하나 반대쪽은 움푹하다.
- 달팽이Snail : 미식가들이 즐기는 요리로 백여 종류가 있으나, 식용으로 쓸 수 있는 것은 많지가 않다. 달팽이는 부르고뉴, 브르타뉴, 랑그도크 등 포도주 생산지역에서 많이 나는데, 이는 달팽이가 포도밭에서 서식하기 때문이다. 그리고 첫서리가 내리는 가을에 잡는데 이때가 맛이 제일 좋다.

## 5) 생선요리 분류

(1) Sole in Potato Crust

- 채 썬 감자에 소금, 후추, 버터, 밀가루를 넣고 잘 섞는다.
- 가자미를 양념한 감자로 감싼 뒤 모양을 다듬는다.
- 팬에 오일, 버터를 두르고 가자미를 색깔 내어 익힌다.
- 팬에 버터, 레몬즙으로 소스를 만든 다음 다진 파슬리를 섞어 고기 위에 끼얹는다.

(2) Grilled Salmon

- 연어를 소금, 후추를 친 다음 브로일러에 굽는다.
- 연어 스테이크를 오븐에 잘 익힌 다음 베어네이즈 소스를 위에 듬뿍 끼얹은 후, 살라만더에 색을 내어 Fond De Veau Sauce를 밑에 조금 깔고 그 위에 올려낸다.

(3) Deep Fired Jumbo Prawns

- 큰새우를 깨끗이 씻어 내장과 껍질 그리고 물주머니를 제거하고 꼬리를 남긴다.
- 배 쪽에 칼집을 넣고 소금, 후추, 레몬주스로 양념한다.
- 달걀을 잘 풀어놓은 다음 오븐, 달걀, 빵, 빵가루 순서로 옷을 입힌 다음 샐러드 오일에 프라이드 한다.

(4) Whole Seabream 'PANDITTA'

- 통채로 시아브림을 프라이팬에 굽는다.
- 접시에 가니쉬를 놓고 통채로 시아브림을 놓는다.
- 준비해둔 소스를 치고 제공한다. 이때 소스는 올리브오일에 Shrimp Peel, Shrimp meat, 마늘, 생강, 고춧가루를 볶고 토마토와 버터, 생크림, 피시 스톡을 넣고 약 20분간 끓인다. 그리고 홀랜다이즈 소스와 믹스한 다음 브랜드, 생크림, 소금, 후추로 간을 한다.

(5) Poached Turbot 'PRINCESS'

- 가자미살과 위에 아스파라거스 3쪽을 얹고, 뚜껑을 닫은 다음 데친다.
- 접시에 가니쉬를 놓고 가자미살을 놓는다.
- 아스파라거스를 놓고 홀랜다이즈 소스를 치고 손님에게 제공하다. 이때 주의할 점은 데칠 때 찬물에 데친다.

(6) Lobster Hollandasie

- 버터에 랍스타를 볶다가 야채를 넣어 같이 볶는다.
- 크림소스를 넣고 우유로 농도를 맞춘다.
- 소금, 후추로 간을 하고 랍스타 껍질에 넣어서 속을 채운다.
- 홀랜다이즈를 뿌려 살라만더나 오븐에 넣어서 색을 낸다.
- 앙트레에 가니쉬를 놓고 보기 좋게 담은 다음 제공한다.

### 6) Salad(샐러드)

샐러드Salad의 어원은 라틴어의 'Her Ba Salate'로서, 그 뜻은 소금을 뿌린 허브(향초)이다. 즉 샐러드란 신선한 야채나 향초 등을 소금만으로 간을 맞추어 먹었던 것에서 유래한다. 이것이 발전하여 다양한 드레싱Dressing과 기름과 식초 등을 첨가하여 먹게 되었고, 야채도 여러 가지를 혼합하여 사용하게 되었다. 샐러드는 지방분이 많은 주 요리의 소화를 돕고, 비타민 A, C 등 필수 비타민과 미네랄이 함유되어 있어 건강의 균형을 유지시켜주는데 좋은 역할을 하고 있다.

샐러드는 단순샐러드, 혼합샐러드, 복합샐러드로 나눈다.

- 단순샐러드Simple Salad : 신선한 채소로만 만든 샐러드
- 혼합샐러드Mixed Salad : 여러 가지 야채와 함께 과일, 육류, 생선 등을 혼합하여 만든 샐러드
- 복합샐러드Combined Salad : 한 접시에 맛, 형태, 질감 등 서로 다른 다양한 조합으

로 형성된 샐러드로서 메인샐러드나 전채 등에 제공된다.

(1) 샐러드 종류

- Tossed Green Salad
  - 양상추, 치커리, 비타민을 다듬어 깨끗이 씻어준다.
  - 위 재료를 적당한 크기로 잘라서 찬물에 담가둔다.
- Caeser Salad
  - 양상추의 억센 잎을 제거한 다음, 적당한 크기로 잘라서 찬물에 담아둔다.
  - 멸치는 통째로 약 4마리를 준비한다.
  - 달걀노른자를 분리해서 2개 준비한다.

**조리법**

① 나무통에 통마늘을 반으로 잘라서 바깥쪽으로 문지른다.
② 멸치를 통째로 넣고 스푼으로 으깬다.
③ 달걀노른자, 소금, 후추, 화이트와인 식초 올리브오일, 썬마늘, 썬양파, 파마산치즈 블록을 같이 혼합하여 소스를 만들어 놓는다.
④ ③에 양상추를 넣고 버무려서 접시에 담고 파마산치즈 블록 같은 것을 위에 뿌리고 완성한다.
⑤ 접시 중앙에 버무린 샐러드를 놓고 나서 크루톤을 위에 골고루 뿌린다.

- Lobster 'PARISIENNE'
  - 랍스타 살을 발라서 다이스Dice로 썰어서 준비한다.
  - 껍질을 익혀서 준비한다.
  - 달걀을 삶아둔다.
- Chef's Special Salad(주방장 특선 샐러드)
  - 주방장 특선 모듬 샐러드이며, 셰프 샐러드의 하나로서 식사가 가능하다.
  - 다이스Dice에 양상추를 중앙에 놓고 치커리, 레드피망, 그린비타민, 오이, 토마토, 당근, 햄, 치즈, 올리브, 피클, 달걀을 보기 좋게 둘레에 놓는다.
  - 위에다 레드 캐비지로 장식한다.
  - 드레싱은 다른 용기에 담아 나간다.

**주의사항**
- 신선한 야채를 선정한다.
- 호텔의 주방장 샐러드이므로 최상품을 유지한다.

### 7) Dressing(드레싱)

드레싱은 일반적으로 샐러드에 혼합하거나 곁들여서 제공되는데 풍미와 맛을 더하고자 가치를 돋보이게 하며, 소화를 돕는 소화촉진제의 역할을 한다.

#### (1) 드레싱의 주요 종류

- French Dressing
  - 식초, 올리브유, 레몬주스, 소금, 후추, 향료를 섞어서 만든다.
  - 식초의 종류에 따라 여러 가지 파생소스가 많으며, 풍미를 위하여 더 많은 부재료를 가감할 수 있다.
- American French Dressing
  - 달걀, 식초, 샐러드유, 마늘, 겨자, 레몬주스, 우스터소스 등을 재료로 한 드레싱이다.
- Italian Dressing
  - 식초, 올리브유, 마늘, 레몬주스, 오렌지, 메실, 딜 등을 재료로 한다.
- Russian Dressing
  - 마요네즈에 토마토케첩을 넣고 캐비아 또는 연어, 깨, 삶은 달걀, 양파, 레드피망, 올리브유, 피클, 레몬주스, 소금, 후추를 혼합한 드레싱으로 사우전드 아일랜드 드레싱Thousand Island Dressing과 비슷하다.
- Thousand Island Dressing
  - 이 드레싱은 마요네즈를 바탕으로 달콤한 피클 주재료가 들어간 약간 단맛이 나는 드레싱이다.
  - 마요네즈, 토마토케첩, 올리브유, 양파, 피클, 샐러리, 레몬주스, 백포도주, 파프

리카, 파슬리, 소금, 후추 등을 혼합한다.

- 양파와 피클 등이 많아서 마치 섬처럼 보인다 하여 천개의 섬을 가진 소스라고 도 한다.

- Blue Cheese Dressing
  - 블루치즈, 마요네즈, 사워크림, 마늘, 소금, 후추, 양파 등으로 만든다.
  - 프랑스 남부 로크포르 마을의 양치기에 의해 우연히 만들어져 유래되었다.
- Hoese Dressing
  - 달걀노른자, 디종 머스터드, 샐러드유, 식초, 양파, 케이퍼, 마늘, 레몬소주, 우유, 설탕, 소금, 으깬 검은후추 등으로 만든 드레싱이다.

### 8) Sauce(소스)

소스Sauce란, 식품 본래의 향기를 유지하면서 음식의 풍미를 높여주는 것으로 요리의 가치와 질을 결정하는 중요한 역할을 한다. 소스의 어원은 라틴어의 'Salt(소금)'에서 유래한 것으로 소금을 기본으로 한다는 의미로 전해졌다고 한다.

소스는 주재료를 이용한 스톡소스로서의 형태를 갖추게 하는 리에종Liaison의 결합으로 이루어지며 부재료Accessory Elements의 첨가에 따라 여러 가지 파생소스가 만들어진다. 이렇게 만들어진 소스는 수백 종에 이르나, 가장 기본적인 소스의 종류는 베샤멜, 벌루테, 에스파뇰, 토마토, 홀란데이즈 등 5가지이다.

#### (1) 소스의 특성

[1] 갈색육수 소스Brown Sauce

- Fond de Veau : 송아지 정강이뼈와 고기, 양파, 당근, 샐러리, 마늘 등을 갈색이 나도록 볶은 다음, 물과 부용을 넣고 부케가르니와 토마토를 첨가하여 끓인 후 천을 받쳐 거른다.
- Fond de Veau LisConcentrated Stock : 양파와 버섯을 볶은 후 화이트와인을 넣고 조리고, 송아지뼈육수Fondde Veau와 토마토, 타임, 월계수 잎, 파슬리 등을 넣고 끓인

다음 옥수수전분을 화이트와인에 풀어서 응축시킨다.

- Demi Glace Sauce Sauce Espagnole : 미르포아 Mirepoix를 소테 Saute하여 화이트와인을 첨가한 후 송아지뼈육수 Fond de Veau를 넣고 끓인다. 부용에 토마토 페이스트와 밀가루를 함께 섞어 풀어지게 하여 끓기 전 송아지뼈육수에 넣고 향신료와 토마토를 첨가한 후 끓여 거른다.
- Sauce Bordelaise : 양파, 당근, 샐러리를 길게 썰어 소테하여 색을 낸 후 레드와인을 넣고 조린다. 퐁드보 리에 Fond de Veau Lie와 마늘, 타임, 월계수 잎, 소금, 후추 등을 넣고 끓인 후 천을 받쳐 거른다.
- Madeira Sauce Sauce Medere : 양파, 당근, 마늘을 소테하다가 마드리아와인을 넣고 조린 후 르후 블랑 Roux Blanc을 넣고 소테한다. 그리고 송아지뼈육수를 넣고 끓인 후 거른다.
- Sauce Perigourdin : 소스 마드리아에 푸아그라를 갈아서 넣는다.
- Sauce Perigourdinx : 소스 마드리아에 썬 송로버섯을 넣고 끓인다.
- Sauce Chateaubriand : 파와 버섯을 소테한 후에 화이트와인을 넣고 조린다.

### 2 흰색육수 소스 White Sauce

- Sauce Bechamel : 이 소스의 창시자는 베샤멜 Louis de Bechamel, 1630~1703이라고 하는 프랑스의 후작으로 알려져 있다. 이것은 조리기구에 뜨거운 우유를 넣으면서 잘 저어준 뒤, 육두구 Nutmeg, 양파, 부케가르니 등을 첨가하여 45분~1시간 정도 끓인 후 천을 받쳐서 걸러낸다.

### 3 토마토소스 Tomato Sauce

- 미르포아를 소테하다가 토마토 페이스트를 넣고 다시 소테한 후 화이트와인을 넣고 조린다.
- 조리기구에 적당량을 넣고 소테한 다음 토마토주스, 향신료를 넣고 끓인다.
- 거품을 걷어내고 3시간 정도 끓인 후 거른다.

④ Hot and Cold Sauce

- 소스는 주로 갤런틴Galantin 등의 코팅을 위해 사용하는 것이다.
- 전통적으로 화이트소스와 용해된 고기젤리Aspic을 결합시켜 만든다. 다른 방법으로 믹서에 샐러드유를 갈아서 용해된 고기젤리를 부어서 만들기도 하며, 사용할 때는 중탕용기Bain-marie를 이용하여 적당한 온도를 유지하면서 사용해야 한다.

### 9) Meat(육류)

육류Meat는 높은 칼로리와 단백질, 탄수화물, 지방, 무기질, 비타민 등이 풍부하여 메인 디시(앙트레의 의미로서 이는 정찬의 입구, 즉 본격적인 식사를 시작한다는 의미)로 가장 선호되는 품목이다. 육류조리는 각국마다 대표적인 조리방법이 있다. 특히 프랑스에서는 버터, 이탈리아에서는 올리브유, 독일에서는 라드, 미국에서는 샐러드유로 고기를 구우며, 영국에서는 쥬Jus로 조리고, 중국 및 일본에서는 장유로 조리하여 독특한 향과 맛을 내고 있다. 일반적으로 육류요리에서 가장 많이 제공되고 있는 것은 소, 양, 돼지, 송아지, 가금류 등이 있다.

(1) 육류요리에서의 굽기 정도

- Rare : 스테이크 속을 따뜻한 정도로 겉 부분만 살짝 익혀 자르면 속에서 피가 흐르도록 굽는다. 조리시간은 약 2~3분 정도이고, 고기 내부의 온도는 52℃ 정도이다.
- Medium Rare : 레어Rare보다는 좀 더 익히며 미디엄보다는 좀 덜 익힌 것으로, 역시 자르면 피가 보이도록 해야 한다. 조리시간은 약 3~4분 정도이며, 고기의 내부온도는 55℃ 정도이다.
- Medium : 레어Rare와 웰던Well Done의 절반 정도를 익히는 것이며, 자르면 붉은 색이 되어야 한다. 조리시간은 5~6분 정도, 고기 내부의 온도는 60℃ 정도이다.
- Medium Well Done : 거의 익히는 정도인데, 자르면 가운데 부분에만 약간 붉은 색이 있어야 한다. 조리시간은 약 8~9분 정도, 고기 내부의 온도는 65℃ 정도이다.

- Well Done : 속까지 완전히 익히는 것이다. 조리시간 약 10~12분 정도, 고기 내부의 온도는 70°C 정도이다.

(2) 육류요리의 대표적인 종류와 특성

[1] Fillet of Beef Steak

- 이것은 '아주 연한 소형의 안심스테이크'라는 의미로, 안심 부위의 뒷부분으로 만든 스테이크이다.
- 스테이크는 200g이며 버르네이스소스, 토마토소스, 조림을 곁들인 안심스테이크이다.
- 특히 소고기 샤토브리앙Beef Chateaubriand(300g)은 프랑스에서 귀족 샤또브리앙이 즐겨먹었던 것으로, 그의 주방장 몽미레이유Montmireil에 의해 고안된 것이다. 이 음식은 소의 등뼈 양쪽 밑에 붙어있는 연한 안심 부위를 두껍게 4~5㎝ 크기로 잘라서 구운 최고급 안심스테이크이다.

[2] T-Bone Steak

- 티본스테이크T-Bone Steak를 양념하여 구운 다음 양파, 버섯을 볶다가 와인을 조금 넣어준다.
- 데미글라스Demi Glass을 넣어 끓이다가 양념한 후 티본스테이크 위에 듬뿍 끼얹어 준다.

[3] Rib-eye Roll Steak

- 플람베서비스를 할 때 가장 효과적이다.
- 플람베Flambee란 조리하고자 하는 주재료에서 고기, 생선, 과일 등의 좋지 못한 냄새를 제거하고자, 술의 향을 가미하여 음식의 풍미를 좋게 하고 아울러 고객의 앞에서 식사 도중에 극적 효과를 연출시킬 목적으로 조리 시 팬에 브랜디를 부어 술에 함유된 알코올을 점화시켜 쇼잉Showing을 하는 것을 말한다.
- 플람베는 음식이 충분하게 데워진 상태에서 음식 위에 술을 알맞게 부어 즉시

불꽃을 일으킬 수 있도록 불을 이용하는 것이다. 이는 고객의 구미를 돋우고 극적 효과를 최대한 거두기 위해선 쇼잉방법이 가장 중요하므로, 조리 시에 고온의 불을 조절하는 요령 및 조작 방법을 정확하게 숙달하여 멋진 플람베가 이루어지도록 한다.

④ Fillet of Beef Tenderloin 'Diana'

- 스테이크는 200g이고 육질이 매우 좋은 스테이크로서 제공되면 고객에게 쇼잉 후 스테이크에 소금, 후추를 친 다음 가열된 팬에 올리브유를 넣고 굽는다.
- 겨자, 마늘을 스테이크 표면에 바르고 뒤집어서 굽는다.
- 온도를 체크한 후 브랜디로 플람베Flambee한다.
- 스테이크를 접시에 덜어놓고 팬에 버터를 바른 후 익지 않은 야채를 순서대로 넣고 화이트와인을 첨가하여 소테한다.
- 송아지뼈육수 소스를 넣고 생크림을 적당량 넣어 알맞게 조린 다음 팬에 스테이크를 넣고 간을 본 다음, 준비해 둔 접시에 올리고 소스를 듬뿍 얹어 고객에게 제공한다.

⑤ New York Cut Striploin Pepper Steak

- 등심 스테이크 200g이며, 후추를 듬뿍 스테이크 위에 뿌리고, 팬에 올리브유를 붓고 굽는다.
- 온도를 체크한 후 브랜디로 플람베한다.
- 스테이크를 접시에 덜어내고 데미글라세소스를 넣어 시머링Simmering한다.
- 농도가 맞지 않으면 부루마니에를 넣어 농도를 맞추고 조린 다음 스테이크 위에 듬뿍 얹어 고객에게 제공한다.

⑥ Grilled Lamb Chop

- 어린양고기 3쪽을 굽는다.
- 애플민트소스, 머스터드, 송아지뼈육수를 충분히 담아둔다.

- 어린양고기 3쪽을 12"dish(12인치 접시)에 먹음직스럽도록 올린 다음 부재료를 적절하게 혼합한 후 소스와 같이 제공한다.

7 King Prawn and Beef Tenderloin Steak

- 빵가루로 새우를 튀겨낸다.
- 탈탈소스(마요네즈, 피클, 오이, 달걀, 파슬리 다진 것, 소금, 후추 등이 혼합된 것)를 입힌다.
- 새우를 다시 튀겨낸 후 칠리소스(케첩, 설탕, 식초, 레몬, 소금, 후추 등)를 입힌다.
- 갈색소스를 얹어서 제공한다.

8 Fillet of Beef Rossini & Lobster 'Surf Turf'

- 플람베한 비프스테이크를 구워놓는다.
- 송아지육수소스를 친다.
- 바닷가재 반을 구워 홀란다이즈소스를 쳐서 사라만더로 보기 좋게 굽는다.
- 스테이크와 보기 좋게 놓고 가니쉬한다.

9 Grilled Chicken 'Lemon Butter Sauce'

- 닭고기를 양념하여 브로일러에 색을 낸 다음 굽는다.
- 그 위에 레몬버터소스를 친 다음 가니쉬와 제공한다.

10 Tenderloin

- 이 요리는 1855년 파리에서 처음으로 시작되었던 것으로서, 텐더로인Tenderloin이란 눈 깜짝할 사이에 다된다는 의미로 안심부위 중간 뒤쪽 부분의 스테이크이다.

11 Sirloin Steak

- 이 스테이크는 영국의 왕이었던 찰스2세가 명명한 것으로서, 이 등심스테이크를 매우 좋아하여 스테이크에 남작의 작위를 수여했다고 한다. 그 후 'Loin'에 'Sir'를

붙여서 'Sirloin'이라고 한다.

### 12 Porter House Steak

- 이 스테이크는 쇼트로인Short Loin 스테이크로, 안심과 뼈를 함께 자른 크기가 큰 스테이크이다.

### 13 Rib Steak

- 갈비등심 스테이크로 립 아이 스테이크, 립 로스트 등이 있다.
- 립 로스트Prime Rib of Beef는 총 13개의 갈비 중 6번째부터 12번째 갈비까지 7개의 갈비로 이루어진다.

### 14 Round Steak

- 소 허벅지에서 추출한 스테이크이다.

### 15 Rumb Steak

- 소 궁둥이에서 추출한 스테이크이다.

### 16 Flank Steak

- 소 배 부위에서 추출한 스테이크이다.

### 17 기타

- 돼지고기Pork : 돼지고기는 영국산이 가장 많이 알려져 있으며, 현재 한국에서 가장 많이 사육하고 있는 품종은 요크셔Yorkshire, 버크셔Berkshire 등이 있다. 용도로는 베이컨형Bacon Type : 주로 고기를 씀과 라아드형Lard Type : 주로 지방을 씀이 있다.
- 양고기Lamb : 가장 좋은 양고기로는 핫하우스Hothouse로 생후 8~15주 된 어린 양이며, 그 다음은 3~5개월 된 스프링램Spring Lamb이 있다. 일반적으로 사용하는 양고기는 생후 1~2년 미만의 것으로, 고기의 색깔은 약간 검붉은 색이며, 조직

은 스프링램보다 거칠다.

- 송아지고기Veal : 송아지고기는 3개월 미만의 것을 말한다. 일반적으로 젖소에서 추출한 우유로 사육되어, 조직이 매우 부드럽고 밝은 회색의 핑크빛을 띤다. 3~10개월 정도된 송아지는 카프Calf라 부르며 조직은 붉은 핑크색을 띤다.

### 10) Paultry : Volaille(가금류)

가금이란 닭, 오리, 칠면조, 비둘기, 거위 등 집에서 사육하는 날짐승을 말한다.

#### (1) 가금류의 분류

가금류는 크게 흰색 고기를 가진 가금과, 검은색 고기를 가진 가금으로 분류할 수 있다. 일반적으로 흰색 고기는 앞 가슴살, 검은색 고기는 다리 부분의 고기를 의미한다.

- 흰색 고기를 가진 가금류 : 닭, 칠면조
- 검은색 고기를 가진 가금류 : 오리, 거위, 뿔 닭, 비둘기

#### (2) 육질로 본 가금류의 특성

- 흰색 고기의 가금
  - 온순하며 가슴뼈에 살이 있다.
  - 강한 발과 날카로운 발톱, 밝고 붉은색의 벼슬 및 매끄러운 다리의 껍질을 가지고 있다.
- 검은색 고기의 가금
  - 목이 부드럽고 유연하다.
  - 몸통의 하반부는 대체로 딱딱하고 두꺼운 지방층으로 둘러싸여 있다.

#### (3) 가금류의 조리방법

가금류는 삶거나 찌거나 로스팅Roasting할 수 있으며, 육질이 연한 가금류는 꼬치구

이와 그릴을 한다.

(4) 가금류의 종류

1 흰색 육질의 가금

- 새끼병아리 : 생후 6주 정도된 것이다.
- 병아리 : 새끼병아리와 어린 닭의 중간 것이다.
- 스프링치킨 : 암 · 수탉으로 10주 정도 성장된 것이다.
- 닭 : 특수사료로 키운 닭이다.
- 프라드 : 특별히 사육한 닭으로 지역마다 다르다.
  - 프랑스 : Bressetks
  - 벨기에 : Brusselstks
  - 네덜란드 : Houdantks
  - 케이펀 : 거세된 수탉으로 8개월 성숙된 것이다.
  - 헨 : 성숙한 암탉, 10개월 성숙, 육질은 수탉보다 질기다.
  - 어린 칠면조 : 육질이 건조하다.
  - 칠면조 : 북미가 원산지로 인디언이 사육했다.

2 검은색 육질의 가금

- 뿔닭 : 가금류 중에서 인기가 좋은 편이다.
- 새끼 오리 : 낭트산 오리가 유명하다.
- 오리 : 루앙산이 유명하다.
- 새끼거위 : 5개월 이상 숙성되지 않는 것이 좋다.
- 거위 : 거위간은 Terriness, Loaves Pie로 이용하고 고기는 Roast Braise 속에 스터프트하여 사용한다.
- 새끼비둘기 : 검은색 고기로 분류되나, 비둘기 새끼는 육질이 희고 연하다. 성숙한 비둘기의 육질은 붉다.
- 사냥용 새 : 사냥으로 잡을 수 있는 야생의 짐승이나 조류를 일컫는데 이를 크게

엽수류와 엽조류로 나눌 수 있다. 사냥용 새는 가금류에 비해 비교적 연하고 담백하여 가을부터 겨울까지의 고기가 맛이나 영양이 가장 좋다.

- 엽수류 : 사냥을 통하여 얻는 들짐승으로, 육질은 사육동물과 비슷하나 더 연하고 소화가 용이하며 사육고기에 비해 영양가가 높다.
  - 사슴 : 무리를 지어 서식하며 수컷만이 뿔이 있다. 크기는 암수가 비슷하다. 포획한 후 바로 내장을 제거하나 껍질을 벗기지는 않는다. 어린 것부터 3년생까지는 부드럽고 맛이 좋으나, 늙은 것은 질기고 소화가 용이하지 않다. 특히, 며칠 간 소금에 절인 것은 더욱 맛이 있다. 조리방법은 로스팅Roasting이 좋으나 지방분이 적기 때문에 기름칠을 자주하고 레어Rare로 익히는 것이 좋다.
  - 멧돼지 : 어린 멧돼지의 등과 다리고기는 식도락가들에게 대단히 인기가 높으며, 나머지 부분은 라구Ragout 요리로 사용된다. 일반적인 조리방법은 사슴과 같다.
- 엽조류 : 사냥을 통해 얻을 수 있는 야생조류를 말한다. 야생조류는 사육조류보다 담백하고 소화가 용이하며 맛이 더욱 좋다. 모든 야생조류는 조리 전에 털을 뜯지 않고 일정기간 매달아놓아야 하는데 이것을 숙성이라고 하며, 이 기간을 거치면서 고기와 힘줄조직이 부드러워져 독특한 맛을 얻을 수 있다.
  - 메추라기 : 들새과에 속하며 주렵조 중 제일 작다. 길이는 약 20㎝로 깃은 갈색, 벼슬은 황색점 무늬, 다리는 황적색의 털로 있고 고기의 맛은 좋다.
  - 꿩 : 텃새로서 세계각지에서 서식한다. 수컷은 밝은 색의 깃이 있고, 암컷은 짧은 꼬리에 색은 빛나지 않는다. 가장 먹기에 좋은 새로써 고기는 냄새가 좋고 육질은 부드럽다.
  - 도요새 : 숲 속의 습지나 황무지에서 산다. 부리가 긴 이동성 철새이다. 내장은 특별요리로 쓰인다.
  - 들오리 : 여러 지역에서 서식하는 들새로, 어린 오리는 맛이 좋으나, 늙은 오리는 느끼한 맛이 있다.

### 11) Sherbet(셔벗)

1640년 프랑스의 왕 앙리2세 때에 이탈리아에서 건너온 요리사가 왕비에게 리큐어를 첨가하여 만든 셔벗Sherbet을 주 요리 다음에 내놓아 당시의 귀족들을 놀라게 했다고 한다. 이때는 인조시설이 없어 천연 얼음을 사용하여 만들었으나, 현재는 갖가지 재료를 이용하여 다양하게 만들어낸다.

셔벗이 아이스크림과 다른 점은 유지방을 사용하지 않았다는 점이다. 주된 재료는 과즙, 설탕, 물, 술, 달걀흰자이며, 저칼로리 식품으로써 시원하고 산뜻하여 생선요리 다음에 제공하거나 후식을 제공하는데 이용된다. 이것은 소화를 돕고 입맛을 상쾌하게 해주기 때문이다. 또한 모든 과즙을 재료로 하여 사용가능하며, 그 외에 술 또는 향신료를 이용할 수도 있다. 이 후식은 냉동하여 만든 식품으로써 로마시대부터 전해져 왔는데, 그 종류는 크게 두 가지로 아이스크림과 셔벗으로 구분된다.

아이스크림은 불어로 Les Glaces라고 하는데, 불란서의 식품연구가가 우유를 냉동시켜 만든 과자에서 힌트를 얻어 창안한 것이다. 셔벗은 불어로 Sorbet라고 하며, 이것은 과즙과 리큐어로 만든 빙과를 말한다. 셔벗Sherbet의 분류는 다음과 같다.

#### (1) 아이스크림

유제품을 주재료로 하여 설탕, 달걀, 과즙, 시럽 등 여러 가지 향신료 또는 과일을 조화시켜 냉동하여 만든 것이다. 과일 아이스크림, 리큐어 아이스크림 등의 종류가 있다.

#### (2) 셔벗

오렌지 셔벗, 레몬 셔벗, 포도 셔벗, 인삼 셔벗, 페퍼민트 셔벗, 체리 셔벗, 샴페인 셔벗, 키위 셔벗, 딸기 셔벗 등의 종류가 있다.

(3) 파르페

달걀노른자, 생크림, 설탕, 럼을 뜨거운 물을 재료로 하여 기포상태가 된 것을 냉동시켜서 만든 것이며, 여러 가지 과일, 술을 이용하여 다양하게 만든다. 바닐라 파르페, 커피 파르페, 페퍼민트 파르페, 피스타치오 파르페, 초콜릿 파르페 등의 종류가 있다.

### 12) Dessert(디저트)

디저트Dessert는 식사의 마지막을 장식하는 감미요리로서 시각적으로 구미가 당기게 화려한 모양으로 만들어지며, 지나치게 달거나 기름지지 않고 산뜻한 맛을 주는 것이 특성이다.

프랑스어로 디저트를 나타내는 '앙트레메Entremets'라는 단어가 있는데, 이 용어는 Enter와 Mets가 결합한 합성어이다. 이 단어는 중세시대에 로티Roti(Roast) 즉 구운 고기 다음에 제공되는 것으로 야채를 곁들인 요리를 가리켰다. 또한 마술이나 노래와 같은 여흥을 뜻하는 Entertainment를 Entremets라 하였으나, 현재는 디저트Dessert를 의미한다. 후식은 찬 후식Cold Dessert과 더운 후식Hot Dessert으로 분류되며, 그 종류는 다음과 같다.

(1) 찬 후식Cold Dessert

찬 후식은 반드시 상온보다 차갑게 하여 여러 가지 형태로 모양 있게 만들어진다.

- 바바리안 크림Bavarian Cream : 우유, 달걀노른자, 젤라틴, 설탕, 생크림을 재료로 하여 만들며, 사용되는 주재료 또는 모양에 따라 명칭을 달리한다.(레몬 바바루아즈, 바닐라 바바루아즈, 딸기 바바루아즈, 피스타치오 바바루아즈, 커피 바바루아즈, 무지개 바바루아즈 등)
- 푸딩Pudding : 달걀, 우유, 바닐라향, 설탕, 소금을 재료로 하여 증기에 찐 것, 오븐에 구운 것, 차게 굳힌 것 등으로 나누어지며 완성된 형태 는 연두부와 흡사하고,

어린이와 노약자에게 인기 있는 후식으로서 종류가 다양하다.(커스터드 푸딩, 크림 캐러멜 푸딩, 바닐라 푸딩, 블루베리 푸딩, 라이스커스터드 푸딩, 자두 푸딩, 코코넛 푸딩, 사과 푸딩, 초콜릿 푸딩, 캐비닛 푸딩 등)

- 무스Mousse : 달걀, 생크림, 설탕, 럼을 혼합한 다음 글라스에 담아 차갑게 한 것이며, 첨가되는 부재료에 따라 다양하게 만들어진다.(초콜릿 무스, 요거트 무스, 바닐라 무스, 커피 무스, 캐러멜 무스, 라즈베리 무스, 파파야 무스, 과일류 무스, 홍차 무스 등)
- 젤리Jelly : 젤라틴, 달걀흰자, 설탕, 레몬, 백포도주 등에 물을 섞어서 가열 한 후 차갑게 응고시킨 것이며, 이 외에 각종 과일 또는 향신료를 첨가하여 만든 것도 있다.(배 젤리, 자두 젤리, 키위 젤리, 포도 젤리, 건포도 젤리, 레몬 젤리, 민트 젤리, 샴페인 젤리, 파인애플 젤리 등)
- 샤를로트Charlotte : 비스킷을 손가락 모양으로 둥글게 만들어 그 속에 바바리안 크림 또는 무스 크림을 넣고 차갑게 응고시킨 것이며, 다른 부재료를 사용하여 다양하게 만든다.(배 샤를로트, 요거트 샤를로트, 초콜릿 샤를로트, 사과 샤를로트, 아이스 샤를로트 등)
- 프루트 샐러드Fruit Salad : 각종 과일을 재료로 레몬주스, 설탕, 시럽을 넣고 주재료와 어울리는 양주(브랜드, 리큐어, 와인 등)를 첨가하여 차갑게 만든 것으로 프루츠 칵테일Fruit Cocktail과 비슷하며, 아이스크림에 곁들이거나 찬 후식과 더운 후식에 같이 혼합하여 만든 것도 있다.(Fruit Salad with Ice Cream, Orange and Banana Salad, Banana with Chocolate 등)
- 설탕시럽과 약한 불에 조린 과일Stewed Fruit Compoter : 주재료인 과일을 설탕시럽과 콘스타치Corn-starch로 온전한 불에 삶아서 조림한 것을 말하며, 사용되는 재료에 따라 종류가 다양하다.(Stewed Apricot Compote, Stewed Plum Compote, Stewed Raspberry, Red Wine with Fruit Compote, Strawberry Compote, Dry Fruit Compote with Wine 등)
- 신선한 과일Fresh Fruits : 다른 내용물과 섞지 않은 생과일을 말한다. 항상 신선함을 유지해야 하고 계절에 따라 다양하게 준비되어야 하며, 한 입에 먹을 수 있도록

보기 좋게 잘라서 제공되어야 한다.

- 케이크 & 파이Cake & Pie : 케이크와 파이는 사용되는 내용물에 따라 종류가 수없이 많다. 보관할 때에는 냉장고에 항상 차게 하고, 먹기에 간편하게 잘라서 제공한다. 파이는 고객의 기호에 따라 차게 또는 오븐에 데워서 제공하거나 아이스크림과 함께 제공하기도 한다.

(2) 더운 후식Hot Dessert

이 후식은 여러 가지 방법으로 만들어지는데, 그 방법은 오븐에 익히는 법, 더운물 또는 우유에 삶아내는 법, 기름에 튀기는 법, 알코올로 플람베 하는 법, 팬에 익혀내는 법 등이 있다.

- Hot Souffle Gradmarnier : 달걀, 우유, 밀가루, 버터, 설탕, 그린마니에를 재료로 하여 오븐에 익혀낸 것으로써 완성된 후에는 분말설탕을 뿌리고 바닐라소스로 장식하여 제공되며, 그 외에 사용하는 재료에 따라 여러 가지가 있다.(바닐라 수플레, 초콜릿 수플레, 바나나 수플레, 딸기 수플레, 아몬드 수플레 등)
- 튀김Fritter(Beignet) : 과일에 반죽을 입혀서 식용유에 튀긴 것을 베이네Beignet라고 하는데, 완성된 후에는 설탕과 계핏가루를 묻혀서 럼 소스 또는 계피소스를 곁들여서 제공한다.(사과, 배, 복숭아, 파인애플 등)
- 팬케이크Pan Cake(Crepe) : 프랑스의 전통적인 후식으로 밀가루, 달걀, 우유, 설탕 등을 혼합한 후, 프라이팬을 이용하여 종이처럼 얇게 익힌 것이다. 이는 과일, 브랜디, 리큐어 등으로 만든 내용물과 소스를 곁들여서 여러 가지 모양으로 만든다.(Crepe with Chocolate Sauce, Crepe with Walnuts, Crepe with Fruit, Crepe with Chestnuts 등)
- 그라탱Gratin : 얇게 구운 크레페Crepe 위에 설탕, 레몬주스에 잘게 한 삶은 과일을 올려놓고, 이탈리아식 소스인 사비용Savayon을 끼얹어서 오븐에 넣어 구워낸 것을 그라탱이라 하며, 그 위에 아이스크림 또는 셔벗을 올려 제공하기도 한다.(Apple-Pie-Gratin, Gratin Fruit with Savayon Sauce, Gratin Fruit with Sherbet, Pear Gratin 등)

- 플람베Flambee : 과일을 주재료로 하여 설탕, 버터, 과일주스, 브랜디 또는 리큐어 등을 첨가하여 독특한 맛을 내며, 고객의 테이블 앞에서 조리하는 프랑스 최고의 전통적인 후식이다.(체리 플람베, 바나나 플람베, 복숭아 플람베 등)
- 세이보Savoury : 치즈로 만든 한 입에 먹는 요리로서 그 종류는 다음과 같다. 첫째, 치즈 수플레로서 크림소스에 스위스 치즈나 가루치즈를 혼합하여 양념과 함께 오븐에 넣어 구워낸 것이다. 둘째, 치즈 스트로로서 밀가루, 우유, 버터 등에 묽은 치즈를 섞어 양념한 후 얇게 밀어서 동그랗게 만든 다음 작게 썰어 오븐에 구워 낸다. 셋째, 치즈 커스터드로서 가루치즈를 우유에 붓고 소금, 후추, 파프리카 등으로 조미해서 끓인 다음, 달걀노른자를 넣고 푸딩판에 차갑게 해서 제공한다.

## 3. 메뉴의 조리법

- 베이킹Baking : 식품을 오븐에 넣고 350℉~450℉ 정도의 열로서 조리한다.
- 보일드Boiled : 식품을 물이나 다른 스톡에 넣어 끓여서 그 온도로 조리하는 방법이다. 보통 100℃의 비등점으로 가열한다.
- 브레이즈드Braised : 질긴 육류의 조리법으로 찜과 비슷한 조리법이다.
- 브로이드Broiled : 기름이나 물 같은 것을 이용하지 않고 불에 직접 열을 가해 굽는 방법으로, 주로 석쇠나 철판 등을 이용하는 조리방법이다.
- 그릴드Grilled : 육류나 생선을 석쇠나 쇠꼬챙이를 사용하여 직접 열을 이용하여 조리한다.
- 뮈니에르Meunniere : 팬 프라이하는 방법의 일종. 생선에 밀가루를 발라서 팬에 버터를 녹여 구워내는 방법으로 황금색으로 구워지면서 감미로운 향기나 생선 그 자체가 지니고 있는 감칠맛을 즐기기 위한 조리법이다.
- 팬 프라이드Pan Fried : 기름을 얕은 팬에 넣고 생선을 조리, 생선이 기름에 완전히 잠기지 않는다.

- 딥 팻 플라잉Deep Fat Frying : 보통 튀김. 기름을 깊은 팬에 넣고 생선을 조리하는 방법이다. 생선에 우유를 바르고 밀가루를 버무려 노란색이 나도록 기름에 밀가루를 묻히고, 튀기는 프랑스식과 생선에 달걀을 발라 빵가루를 묻혀 기름에 튀기는 영국식과, 생선에 밀가루만 바르거나 그냥 튀기는 이탈리아식으로 구분된다.
- 포치드Poached : 비등점 이하인 70~80℃의 온도에서 서서히 익히는 방법이다.
- 스팀스Steamed : 식품을 고압수증기의 압력으로 조리하는 방법으로, 짧은 시간에 다량의 조리가 가능하며, 물에 삶는 것보다 영양의 손실이 크다.
- 스모크드Smoked : 연한 생선을 주로 조리할 때 많이 쓰이는 훈제조리 방법으로 연어, 장어, 송어 등이 많이 사용된다.
- 그라땅Gratin : 생선, 감자 등을 용기에 넣고 버터, 치즈, 베사멜소스 등으로 덮은 다음 살라만더나 오븐에 조리한다.

잠깐, 쉬어가기!

## 식음료서비스 영어회화(11)

1 죄송합니다만 손님, 이제 문을 닫을 시간이라서 나가셔야 합니다.
Excuse me, I must ask you to leave, because we are closing now.
すみませんが、 ただいま へいてんさせて いただきますので そろそろ おかえりになって くださいませ。

2 주방에 물어보고 바로 오겠습니다.
I'll ask the kitchen. I'll be right back.
キッチンの ほうに きいて みます。

3 조용히 해 주시겠습니까? 다른 손님들에게 방해가 됩니다.
Would you mind keeping it down please? You are disturbing the other guests.
すこし しずかにして くださいませか。 ほかの おきゃくさまに めいわくをかけます。

4. 잠시만 기다려 주십시오, 지배인에게 알아보고 말씀드리겠습니다.
Just moment please, I'll ask my manager then I'll tell you.
しょうしょうおまちくださいませ。 しはいにんに きいてみます。

5 죄송합니다만, 담배 구입할 돈을 주셔야 합니다.
I'm sorry, you must pay separately.
すみませんが、 タバコだいは まえばらいです。

6 여기에 담배와 잔돈이 있습니다.
Here is cigaret and change.
タバコと おつりで ございます。

7 달걀은 어떻게 요리해 드릴까요?
How would you like your eggs?
たまごは どのように しますか。

8 커피는 어떻게 해 드릴까요?
How would you like your coffee?
コーヒーはどのように しますか。

9 저쪽에서 달걀요리를 주문하실 수 있습니다.
You should go over there, you can order eggs.
あちらで たまご りょうりの ちゅうもんが できます。

10 죄송합니다. 오늘아침에는 그것이 준비되지 않습니다.
I'm sorry, we don't have it this morning.
すみませんが、 きょうの あさは アップル ジュースは ございませ ん。

11 죄송합니다. 다시 만들어 드리겠습니다.
Sorry. We will bring you another one.
もうしわけございません すぐつくりなおしますので

12 식사가 끝났으면 치워도 괜찮겠습니까?
May I remove the dishes if you finished.
食事がおわったらかたづけてもよろしいですか。

13 전화는 캐셔 데스크 위에 있습니다.
The phone is on the cashier's desk.
典貨はケッシャーデスクのうえにございます。

14 시내전화를 이용하시려면 9번을 먼저 누른 후 사용하십시오.
When you want to make a local call, please press 9 first.
市内電話をご利用なされば9番をおしてからどうぞ

15 죄송합니다만, 공중전화를 이용하여 주십시오.
Sorry, but would you please use the pay phone?
もうしわけございません 公衆電話をご利用ください。

16 계산은 나가실 때 하시면 됩니다.
You can pay the bill when you leave.
計算はおかえりの時おねがいします。

17 주문하신 와인입니다. 지금 맛을 보시겠습니까?
Here goes your wine. Would you like to taste it now?
ご主文のワインです。いまおのみしますか。

18 스테이크요리에는 MEDOC 와인이 적격이라 생각합니다.
I think steak food is perfect with MEDOC wine.
ステーキにはメトクのワインがぴったりだとおもいます。

19 맛보시니 어떻습니까?
What do you say about the taste?
おあじはいかがですか。

20 얼음이 준비되어 있습니다.
The ice is ready, sir.
こおりがございます。

P A R T 4

# 음료부문

4th Industrial Revolution

ICT Convergence

**Food & Beverage Management**

06 CHAPTER

# 음료의 종류와 특징

SECTION 1

## 음료의 의미와 분류

### 1. 음료의 역사

인간이 최초로 마신 음료가 벌꿀을 이용했다는 것을 스페인 벽화를 통해 추정해 볼 수 있다. 그 후 기원전 6000년경 바빌로니아에서 레몬과즙을 마셨다는 기록을 통해 과즙(果汁)을 이용한 음료를 마셨다는 것을 추정할 수 있다.

그 후 이 지방 사람들은 우연히 밀빵이 물에 젖어 발효된 맥주를 발견하여 음료로 즐겼으며, 또한 중앙아시아 지역에서는 야생의 포도가 쌓여 자연발효 된 와인을 발견하여 마셨다고 한다. 그리스에서는 천연광천수를 발견하여 약용으로 마시기 시작하다가 18세기경 영국의 화학자 조셉 프리스틀리Joseph Pristry에 의해 탄산가스가 발견되어 인공탄산음료 발명의 계기가 되었고, 그 후 청량음료가 개발되었다. 또한 인류가 오래 전부터 마셔 온 음료로 유제품을 들 수 있는데, 이는 목축을 하는 유목민들이 양이나 염소의 젖을 음료로 마신 데서부터 유래되었다. 그리고 16세기에 향신료가 보급되면서 음료에 향료를 이용하기 시작하였고, 18세기에 와서 과학의 발달과 함께 천연향료나 합성향료가 제조되어 19세기에 와서 청량음료가 등장하게 되었다.

그 외에 알코올성 음료도 인류의 역사와 병행하여 많은 발전을 거듭하면서 오늘에 이르렀고, 유제품을 비롯한 각종 과일주스가 나오게 되면서 제품의 다양화와 소비자의 기호에 맞춘 각종 음료가 탄생하게 되어 현재에 이르게 되었다.

## 2. 음료의 분류

우리나라에서 음료Beverage라고 하면 주로 비 알코올성 음료만을 뜻하고, 알코올성 음료는 술이라고 구분해서 생각하는 것이 일반적이다. 그러나 서양인들은 알코올성과 비알코올성으로 음료를 구분하지만, 마시는 것을 통상 음료라고 한다.

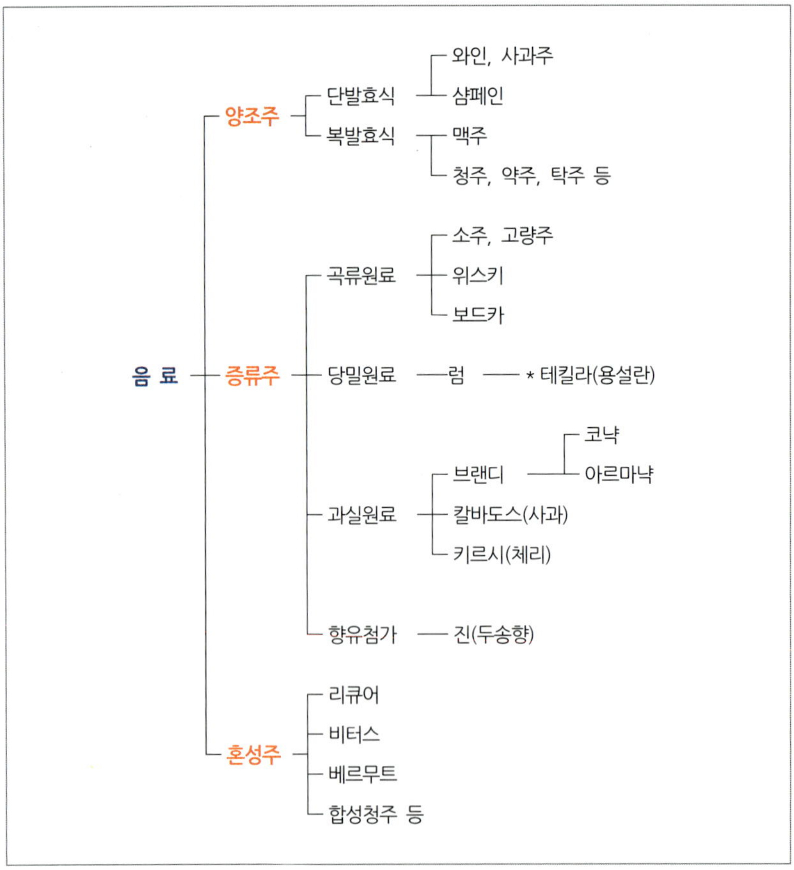


그림 6.1 음료의 분류

인간은 신체상의 구성요건 가운데 약 70%가 물로 구성되어 있다. 인간의 생명은 물과 매우 밀접한 관계를 가지고 있기에 인간은 물을 이용하여 다양한 음료를 생산하기에 이르렀다. 즉 물은 곧 음료이며, 음료는 알코올성 음료Alcoholic Beverage = Hard Drink와 비알코올성 음료Non Alcoholic Beverage = Soft Drink로 분류된다. 일반적으로 알코올성 음료는 술을 의미하고, 비알코올성 음료는 청량음료, 영양음료, 기호음료를 나타낸다.

### 1) 알코올성 음료

알코올성 음료는 원료, 제조과정, 발효, 증류 등의 제법과정에서 양조주와 증류주 그리고 혼성주로 구분된다. 우리나라에서는 곡류의 전분과 과실의 당분 등을 발효시켜 만든 1% 이상의 알코올성분이 함유된 음료를 총칭하여 술이라 하고 있다.

#### (1) 양조주

양조주Fermented Liquor는 가장 오래 전부터 인간이 즐겨 마신 술이다. 이것은 곡류(穀類)와 과실(果實) 등의 당분이 함유된 원료를 효모균(酵母菌)의 발효작용을 통해 얻어지는 주정(酒精)을 말한다.

양조주의 대표적인 종류는 포도주, 사과주, 맥주, 청주, 막걸리 등이 있다. 양조주는 알코올의 함유량이 비교적 낮은 3~18%이다.

#### (2) 증류주

증류주Distilled Liquor는 곡물이나 과실 또는 당분을 포함한 원료를 발효시켜서 약한 주정분(양조주)을 만든 후, 그것을 다시 증류기에 의해 증류를 실시한 술이다. 이것은 효모나 당분의 함유량에 의해 대략 8~14% 정도의 알코올이 함유된 양조주의 성분을 알코올이 더 강화될 수 있도록 주정을 증류시킨 것이다. 증류주는 스피릿Spirits이라고도 불리며, 칵테일의 주요 베이스Base로서 가장 많이 활용되고 있다.

대표적인 종류는 위스키, 브랜디, 진, 럼, 데킬라, 보드카, 소주, 고량주 등이 있으며, 증류주는 비교적 알코올 함유량이 높다.

(3) 혼성주

혼성주Compounded Liqueur는 과일이나 곡류를 발효시킨 주정을 기초로 만들어진 증류주에 알코올을 더하면서 설탕, 과실, 약초류, 향료 등의 침출물로 향미를 첨가하면서 한 번 더 증류과정을 거친 주정을 말한다. 다시 말해, 양조주나 증류주에 향료나 약초, 초근목피 등의 원료성분을 첨가하고 정제한 설탕이나 꿀 등으로 감미롭게 향과 색, 맛 등을 가미하면서 증류한 주정을 의미한다. 양조주는 꼬디얼Cordial, 리큐르Liqueur 등으로 불리기도 한다. 특히 혼성주는 칵테일의 부재료로 가장 많이 사용되고 있는데, 이는 색깔과 향 그리고 맛 등이 독특하여 알코올 함유량이 다양하게 나타난다. 이 양조주는 식후주로 많이 사용되며, 소화작용에 도움을 준다.

대표적인 혼성주의 종류로는 슬로우진, 크림드카카오, 체리브랜디, 에프리컷브랜디, 베네딕틴 디오엠, 버무스, 비터, 드람부이, 깔루아, 갈리아노 등이 있다.

## 2) 비알코올성 음료

비알코올성 음료는 소프트드링크Soft Drink라고 하는데, 이는 청량음료, 영양음료, 기호음료가 있다. 청량음료는 탄산음료와 무탄산음료로 나누며 칵테일의 부재료로 많이 사용된다.

(1) 탄산음료

탄산가스가 함유된 음료로서 청량감을 주면서도 미생물의 발육을 억제하고 향의 변화를 방지하는 특성이 있다. 탄산음료는 천연광천수로 된 것과 순수한 물에 탄산가스를 함유시킨 것 그리고 음료수에 천연 또는 인공의 감미료가 함유된 것이 있다. 탄산음료의 종류는 콜라, 소다수, 토닉워터, 사이다, 진저엘 등이 있다.

(2) 무탄산 음료

탄산가스가 없는 것으로서 무색(無色), 무미(無味), 무취(無臭)의 광천수Mineral Water를 말한다. 광천수는 천연 광천수와 인공 광천수가 있으며, 인공 광천수는 칼슘, 인, 마그네슘, 철 등의 무기질이 함유되어 인체(人體)에 무해한 성분을 가지고 있다. 세계 3대 무탄산 음료는 비시수, 셀처수, 에비안수가 있다.

(3) 기타 음료

기호음료는 대중들이 즐겨 마시는 것으로서, 커피와 차 종류가 대표적이고, 영양음료는 우유, 주스류 등이 있다.

잠깐, 쉬어가기!

## 식음료서비스 영어회화(12)

1 숟가락과 젓가락은 뷔페 테이블 위에 있습니다.
There are spoon and chopstick on the buffet table.
スープン(さじ)と はしは テーブルの うえに おいて あります。

2\. 커피숍은 아침 6시에 문을 열고, 저녁 10시에 닫습니다.
The coffee shop opens at 6 : 00 a.m. and closes at 10 : 00 p.m.
コーヒーショップは あさ6じから よる10じまで えいぎょうします。

3 커피숍은 10시에 문을 닫습니다.
It's close at 10 : 00 p.m.
コーヒーショップは よる10じに へいてんとなります。

4 아침식사는 7시부터 10시까지 1층에 있는 커피숍에서 드실 수 있습니다.
Breakfast is served from 7 to 10 in the coffee shop.
ちょうしょくは 7じから 10じまで、 いっかいに ある コーヒーショップでごりようできます。

5 객실요금에 아침식사 비용이 포함되어 있습니다. 그래서 부과되지 않습니다.
Breakfast is included with your room charges, so it's free of charge.
ルームチャージに ちょうしょくが ついて います。

6 미안합니다, 손님. 지금 커피숍에는 빈자리가 없습니다.
I'm sorry sir, the coffee shop is full at this moment.
すみませんが、 おきゃくさま コーヒーショップは あいにく まんせきで ございます。

7 미국식 아침식사는 주스, 과일, 빵과 달걀요리를 제공하고, 대륙식 아침식사는 달걀을 제외하고 주스와 빵을 제공합니다.
The American Breakfast offers juices, fruits, bread and egg dishes. But the Continental Breakfast offers bread and juices except egg dishes.
アメリカンの ちょうしょくには ジュース、 フルーツ(くだもの)、 パ ンと、 たまごのりょうりになっています。コンティネンタルの ちょう しょくには たまごをのぞいて ジュースとパンに なって います。

8 등심스테이크는 안심스테이크처럼 부드럽지는 않습니다. 괜찮습니까?
Sirloin steak is not as tender as tenderloin steak. Are you allright?
Sirloin ステーキは Tenderloin ステーキより にくのほうが やわらかく ありませんが、 よろしいですか。

9 이 메뉴가 지금 준비되는지 주방에 알아보고 말씀드리겠습니다.
I will let you know after I ask the kitchen counter if this menu can be served right away.
この料理がよいできるかどうかしらべてからおはなしいたします。

10 이 메뉴는 준비가 안 됩니다만, 손님을 위해서 특별히 해 드리겠습니다.
We do not prepare this dish but we can have it made specially for you.
このメニューはお客さまにご奉事するスペシャールサービスです。

11 죄송합니다. 이 메뉴는 아침(점심, 저녁)에만 제공됩니다.
I'm sorry, but this menu is served only for breakfast.(lunch, dinner)
もうしわけございませんがこのメニューは朝食にかぎっています。

12 손님이 주문한 것이 메뉴에는 없지만, 그것이 가능한지 아닌지 주방에 알아보겠습니다.
Your order is not on the menu, but I will ask the kitchen to see if it is possible.
ご主文のメニューはございませんがもしできるかどうかしらべてみま す。

13 이 좌석은 금연구역인데, 괜찮겠습니까?
This is a non-smoking area. Would it be all right with you?
この座席は禁煙ですがだいじょうぶですか。

14 이 메뉴는 시간이 오래 걸리는데, 괜찮겠습니까?
This menu takes a little time to prepares would it be all right with you?
このメニューは時間がかなりかかりますのでだいじょうぶですか。

15 죄송합니다만, 주문하신 것이 품절입니다. 다른 것으로 주문하시겠습니까?
I'm sorry, but your order is sold out. Would you please order another?
もうしわけございません、お客さまのご主文のものはうれきれです。 ほかのもので主文ください。

16 죄송합니다만, 같은 테이블에 앉을 수가 없습니다. 따로따로 앉으셔도 괜찮겠습니까?
Sorry, but he does not want to share the table with you. Do you mind if you sit at another table?
もうしわけございません 동석ができないのでべつべつでもかまいま せんか。

17 여기 머무시는 동안 즐거운 시간이 되셨습니까?
Have you enjoyed staying here?
たのしくおすごしください。

18 드시고 남은 술을 보관해 드릴까요?
May I keep the left over of your liquor?
おのこりのさけは保管しましょうか。

19 저희 영업장은 11시부터 22시까지 영업합니다.
Our shop opens from 11 : 00 until 22 : 00.
うちの營業場は 11時から 22時までです。

20 죄송합니다. 곧바로 세탁을 해 드리겠습니다.
Sorry. We will dry-clean it right away.
もうしわけございません、すぐ洗濯してあげます。

SECTION 2
# 양조주의 주요특징

## 1. 맥주

### 1) 특성

맥주Bee는 온도와 습도에 따라 달라질 수 있다. 여름에는 5~8℃, 겨울에는 8~12℃, 봄과 가을에는 6~10℃, 생맥주는 3~4℃ 정도에서 가장 맛있다. 맥주의 주원료는 대맥, 물, 호프이고, 발효에 반드시 필요한 것이 효모이며, 그 특성은 다음과 같다.

- 대맥(大麥)은 두줄보리(이조대맥 : 줄기 주위에 두 줄로 보리알이 열매를 맺음)라고도 하며 양조용 맥주보리라고도 부른다. 품종은 주로 골든멜론종을 많이 사용한다. 껍질이 얇고 담황색이며 발아율이 좋고 수분함유량이 10% 내외로 잘 건조된 것이어야 한다. 전분함유량이 많고 단백질이 적은 것이 좋다. 그리고 대맥아의 전분을 보충하는 원료로서 옥수수, 쌀, 전분, 기타곡류 등이 사용되고 있다.
- 맥주의 품질을 좌우하는 것이 물이다. 물은 맥주성분의 90%를 차지하며 수질이 좋은 물로 PH가 5~6 정도의 산성인 것이 좋다.
- 호프Hop는 뽕나무과에 속한다. 이는 후물루스 루풀루스Humulus Lupulus라고 하는 쓴맛의 수정 안 되는 녹색의 암꽃으로, 여름에 꽃을 따서 열풍 → 건조 → 압착 → 저장하여 꽃 전체를 사용한다. 이 호프꽃의 성분에는 방향유, 쓴맛의 탄닌 성분이 함유되어 있다.
- 효모는 맥주에 반드시 필요한데, 효모는 맥아즙 속의 당분을 분해하여 알코올과 탄산가스를 만드는 발효과정을 돕는다. 효모의 종류에 따라 하면발효 맥주와 상면발효 맥주로 나눈다. 하면발효는 발효의 끝 무렵에 효모가 가라앉고 저온에서 발효된다. 상면발효는 발효 중에 효모가 액체 위로 떠오르고 비교적 고온에서

발효된다. 따라서 맥주를 양조할 때에는 어느 효모를 사용하느냐에 따라 맥주의 질이 달라지는데, 전 세계적으로 대부분의 맥주는 하면발효 효모를 사용한다.

| 발효에 의한 분류 | 색에 의한 분류 | 산지에 의한 분류 |
|---|---|---|
| 하면발효 맥주 | 담색 맥주 | 체코(필스너맥주), 독일, 미국, 아메리칸, 덴마크, 일본 등 |
| | 중간색 맥주 | 오스트리아(빈 맥주) |
| | 농색 맥주 | 독일(뮌헨 맥주) |
| 상면발효 맥주 | 담색 맥주 | 영국(에일 비어, 페일엘 비어) |
| | 농색 맥주 | 영국(스타우트, 포터) |
| | * 특징 : 발효온도가 10~25도로 높아 색이 짙고 알코올 도수가 높다. | |

## 2) 종류

### (1) 살균에 의한 분류

- 드래프트 비어Draft Beer : 여과시킨 원숙한 맥주를 곧바로 통에 넣은 것으로서 비살균된 생맥주라고 한다.
- 라거 비어Larger Beer : 생맥주는 보존성이 약하여 빨리 변질될 우려가 있지만, 라거비어는 보존성을 유지하기 위해 병에 넣어 60℃ 정도로 저온 살균한 맥주이다.

### (2) 원료 및 맛에 의한 분류

- 에일 비어Ale Beer : 도수가 높은 맥주로 고온에서 발효시켜 호프향이 강하다.
- 무알코올 비어None Alcoholic Beer : 도수가 없는 맥주이다.
- 몰트 비어Malt Beer : 엿기름으로 발효한 맥주이다.
- 루트 비어Root Beer : 샤르샤나무 뿌리로 만든 맥주이다.
- 스타우트 비어Stout Beer : 담색맥주보다 더 검은 흙색깔의 맥주이다.
- 포터 비어Porter Beer : 맥아를 더 검게 볶아 당분이 캐러멜화 되어 검은 맥주. 이것의 알코올 도수는 6%이며 맥아의 맛과 호프의 향이 강하다. 영국 런던의 화물 운수업자인 포터들이 즐겨 마신 술에서 유래되었다.

- 드라이 비어Dry Beer : 도수는 5%이며, 단맛이 적어 담백한 맥주이다.
- 보크 비어Bock Beer : 라거 비어보다 약간 독하고 감미를 느끼게 하는 진한 맥주이다.

## 2. 와인

### 1) 특성

와인Wine[9]은 알코올 함유량이 8~13도 정도로서 첨가물 없이 포도만을 발효시켜 만든 알칼리성 양조주이다. 특히 와인은 저장방법이 매우 중요한데, 첫째, 여과된 와인은 오크통에 담아 15℃ 정도의 지하창고에 저장한다. 둘째, 저장기간은 레드와인은 2년 전·후, 화이트와인은 1~4년 정도가 알맞다. 셋째, 통 속에서 장기 저장하면 와인의 색이 흐려지므로, 병에 옮겨 담아 10~15℃ 정도와 습도 60% 정도의 와인 저장 창고에서 1~10년 정도 숙성시킨다.

**(화이트와인)**

포도 → 수확 → 파쇄 → 압착 → 발효 → 여과 → 숙성 → 병입

포도 → 수확 → 파쇄 → 발효 → 압착 → 여과 → 숙성 → 병입

**(레드와인)**

### 2) 종류

#### (1) 화이트와인White Wine

- 백포도나 껍질을 제거한 적포도의 알맹이를 사용한다.
- 포도즙으로부터 포도껍질과 씨를 분리시키고자 압착한 후 발효시킨다.(압착 →

9) 와인서브의 적절온도는 ① 화이트와인 : 8~12℃ ② 스파클링와인 : 3~5℃ ③ 레드와인 : 17~18℃(실내온도)이다.

발효 → 여과 → 병입)

- 생선요리, 송아지요리, 사슴요리 등에 잘 어울린다.

(2) 레드와인Red Wine

- 적포도의 즙과 씨 그리고 껍질을 모두 사용하여 발효한다.
- 포도껍질 속의 탄닌 성분 때문에 떫은맛이 난다.
- 기름기 있는 육류요리(소고기, 양고기, 도요새, 메추리 요리)에 잘 어울린다.

(3) 로제와인Rose Wine

- 레드와인과 화이트와인을 혼합하여 만든 것이 아니라, 레드와인에 비해 짧게 발효 후 압착한다. 이렇게 발효된 즙은 포도껍질과 얼마동안 접함으로써 엷은 핑크색과 가벼운 향을 가지게 된다.(짧은 발효시간 때문에 핑크색이 난다.)
- 어떤 요리와도 잘 어울리나 치즈나 오드블에 잘 어울린다.

### 3) 와인의 특성에 따른 분류

(1) 맛에 의한 분류

- 드라이와인Dry Wine : 산미포도주로 과즙의 당분을 완전히 발효시켜서 당분 함량을 1% 이하로 한 와인. 식전용에 적합하다.
- 스위트와인Sweet Wine : 감미포도주로 향과 풍미가 있어 달콤한 와인으로 당분함량이 8~12% 정도의 와인. 식후용에 적합하다.

(2) 알코올 첨가 유 · 무에 의한 분류

- 강화주 와인Fortified Wine : 포도발효 도중에 도수를 높여 변질을 방지하고자 브랜

디를 1~5% 첨가하여 만든 술(18~20%). 스페인의 셰리와인과 포르투갈 포트와인이 유명하다.

- 비강화주 와인Unfortified Wine : 알코올농도가 8~13% 정도의 발효 와인이다.

(3) 탄산가스 유 · 무에 의한 분류

- 발포성 포도주Sparkling Wine : 포도주에 탄산가스가 함유된 것으로 샴페인이 대표적이다.
- 비발포성 포도주Still Wine : 탄산가스가 없는 포도주이다.

(4) 저장별 분류

- 영 와인Young Wine : 5년 이하 저장한 와인이다.
- 숙성된 와인Aged Wine : 5~15년 정도 저장한 와인이다.
- 그레이트 와인Great Wine : 15년 이상 저장한 와인이다.

(5) 기능별 분류

- 에프리티프 와인Aperitif Wine : 식사 전에 마시는 것으로서 식욕촉진의 기능이 있다. 독하고 쓴맛의 와인으로 셰리주와 베르무트가 대표적이다.
- 테이블 와인Table Wine : 요리와 함께 즐기는 와인으로 육류요리에는 레드와인, 생선요리에는 화이트와인이 어울린다.
- 디저트 와인Dessert Wine : 식후용 스위트 와인으로 디저트에 제공되며 포르투갈산의 포트와인이 유명하다.

### 4) 국가별 대표적인 와인

(1) 프랑스

프랑스는 세계적으로 와인이 유명하다. 산악지대인 노르망디 지역과 피카르디 두 지역을 제외하면 모든 지역에서 포도를 생산하고 있다. 특히 보르도Bordeaux 지역과 버건디의 부르고뉴Bourgogne 지역, 그리고 샴페인의 생산 근거지인 상파뉴Champagne 지방이 세계적으로 유명하다.

| 지 역 | 내 용 | 주요 상표 |
|---|---|---|
| 보르도 (Bordeaux) | 세계적으로 가장 유명한 적포도주의 생산지역 보르도의 레드와인을 클레르트(Claret)라 호칭(포도주의 여왕이라는 뜻) | Bordeaux, Medoc, Saint Emilion, Sauternes, Graves Sec, Pomerol, Chateau Larose 등 |
| 버건디의 부르고뉴 (Bourgogne) | 프랑스 제2대 와인산지로 화이트와인이 유명 | Bourgogne Blanc, Cotede Nuite, Cote de Beaune, Beaujolais, Chablis 등 |
| 상파뉴 (Champagne) | 샴페인을 생산하는 본고장 프랑스 상파뉴 지방의 이름 | Dom-Perignon에 의해 탄생 |
| 알사스 (Alsace) | 화이트와인 | |
| 르와르 (Loire) | 가볍고 마시기 쉬운 와인 | |
| 꼬뜨드론 (Cote Du Rhone) | 야성적이며 감칠맛이 있고 도수가 높은 와인 | |

**샴페인 리큐르의 함유량**

| 상표의 기재표시 | 리큐르의 함유량 |
|---|---|
| Brut | 1/2~1% |
| Extra Sec-Extra Dry | 2~4% |
| Sec-Dry | 5% |
| Demi Sec | 9~10% |
| Dou-Sweet | 12% 이상 |

(2) 독일

포도주 생산량의 75% 이상이 백포도주이다. 주요 생산지로는 라인Rhein 지방, 모젤Mosel 지방, 스타인바인Steinwein 지방이다.

(3) 이탈리아

- 생산의 80% 정도가 레드와인이며, 유럽산 와인 전체의 35%를 차지하며, 세계적으로 유명한 혼성주를 생산(버무스, 마티니, 친자노, 치안띠 등)한다.

- 주요생산 분류
  - 삐에몬테Piemonte : 이탈리아에서 가장 유명한 와인산지이다.
  - 토스카나Toscana : 이탈리아에서 유명한 치안띠Chianti를 생산한다.
  - 베네또Veneto : 삐에몬떼, 치안띠 다음으로 유명한 레드와인을 생산하며, 유명한 상품으로 쏘아베가 있다.
  - 롬바르디아Lombardia
  - 시칠리아Sicilia

(4) 스페인

- 포도재배에 적합한 기후, 지형, 토질로 전 지역에서 생산한다.
- 포도경작지 면적이 많으나 생산량은 이탈리아의 ⅓ 정도이다.
- 특성은 농도가 짙고 알코올도수가 높다.
- 주요생산 분류
  - 셰리와인Sherry Wine
    - 스페인 와인의 가장 대표적인 와인으로, 드라이 셰리와인Dry Sherry Wine은 가장 유명한 식전용 에프리티프와인Aperitif Wine이다.
    - 셰리란 이름은 헤레스 델라 흐론떼라Jerez de la Frontera 도시이름에서 헤레스Jerez가 세에르스가 되어 셰리Sherry라 부른 것이다.
    - 제조의 특성은 포도주 발효 중 브랜디를 1~5% 정도 첨가시켜 오크통Oak 속에서 저장, 숙성시킨 것으로 도수를 18~21% 정도로 높인 술이다.
    - 주요 생산지역은 후론테라Frontera, 말라가Malaga, 몬띠야Montilla이다.
  - 셰리의 분류
    - 휘노Fino : 가장 품질이 좋은 셰리로서 맛이 정교하고 뛰어난 와인으로, 블렌딩이나 당도 등을 아주 최소한으로 유지한다.
    - 아몬띠야도Amontillado : 미디엄 셰리Medium Sherry에 해당하며 좀더 부드럽고 드라이하고 톡 쏘는 향이 있으며 색깔이 짙다. 피노Fino 다음 등급에 해당한다.
    - 올로로소Oloroso : 3등급의 셰리이다. 숙성되었을 때 피노보다 무겁고 숙성이

되면서 진하고 원숙해진다.

· 크림셰리Cream Sherry는 스위트셰리로서 식전용으로 어울린다.

(5) 포르투갈

- 포르투갈은 전체 인구의 약 15%가 와인산업에 종사하고 있으며, 세계 7위의 와인 생산국으로서 기후조건이 포도재배에 이상적이다.
- 주요 생산지역
  - 포트Port : 포르투갈의 가장 유명한 와인이 포트와인Port Wine이다. 이 와인은 디저트 코스에 가장 잘 어울리며, 매우 감미로운 적포도주이다.
  - 마데이라Medeira
  - 도우루Douro

(6) 기타 지역의 와인

- 미국 와인 : 캘리포니아주와 오하이주에서 전국 생산량의 80% 이상을 생산한다.
- 스위스 와인 : 화이트와인이 80% 이상 생산되며, 가장 뛰어난 포도품종은 샤쓸라Chasselas이다.
- 오스트리아 와인 : 화이트와인이 유명하며 비엔나Vienna, 바카우Wachau 지역이 가장 유명하다.

잠깐, 쉬어가기!

## 식음료서비스 영어회화(13)

1 지금은 창가에 자리가 없습니다만, 조금만 기다리시면 준비해 드리겠습니다.
There is no vacant seat beside the window at the moment. But if you would kindly wait for a moment, I will as soon as there is vacancy.
今は窓がわの席がございませんが、しょしょおまちすれば席があくしだいご案内いたします。

2 누군가를 기다리십니까?
Are you waiting for someone?
おまちあわせしてすか。

3 실례합니다. 기다리시는 손님이 OOO입니까?
Excuse me. Is it ○○○ you're waiting for?
すみません、おまちあわせのお客さまの名前が000ですか。

4 손님께서 찾는 분이 안 계십니다.
The person you are looking for is not here.
お客さまがさがしているかたはいません。

5 제가, 기다리시던 손님을 안내해 드리겠습니다.
I will lead you to your companion who is waiting.
おまちあわせのお客さまにご案内いたします。

6 소지품을 보관하시겠습니까?
Do you want us to keep your belongings?
所持品をここに保管しますか。

7 오늘은 기분이 좋아 보이는군요.
You look fine today.
今日はごきぶんようですね。

8 코트를 옷걸이에 걸어드리겠습니다.
Let me take your coat.
お客さまのきものはかけてあげます。

9 하시는 일은 잘 되십니까?
Is your business going well?
おしごとはうまく行っていますか。

10. OTBG 호텔의 영어대화 교육 내용 소개

| 한국어 | 영 어 |
|---|---|
| 성함을 말씀해 주시겠습니까? | May I have your name, please? |
| 성함의 철자를 말씀해 주시겠습니까? | Would you spell out name, please? |
| 잠시 기다려 주시겠습니까? | Hold the line, please. |
| 연결해 드리겠습니다. OOO. | I will connect you to OOO. |
| 다른 전화를 받고 있습니다. | He / She is on anther line. |
| 전언을 남기겠습니까? | Would you like to leave a message? |
| 죄송합니다만, 누구(어디)십니까? | May I ask who's calling, please? |
| 어느 분과(어디와) 통화하시겠습니까? | May I ask whom you are trying to reach? |
| 잘 알아듣지 못했습니다. 다시 말씀해 주시겠습니까? | Could you repeat that, please? |
| 좀 크게 말씀해 주시겠습니까? | Would you speak louder, please? |
| 죄송합니다. 전화가 끊겼습니다. | I'm sorry, we were cut off. |
| 전화를 잘못 거셨습니다. | You have the wrong number. |
| 제가 알아보겠습니다. | I will check that for you. |
| 기다리시게 해서 죄송합니다. | I'm sorry to have kept you waiting. |
| 전화 주셔서 감사합니다. | Thank you for you calling. |

SECTION 3
# 증류주의 주요특징

## 1. 위스키

위스키Whisky[10]는 12세기경 처음으로 아일랜드에서 보리를 발효하여 증류시킨 술이다. 그 후 스코틀랜드Scotland에 유입되어 품질개발과 함께 전 세계로 많이 알려지게 되었다. 위스키란 말은 라틴어의 아쿠아 바이티Aqua-Vitae(생명의 물)에서 유래되어 위스게 바하Uisge-beatha → Uis-baughusky → 위스키Whiskey로 된 것이다.

위스키는 51~66% 정도의 주원료를 사용하고, 그 외 다른 주류를 혼합하여 만든 위스키가 있다. 위스키의 주원료별 구분은 몰트 위스키Malt Whisky(보리맥아를 주원료로 사용한 위스키), 라이 위스키Rye Whisky(호밀을 주원료로 사용한 위스키), 콘 위스키Corn Whisky(옥수수를 주원료로 사용한 위스키)가 있다. 이들의 알코올 함유량은 보통 40~43.4%(80~86.8proof)이다.

## 2. 세계 4대 위스키

### 1) 스카치위스키Scotch Whisky

스코틀랜드에서 생산된 위스키의 총칭이며, 위스키 생산량의 약 60%를 생산하고

10) 위스키를 스트레이트(straight)로 제공시 1온스(Ounce), 1포니(Pony), 미국에서는 1샷(Shot), 영국에서는 1핑거(Finger)라고 하며, 양은 모두 30㎖에 해당된다.
* 싱글은 스트레이트로 1인분(30㎖) 1잔 분량을 제공하는 것을 말하며, 더블은 스트레이트로 2인분(60㎖) 1잔으로 제공되는 것을 말한다.

있다. 원산지는 영국이며 원료는 보리 몰트Malt 60%와 기타 곡류 40%를 혼합하여 엿기름에 의해 당화, 발효시켜 스코틀랜드에서 단식증류기로 증류하여 최소한 3년간 오크통에 넣어 저장, 숙성시킨 것이다.

주요 특징은 다음과 같다.

- 알코올 함유량 : 보통 43~43.4%이다.
- 색 : 갈색Brown이다.
- 스코틀랜드산 보리를 사용(대맥)한다.
- 스코틀랜드산 피트Peat탄을 태워서 엿기름으로 건조한다.
- 오크통 안에 셰리포도주가 스며들게 하여 위스키를 채운다.
- 서늘하고 습도가 높은 창고에서 저장 숙성(18℃, 90% 습도)한다.
- 스코틀랜드에서 3년 이상 저장된다.
- 주요상표
  - 조니워커Johnnie Walker : 레드레벨(8년 저장), 블랙레벨(12년 저장)
  - 화이트호스White Horse
  - 화이트레벨White Lavel
  - 블랙 & 화이트Black & White
  - 헤이그 & 헤이그Haig & Haig
  - 앰바사더 딜럭스Ambassador De Luxe
  - 밸런타인Ballantine's
  - 벨즈 스페셜Bell's Special
  - 커티 삭Cutty Sark
  - Grant & Years
  - Haig's Gold Lavel
  - 하이랜드 퀸Highland Queen
  - King's Ran Son
  - 올드 파Old Parr

- 스페이 로열Spey Royal
- 베트 69Vat 69

### 2) 아이리시 위스키Irish Whisky

아일랜드에서 생산된 위스키로서 원료는 맥아Malt의 디아스타아제Diastarse로 곡류를 당화하여 발효시킨 것을, 북아일랜드에서 증류하여 최저 3년간 저장 숙성시킨 것이다. 대맥과 곡류를 원료로 하여 그레인위스키로 구분하기도 하며, 그 특징은 다음과 같다.

- 포트스틸Post Still : 단식증류기로 3회 증류하기 때문에 도수는 스카치위스키보다 높다.
- 이탄Peat으로 엿기름을 건조한 것은 스카치위스키와 비슷하나, 향을 배제한 것이 다르다.
- 저장은 아이론통Iron Cask에 넣었다가 다시 오크통에서 7년 정도 저장 숙성시킨 것이다.
- 알코올 함유량은 보통 43~45%이다.
- 주요상표는 John Jameson, Old Bushmill's, John Power이다.

### 3) 아메리칸 위스키American Whisky

미국에서 생산된 위스키를 말한다. 1795년 제코브 비임Jacob Beam이 켄터키Kentuky주 버번Bourbon 지방에서 옥수수를 기주로 하여 위스키를 제조하기 시작했고, 여기서 생산된 것을 버번위스키로 분류하기도 한다.

주요 특징은 다음과 같다.

- 원료는 옥수수 51~66%Corn Whisky 이상을 사용(호밀 51~66%를 주재료로 한 것은 라이 위스키)한다.

- 호밀과 몰트를 더하여 당화시켜 증류해서 그을린 오크통에 저장, 숙성한다.
- 색상은 단풍잎 색(위스키보다 조금 붉은 빛)이다.
- 버번위스키의 저장은 최저 5~6년을 오크통에서 저장, 숙성한다.
- 알코올 함유량은 보통 43~50%이다.
- 버번위스키의 주요상표
  - 버본 딜럭스Bourbon de Luxe
  - 올드 크로우Old Crow
  - 올드 그랜드 대드Old Grand Dad
  - 올드 테일러Old Taylor
  - Old Sunny Broock
  - Seagram's V.O.
  - 시그램 세븐 크라운Seagram's Seven Crown
- 라이Rye위스키의 주요상표
  - Imperial : US 86 pr
  - Three Heaher
  - Old Overhalt
  - Sunny Ford

### 4) 카나디안 위스키Canadian Whisky

캐나다에서 생산된 위스키이다. 원산지는 캐나다의 온더리오호 주변에서 주로 생산하며, 원료는 호밀 51~66%와 밀, 옥수수를 보리 엿기름으로 당화, 발효, 증류시켜 오크통에 숙성한다. 저장은 3~6년간 실시하며 알코올 함유량은 보통 43~44%이다. 캐나다 위스키의 주요 상표는 Canadian Club(C.C), Canadian Rye, Lord Calvert, Mac Naughton, Crown Royal 등이 있다.

## 3. 위스키 분류법

### 1) 증류법에 의한 분류

#### (1) 포트 스틸법Pot Still

단식증류기를 사용하여 증류한 위스키를 말한다. 이 방법은 원시적인 증류법으로 연속식에 비해 많은 시간이 걸리며 원가가 많이 들고 비능률적이나, 향과 맛이 비교적 좋은 장점이 있다. 이는 고급위스키나 브랜디 제조에 주로 사용된다.(스카치위스키, 아이리시 위스키, 코냑 브랜디가 이에 속한다.)

#### (2) 파텐트 스틸법Patent Still

1826년 로버트 스테인Robert Stein에 의해 발명되었으며, 연속적으로 연결된 증류기(일명 연속식 증류기)를 이용하여 만든 위스키이다. 이는 단시간에 대량적으로 증류시킬 수 있는 장점이 있으나, 원가가 저렴하여 가격이 저렴하다. 이것은 숙성을 하지 않는 무색 투명의 증류주나 대중적인 위스키 제조에 주로 쓰인다.(아메리칸 위스키, 버번 위스키, 캐나디안 위스키가 이에 속한다.)

### 2) 원료에 의한 분류

#### (1) 블랜디드 위스키Blended Whisky

위스키는 저장 연수, 양조과정의 방법, 저장고의 환경과 위치, 저장통의 재질과 크기에 따라 숙성이 다를 수 있다. 여기에 위스키의 맛과 향을 혼합하는 것이 블랜디드 위스키이다. 오늘날 세계적으로 생산되는 위스키의 95% 정도가 블랜딩한 위스키이다.

#### (2) 몰트 위스키Malt Whisky

이는 스카치위스키에 해당되며, 맥아의 당액을 증류하여 이탄Peat에 태워 엿기름을 당화 발효시킨 것으로서 독특한 향을 낸다.

**몰트 위스키의 제조과정**
보리 → 침수 → 발아 → 건조 → 맥아 → 당화 → 효모 첨가 → 발효 → 포트스틸(단식 증류기)로 2회 증류 → 통에 넣음 → 저장 숙성 → 싱글 몰트 → 그레인위스키 혼합 → 블랜디드 위스키

(3) 그레인 위스키Grain Whisky

발아시키지 않은 라이맥, 소맥, 옥수수 등을 15~20% 정도 대맥의 맥아로 당화시켜 발효한 후에 페이턴트 스틸Patent Still로 증류해서 만든 위스키이다.

**그레인 위스키 제조과정**
옥수수, 몰트, 전분 → 증자 → 냉각 → 당화 → 효모첨가 → 발효 → 페이턴트 스틸(연속식 증류기)로 2회 증류 → 통에 넣음 → 저장 숙성 → 그레인 위스키 → 몰트 위스키와 혼합 → 블랜디드 위스키

## 4. 브랜디

### 1) 브랜디의 과정

브랜디는 원래 과실의 발효액을 증류한 알코올이 강한 술이다. 브랜디는 폴란드어의 브란데바인Brandewijn이라는 말에서 유래되었고, 프랑스에서는 오-드-비Eau-de-vie-de-vin라고도 한다. 이는 '생명의 물'이라는 뜻이다.(브랜디를 불에 태운 술, 생명의 물, 불사의 영주로 애칭하기도 한다.)

브랜디의 제조과정은 포도주를 포트 스틸Pot Still(단식 증류기)로 1차 증류시켜 알코올분 20~25% 정도를 얻게 한다. 그리고 이것을 다시 2~3회 증류시키면 알코올 50~75% 정도가 된다.(양질의 브랜디는 3회 증류한 것이다.) 이렇게 해서 얻은 브랜디를 오크 참나무통에 넣고 저장 숙성시킨다. 브랜디는 숙성기간이 길수록 품질이 향상된다.

참나무통의 색과 나무에서 나오는 탄닌Tanin으로 인해 독특한 향기와 색이 가미되어 아름다운 호박색에 가까운 브라운색으로 술이 생성된다.

## 2) 주요 생산지역과 저장 및 숙성도

### (1) 주요 생산지역

- **코냑Cognac**
  - 프랑스 코냑지방에서만 생산되는 브랜디이다.(케프Capus에 의해 1935년 원산지 명칭 통제령의 법률이 제정되어 코냑의 이름은 그 지방 산출의 브랜디에만 허가됨)
  - 세계적으로 가장 유명한 브랜디의 생산지역이다.
- **아르마냑Armagnac**
  - 코냑 다음으로 유명한 브랜디이다.
  - 아르마냑 지방에서 생산되는 브랜디이다.

### (2) 저장 및 숙성도

브랜디는 저장 및 숙성 연수에 따라 라벨이나 네크 라벨Neck Label에 별(★)의 수 또는 기호나 문자로 표시된다.

<table>
<tr><th rowspan="9">O : Old(오래된)<br>P : Pale(순수한)<br>S : Special, Superior(뛰어난)<br>V : Very(매우)<br>N : Napoleon(나폴레옹)<br>X : Extra(각별히)</th><th>기호 / 문자</th><th>저장연수</th></tr>
<tr><td>★★★(별3개)</td><td>3~5년</td></tr>
<tr><td>★★★★★(별5개)</td><td>8~10년</td></tr>
<tr><td>V.O</td><td>10~20년</td></tr>
<tr><td>V.S</td><td>10~20년</td></tr>
<tr><td>V.S.O.P</td><td>20~25년</td></tr>
<tr><td>X.O</td><td>35~50년</td></tr>
<tr><td>NAPOLEON</td><td>50년 이상</td></tr>
<tr><td>EXTRA</td><td>60~75년</td></tr>
</table>

## 5. 진

진이란 주니퍼Juniper의 불어 주니에브르Genievre가 네덜란드로 전해져 제네바Geneva가 되었고, 이것이 영국으로 건너가 진Gin이라 했다. 진의 원산지는 네덜란드이다.

진의 창시자는 네덜란드의 라이덴Leiden대학교수인 프란시스쿠스-드-라-보에Franciscus-De-Le-Boe이다. 실비우스Sylvius 의사로, 1660년경 알코올에 두송자 열매를 담가 소독약으로 사용하면서부터 시작되었다.

진은 무색투명의 증류주로 보리, 밀, 옥수수 등과 당밀을 혼합 증류하여 만든 술이다. 이는 주니퍼 베리Juniper Berry란 노간주나무의 열매(두송자)를 착미시켜 소나무 향이 나도록 한 것이다.

진의 원료 및 제조는 곡류(호밀, 옥수수, 보리)를 혼합, 당화 → 발효 → 증류+두송자열매(Juniper Berry), 향료식물 첨가 → 2차 증류 → 희석 → 입병한 것으로서, 알코올 함유량은 40~50% 정도이다.

진의 특성은 다음과 같다.

- 진은 저장하지 않아도 된다.
- 무색투명하다.
- 진은 마시고 난 후 뒤끝이 깨끗하다.
- 칵테일의 기주로 가장 많이 사용된다.

## 6. 보드카

보드카는 러시아어로 Voda Boa, 즉 '생명의 물'을 의미한 말에서 유래되었다. 12세기경 러시아의 농민에 의해 창안된 증류주이다.

원료와 제조는 곡류(보리, 밀, 호밀, 옥수수)를 혼합하여 보드카를 만드는 국가도 있으며(미국), 러시아와 폴란드는 곡류대신 감자만 사용한다. 곡류와 감자류에 대맥

몰트를 가해서 당화, 발효시켜 연속 증류기로 증류해서, 자작나무 활성탄을 이용하여 여과조를 통해 목탄냄새를 제거하면 불순물이 없는 증류주가 된다.

원료+엿기름 → 당화 → 발효 → 증류 → 희석 → 활성탄여과 → 정제 → 입병

보드카의 알코올 함유량은 연속식 증류기Partent Still로 증류시켜 알코올분 85% 이상으로 하여 물로 희석하면 40~50% 정도가 된다.

보드카의 특징은 다음과 같다.

- 보드카는 저장하지 않는다.
- 무색, 무미, 무취이다.
- 공정이 간단하고 원가가 저렴하여 비교적 가격이 싸다.
- 칵테일의 기주로 많이 사용된다.

## 7. 럼

럼은 영어로 럼Rum, 불어로 룸Rhum, Rum, 스페인어로 론Ron, 포르투갈어로 롬Rum이라 부른다. 럼의 기원은 영국의 식민지 비베이도즈 섬에 관한 고문서 기록에 의하면, 1651년에 증류된 술이 생산되었는데 이 술을 서인도제도의 토착민들이 흥분과 소동의 뜻으로 럼불리온Rumbullion이라 부르면서 앞 단어 Rum이라 불렀다는데서 유래되었다. 또한 럼의 주원료가 되는 사탕수수를 라틴어로 샤카룸Saccharum이라 하면서 Rum이라 명명하였다고도 한다. 럼은 푸에르토리코, 멕시코, 자마이카, 도미니카, 스페인, 쿠바, 하와이, 하이티에서 많이 생산되고 있다.

럼의 원료 및 제조방법은 사탕수수와 당밀을 주원료로 소당을 만들고 단더Dunder를 첨가하여 발효를 돕고 럼 특유의 향을 내도록 했으며, 이를 증류하여 저장 숙성시킨

것이다. 럼을 저장하지 않고 바로 병입하여 출고한 것은 주로 칵테일용으로 많이 사용되나, 2년 이상 저장 숙성한 것은 맛과 향이 농후하여 스트레이트용으로 많이 이용된다.

럼의 알코올 함유량은 보통 40~80%이며, 색과 풍미에 따라 세 가지로 나눈다.

### (1) 헤비 럼Heavy Rum

- 단식증류기로 증류하여 오크통에서 최소 4년 이상 저장 숙성한다.
- 풍미가 높고 농후하며 색이 짙어 주로 스트레이트용으로 이용된다.
- 헤비 럼은 자마이카산이 유명하다.
- 헤비 럼을 다크 럼Dark Rum이라고도 한다.

### (2) 미디엄 럼Medium Rum

- 헤비 럼과 라이트 럼의 중간적인 색의 럼이다.
- 도미니카에서 많이 생산된다.
- 골든 럼Golden Rum[11]이라고도 부른다.

### (3) 라이트 럼Light Rum

- 당밀에 효모를 넣고 발효시켜 연속증류기로 증류한 것이다.
- 세계적으로 가장 많이 애용된다.
- 청량음료나 라임, 리큐르와도 잘 결합되는 술로서 칵테일용으로 많이 사용된다.
- 쿠바의 럼이 가장 유명하며, 멕시코, 하이티, 산도밍고 등에서도 주로 생산된다.

11) 영국의 넬슨 제독이 트라팔가 해전에서 승리를 이끌고 영예로운 전사를 하자, 부하들이 넬슨의 유해를 부패하지 않게 럼 술통에 넣고 술을 채워 안치해 두었다. 이때 술통의 색이 황금빛 찬란한 골든색으로 되어 사람들이 골든 블러디(Golden Bloody)라고 부르고, 넬슨이 주고 간 황금의 피로 생각하여 부르게 된 것이다. 이것이 골든 럼(Golden Rum)의 유래가 된 것이다.

## 8. 데킬라

멕시코가 주요생산국이며, 용설란Mescal이라는 잎줄기 선인장의 수액을 발효한 풀케Pulque를 다시 증류하여 얻어낸 술이다. 이는 강렬한 맛과 독특한 향을 풍기는데, 멕시코올림픽(1968년)을 계기로 세계적인 술로 자랑하고 있다. 제조과정은 다음과 같으며, 알코올 함유량은 보통 40~52% 정도가 된다.

**용설란**
원료 → 당화 → 발효 → 풀케 → 2회 증류 → 저장 숙성 → 활성탄으로 정제 → 입병

(1) 화이트 데킬라White Tequila

- 실버 데킬라Silver Tequila라고도 한다.
- 단식증류기로 2회 증류하여 물로 알코올 도수를 조절하고 저장하지 않는다.
- 무색투명하여 칵테일용으로 많이 사용된다.

(2) 골드 데킬라Gold Tequila

- 증류된 데킬라를 화이트 오크통에 넣어 2년 이상 저장 숙성시킨 술이다.
- 술통의 색과 향이 어우러져 호박색의 원숙한 풍미가 있다.
- 스트레이트용으로 많이 이용된다.

**알코올도수 표시법**
영국은 알코올도수를 사이크 프루프(Syke Proof)로 표시한다. 즉 영국에서는 51°F에 해당하는 증류수 12/13의 중량을 알코올 함유 음료의 표준강도라 한다. 이를 우리나라 도수로 환산하면 57.1도가 되는데, 우리나라는 미국식 알코올 도수법을 사용한다. 미국은 알코올 강도 표시를 프루프(proof) 단위로 사용하고 있다. 즉 미국의 도수표시는 Proof이며, 1Proof는 한국에서 0.5도로 환산한다. 예를 들면, 86Proof는 우리나라 도수로 43도가 된다.

SECTION 4
# 혼성주의 주요특징

## 1. 혼성주의 기능과 특성

혼성주Liqueur의 리큐르는 라틴어의 리퀴화세Liquefacer : 녹이다에서 유래되었다. 이는 과일이나 초근목피 등의 약초를 녹인 약용의 액체이다.

리큐르의 발명은 그리스의 히포크라테스Hippocrates에 의해 발견되었다고 전해지는데, 처음부터 술의 의미로 제조된 것이 아니라 약초를 와인에 녹여 물약을 만들어 환자에게 치료를 목적으로 기력회복용으로 사용된 것이 리큐르Liqueur의 기원이다.

제조방법은 정제된 주정(증류주)을 베이스로 하고, 약초류 · 향초류 · 꽃 · 식물 · 과일 · 천연향료 등을 혼합하여 감미료 · 착색료 등을 첨가하여 만든 것이다.

**혼성주의 기능과 용도**
- 아름다운 색채와 독특한 개성이 있다.
- 과일이나 약초의 혼합으로 향이 좋다.
- 피로회복이나 소화작용에 도움을 주는 약용주이다.
- 칵테일의 부재료에 없어서는 안 된다.
- 칵테일의 색상, 맛, 향을 내는데 중요한 역할을 담당한다.

## 2. 혼성주의 제조법

### 1) 증류법Distillation

원료를 알코올 속에 담가 그 침출액을 열로 가해 증류시키는 방식이다. 이를 핫Hot 방법이라고 한다. 주원료는 항초류, 감귤류의 마른껍질 등을 사용한다.

#### 2) 침출법Infusion

원료를 주정이나 당분에 첨가시켜 담가 그 침축액을 착색 · 여과한 방식이다. 이는 열을 사용하지 않기 때문에 콜드Cold 방식이라고도 한다.

#### 3) 에센스법Essence

천연 혹은 합성향료의 에센스를 사용하여 이것에 감미와 색을 혼합하여 만든 가장 편리한 방법이다. 독일에서 많이 사용하고 있으며, 이 방법은 품질이 다소 좋지 못하지만, 시설비, 인건비, 제조시간이 절약되는 이점이 있다. 현재 가장 많이 사용되는 방법이다.

## 3. 혼성주의 종류

#### 1) 감귤류 리큐르Orange Liqueur

오렌지향이 강하므로, 여성에게 특히 인기가 있으며 감기나 피로회복에 효과가 있다. 대표적인 종류는 큐라소, 코인트루, 트리플섹, 그랑마니에 등이 있다.

##### (1) 큐라소Curacao

- 남미 서인도제도 카리브해의 큐라소섬에서 생산되는 오렌지향 리큐르로 브랜디Brandy, 시나몬Cinamon, 육두구꽃Maca, 감미 등을 혼합하여 만든다.
- 칵테일용으로 블루큐라소가 많이 사용된다.
- 오렌지, 청색, 무색 큐라소 등이 있다.

##### (2) 트리플 섹Triple Sec

- 남프랑스에서 브랜디, 오렌지, 약초를 혼합하여 만들어졌다.

- 칵테일용으로 가장 많이 사용하는 무색의 오렌지향 리큐르이며, 도수는 약 26.5%이다.

(3) 코인트루Cointreau

- 고급 브랜디를 혼합하여 만든 고급용의 오렌지 리큐르이다.
- 도수는 약 40%이다.

(4) 그랑마니에Grand Marnie

- 코냑Cognac에 하이티산 오렌지껍질을 배합시켜 오크통에서 숙성시킨 것으로, 오렌지 리큐르 중 최고급이다.
- 도수는 39.9%이며, 로제와 예로우가 있다.

### 2) 과실류 리큐르

과실을 주원료로 하여 증류주와 혼합시켜 만든 리큐르이다. 브랜디를 베이스로 한 체리 브랜디, 에프리콧 브랜디, 피치 브랜디, 피터 히링, 페어 브랜디, 블랙베리 브랜디 등이 있으며, 진을 베이스로 한 리큐르는 슬로우진, 레몬진, 체리진 등이 있다.

(1) 슬로진Sloe Gin

- 진Gin에 영국이나 프랑스에서 자생하는 오얏열매Sloe Berrys로 맛을 내고, 당분을 가미하여 만든 붉은색의 리큐르 도수는 30%이며, 여성용 칵테일에 많이 사용된다.
- 슬로 진 피즈Sloe Gin Fizz가 대표적이다.

(2) 체리 브랜디Cherry Brandy

- 버찌와 브랜디를 혼합하여 만든 리큐르이다.
- 덴마크와 네덜란드의 것이 유명하다.
- 도수는 24.4%이며, 암적색이다.

(3) 마라시노Mara Chino

- 아드리아해의 서쪽해안 달마티아Dalmatia 지역에서 자생하는 야생버찌의 씨를 으깨어 만든 리큐르이다.

(4) 피치 브랜디Peach Brandy

- 복숭아를 담가 숙성시켜 당분을 첨가하여 브랜디를 혼합하여 여과시킨 리큐르이다.

(5) 에프리콧 브랜디Apricot Brandy

- 브랜디에 살구향과 당분을 더한 리큐르이다.
- 향이 감미로워 여성용의 식후주로 적합하다.

### 3) 크림류 리큐르

크림Creme이란, 최상의 뜻으로 당분이 40~45% 정도로서 달게 만들어진 리큐르를 말하며, 주요원료로는 과일차, 꽃나무껍질, 커피 등 매우 다양하다.

(1) 크림 디 카카오Creme de CaCao

- 코코아와 바닐라의 향을 낸 리큐르로 갈색Brown과 무색White의 두 종류가 있다.

(2) 크림 디 민트Creme de Menthe

- 증류주에 박하향과 약초를 가미한 것으로 그린, 무색, 핑크색이 있다. 도수는 약 30% 정도이다.

(3) 크림 디 바이올렛Creme de Violet

- 오랑캐꽃(제비꽃) 잎을 주원료로 하고 향초류 등을 혼합하여 만든 보라색 리큐르이다.

- 도수는 32%이며, 크림 디 야베트Creme de Yvette와 비슷하다.

(4) 크림 디 카시스Creme de Cassi

- 버무스Vermouth에 나무열매로 만든 포도주과의 리큐르이다.

(5) 크림 디 바나나Creme de Banana

- 바나나 원료이다.

(6) 크림 디 어내너스Creme de Ananas

- 파인애플 원료이다.

(7) 크림 디 카페Creme de Cafe

- 중성 알코올에 볶은 커피콩을 담가 우려내고 당분을 보탠 커피향의 리큐르이다.

(8) 크림 디 로즈Creme de Rose

- 장미의 원료이다.

(9) 크림 디 초콜릿Creme de Chocla

- 초코의 원료이다.

(10) 크림 디 만다린Creme de Mandarine

- 귤의 원료이다.

### 4) 종자류 리큐르

향초류나 약초의 씨앗으로 만든 리큐르로 아니세트Anisette, 큐멜Kummel, 칼루아Kahlua

등이 있다.

(1) 아니세트Anisette

- 아니스Anis라는 약초의 씨로 만든 술로 감초의 맛이 난다.
- 마약과 같은 일종의 신경을 흥분시키는 성분이 함유되어 있다.

(2) 큐멜Kummel

- 회향초열매를 주원료로 증류하여 만든 무색투명한 리큐르이다.
- 독성이 있다.

(3) 카루아Kahlua

- 멕시코의 대표적인 커피 리큐르이다.
- 데킬라Tequila에 커피와 코코아, 바닐라를 혼합하여 만든 것이다.
- 도수는 26.5%이다.

### 5) 벌꿀Mead류 리큐르

(1) 드람부이Drambuie

- 스코틀랜드의 대표적인 스카치위스키Scotch Whisky에 약초, 벌꿀을 혼합하여 만든 영국의 대표적인 리큐르이다.
- 도수는 40% 정도이다.
- '만족시키는 음료'라는 의미이다.

(2) 아이리시 미스트Irish Mist

- 아일랜드 위스키Irish Whisky에 약초, 벌꿀을 가미하여 만든 리큐르이다.

### 6) 항초류 리큐르

향초나 약초를 추출해서 만든 리큐르이다. 베네딕틴, 샬트루즈, 솔라, 갈리아노 등이 있다.

#### (1) 베네딕틴Benedictine

- 1510년경 프랑스 노르만디Normandy의 베네딕트수도원에서 수도승 돈베트날드빈세리에 의해 유래되었다. 여러 가지 약초를 배합하여 신비로운 약초 엣센스를 추출해 만든 액체를 신께 바치고 기도를 올렸다고 전해진다. 그 후 비법이 왕가에도 알려졌으며, 술병에 D.O.M이란 명칭이 부여되었다. 이것의 의미는 라틴어로 '최선을 다해 최대의 신께 바친다.Deo Optimo Meximo'라는 뜻이다.
- 황금빛 색으로 프랑스 리큐르 중 가장 우수하다.
- 도수는 40%이다.
- 피로회복 효능이 있다.
- B&B는 베네딕틴과 브랜디를 혼합한 리큐르이다.

#### (2) 샬트루즈Chartreuse

- 리큐르의 여왕으로 불려진다.
- 옐로우 색이다.
- 도수는 43%와 55%의 두 종류가 있다.

#### (3) 갈리아노Galliano

- 이탈리아 화주Spirits에 약초와 당분, 바닐라향을 보태어 만든 리큐르이다.
- 알코올 도수는 35~40%이다.
- 옐로우, 무색, 엘더베리향의 갈리아노가 있다.
- 칵테일용으로는 옐로우가 많이 쓰인다.

### 7) 에프리티프Aperitif류 리큐르

식욕증진을 위한 식전용 술로써 자양강장 등의 효능이 있다. 대표적인 종류는 다음과 같다.

#### (1) 버무스Vermouth

- 독일어 베르무트Wermut라는 말에서 유래된 것으로, 약초인 향 쑥을 주원료로 하여 키나 코리엔더 등의 열매를 사용하여 만든 혼성주이다.
- 버무스의 분류는 다음과 같다.
  - 드라이 버무스Dry Vermouth : 무색에 가까운 엷은 엽황색이며, 도수가 18~20% 정도이다.
  - 스위트 버무스Sweet Vermouth : 감미가 있고 색이 암적색이며, 도수는 16~17% 정도이다.

#### (2) 캄파리Campari

- 포도주에 여러 약초를 가미하여 만든 쓴맛이 강한 리큐르이다.
- 주산지는 이탈리아이며, 칵테일로는 캄파리 & 소다Campari & Soda가 유명하다.

#### (3) 두보넷Doubonnet

- 와인을 주제로 키나 피 또는 여러 약초를 첨가하여 만든 것이다.

#### (4) 아멜 피콤Amer Picom

- 영어의 비터라는 뜻으로 매우 쓴맛이 강한 리큐르이다.

#### (5) 알티쇼크Artishoque

- 엉겅퀴와 약초를 혼합하여 만든 것이다.

(6) 앙고스트라 비터Angostura Bitter

- 베네수엘라의 옛 지명 이름으로, 현재는 '보리바'로 불리어진다.
- 주정에 초근목피 등의 약초에 열매 등을 담가, 향기가 높고 쓴맛이 나는 약재의 리큐르이다.
- 도수가 48%이며, 열병약으로도 사용된다. 따라서 건위강장 해열제 효능이 있다.
- 비터Bitter는 원래 쓴맛의 술이란 뜻의 영어이다.
- 진 비터Gin Bitter, 오렌지 비터Orange Bitter 등이 있다.
- 비터는 향을 좋게 하고자 칵테일용으로 많이 사용된다.[12)]

**칵테일조주 계량법**

- 1dash(대시) = 5~6drop
- 1pony(포니) = 1온스(30㎖)
- 1Jigger(지거) = 1½온스(45㎖)
- 1Split(스플리트) = 6온스(180㎖)
- 1Pint(핀트) = 16온스(2컵 = 480㎖)
- 1Gallon(갈론) = 128온스(4쿼터)
- 1Jeroboam(제로봄) = 3ℓ(liter)
- 1승 = 1.8ℓ
- 1t.s(티스푼) = ⅛온스
- 1finger(핑거) = 1온스(30㎖)
- 1Gill(길) = 4온스(120㎖)
- 1Cup(컵) = 8온스(240㎖)
- 1Quart(쿼트) = 32온스(4컵 = 960㎖)
- 1 Magnum(마그넘) = 1.5ℓ(liter)
- 1합 = 180㎖

**글라스 용량의 표준범위**

- Cocktail Glass : 3oz(90㎖)
- Double Cocktail Glass : 4~5oz
- Brandy Glass : 8oz
- Tumbler : 10oz
- Old Fashioned : 9oz(270㎖)
- Champagne Glass : 5oz

12) 비터는 반드시 물이나 칵테일용으로 희석하고 흔들어서 사용해야 하며, 1잔에 1~2대시(Dash) 정도만 사용한다. 1대시(Dash)는 5~6방울(Drop) 정도이다.

SECTION 5
# 칵테일

## 1. 칵테일의 유래와 특징

칵테일Cocktail이란, Cock(수탉)+Tail(꼬리)의 합성어로 영국 선원들이 위스키를 스트레이트로 즐겨 마셨는데, 그것이 마치 수탉의 꼬리 형상과 닮았다고 하여 스페인어로 '꼬라 데 가죠Cora de Gallo'라 했다. 이것이 영어로 'Tail of Cock'로 의미가 전달되면서 오늘날 칵테일이 되었다고 한다.

오늘날 칵테일이란 의미는 술이라는 주재료에 탄산음료, 과즙 등의 부재료를 혼합하여 만든 음료의 총칭을 말한다. 즉 칵테일이란 2가지 이상의 재료를 혼합하여 만든 믹스 드링크Mixed Drink를 의미한다.

칵테일의 특징은 다음과 같다.

- 아름다운 색체가 있다.
- 독특한 향과 맛이 있다.
- 감미로운 맛과 분위기가 있다.
- 다양한 알코올 도수를 가지고 있다.

## 2. 칵테일의 분류

### 1) 칵테일의 T.P.O에 의한 분류

칵테일은 시간Time, 장소Position, 경우Occasion에 따라서 다음과 같이 구분한다.

(1) 애피타이저Appetizer Cocktail

식욕을 촉진시키는 식전용 칵테일로, 감미는 약하나 쓴맛의 드라이한 칵테일이 여기에 속한다. 대표적인 종류는 마티니, 맨해튼, 캄파리 & 소다, 스크루 드라이버, 솔티 도그, 기브슨 등이 있다.

(2) 애프터 디너After Dinner Cocktail

식후의 소화를 돕는 칵테일로 감미가 있고 단맛의 풍미가 있는 것이 알맞다. 대표적인 종류는 알렉산더, 블랙 러시안, 그래스호퍼, 골든 드림 등이 있다. 그리고 브랜디를 이용한 칵테일이나 달콤한 리큐르 종류도 식후용으로 어울린다.

### 2) 칵테일의 3대 미각

- 드라이Dry : 독하고 쓴맛의 칵테일이다.
- 스위트Sweet : 감미롭고 단맛의 칵테일이다.
- 사우어Sour : 신맛이 강한 칵테일이다.

## 3. 칵테일의 조주방법

### 1) 셰이커Shaker법

2셰이커라는 기구를 이용하여 혼합할 수 있도록 흔들어서 만드는 기법을 말한다. 흔드는 방법은 직진법, 좌 · 우법, 상 · 하법, 타원형법, S형법 등이 있다. 셰이커는 캡Cap, 스트레이너Strainer, 바디Body로 분리된다.

### 2) 스터Stir법

믹싱 글라스에 각종 재료와 얼음[13]을 넣어 바 스푼으로 혼합하는 방법이다. 이때 스트레이너Strainer는 얼음을 걸러주는 역할을 한다.

### 3) 빌드Build법

손님에게 제공할 서빙 글라스에 직접 술과 재료를 채워서 혼합하여 제공하는 방법이다.

### 4) 플로트Float법

글라스에 술을 여러 겹으로 층층이 쌓는 기법을 말한다. 이 방법은 비율이 무거운 것부터 쌓는데, 즉 알코올 도수가 높고 비율이 낮을수록 술은 가벼워서 위로 쌓이게 된다. 술을 여러 겹으로 쌓는 요령은 바 스푼을 뒤집어 글라스 벽면에 부착시켜 술을 그 위에 조금씩 흘러내리게 하면 된다. 이때 주의할 점은 기구나 글라스의 물기를 완전히 제거하고 술을 순서대로 쌓아야 한다.

## 4. 칵테일의 용어

- 스트레이트Straight : 술을 조합하지 않고 그대로 마시는 것. 도수가 강한 스프리츠, 리큐어를 스트레이트로 마신다.
- 체이스Chaser : 스트레이트로 술을 마실 때 입 안을 산뜻하게 하기 위해 곁들여 내

13) 얼음은 가루얼음(Shaved Ice), 작은 얼음(Cracked Ice), 각 얼음(Cube Ice), 덩어리 얼음(Lump Ice)이 있다. 칵테일에는 작은 얼음과 각 얼음을 사용한다.

는 음료. 물이나 소다수, 진저엘 등의 탄산음료, 맥주 등이 해당된다.

- 온더락스On the Rocks : 얼음이 채워진 글라스에 술을 부어 마시는 것을 말한다.
- 온스Ounce : 칵테일의 용량 단위를 말하며, 1온스는 30㎖에 해당한다.(1온스 = 1포니Pony = 1샷Shot = 1핑거Finger)
- 지거Jigger : 칵테일의 용량 단위이며, 미국에서는 45㎖에 해당하는 양을 1지거라고 한다.
- 드롭Drop : 방울이란 의미로서 용량을 의미한다.
- 대쉬Dash : 비터를 흔들어서 뿌릴 때 그 양을 말하며, 1Dash = 5~6Drop(방울)에 해당한다.
- 싱글Single : 스트레이트로 양주제공 시 1인분의 양에 해당한다. 즉 위스키 싱글로 1잔이란 말은 위스키를 스트레이트로 1인분(1온스)을 담아 제공하는 것을 말한다.
- 더블Double : 싱글의 두 배로서, 1잔에 2온스(60㎖)의 양을 담아 제공한다.
- 드라이Dry : 술이나 칵테일에 대한 맛의 표현이며, 이는 '독하다, 쓰다'를 의미하며, 불어로는 섹크Sec로 표현된다.
- 스위트Sweet : 술이나 칵테일에 대한 맛의 표현이며, '감미로운 맛'의 표현이다. 드라이Dry의 반대 의미이며, 불어로는 독스Doux로 표현된다.
- 사우어Sour : 술이나 칵테일에 대한 맛의 표현이며, 신맛을 의미한다.
- 디캔터Decanter : 와인이나 양주를 옮겨 담는 유리병이며, 옮겨 담는 것을 디캔팅Decanting이라고 한다.
- 칠링Chilling : 사전에 글라스를 냉각시켜 놓는 것을 말한다. 즉 글라스 쿨러Glass Cooler에 넣어놓거나 글라스에 얼음을 담아놓아 칵테일 제공시 얼음을 비워 글라스를 차게 하는 것을 말한다.
- 프로스팅Frosting : ① 글라스에 찬 느낌을 주고자 글라스를 냉장고에 넣어놓거나 가루얼음 속에 파묻어놓았다가 꺼냈을 때 하얗게 만든 것을 아이스 플로스팅Ice Frosting이라 한다. ② 글라스 가장자리에 레몬즙을 묻혀 소금이나 설탕을 바르는 방법을 말하며 일명 스노우 스타일Snow Style이라고도 표현한다.
- 레시피Recipe : 칵테일 만드는 메뉴 처방전을 말한다.

- 슬라이스Slice : 레몬이나 오렌지를 얇게 썰어내는 것을 말한다.
- 피일Peel : 과일의 껍질을 말한다. 즉 장식이 필요한 칵테일은 과일껍질로 장식하여 제공한다.
- 하프 앤 하프Half and Half : 서로 다른 두 종류의 술을 반반씩 채워내는 말이다.
- 패니어Pannier : 와인 바구니이다.
- 핫 드링크Hot Drink : 보통 62~66℃ 정도로 제공하는 뜨거운 음료이다.
- 프로트Float : 칵테일을 만드는 기법 중의 하나이며, 술을 섞이지 않게 층층이 쌓는 기법을 말한다.

P A R T 5

# ICT융합 식음료부문

4th Industrial Revolution

ICT Convergence

**Food & Beverage Management**

07 CHAPTER

# ICT활용과 식음료경영

SECTION 1

## ICT융합과 활용

### 1. ICT 개념과 관광산업

본 장에서는 정보통신기술ICT 기술에 대해 정의하고 이러한 기술이 어떻게 관광산업에 기여했는지 살펴보고, ICT 기술의 구성요소와 활용의 변화에 대해 알아본다. 또한 현재 우리시대를 뜨겁게 달구며 4차산업혁명의 기폭제가 되고 있는 빅데이터, 클라우드 컴퓨팅, 사물인터넷, 가상 및 증강현실, 인공지능에 대해 살펴본다. 또한 이러

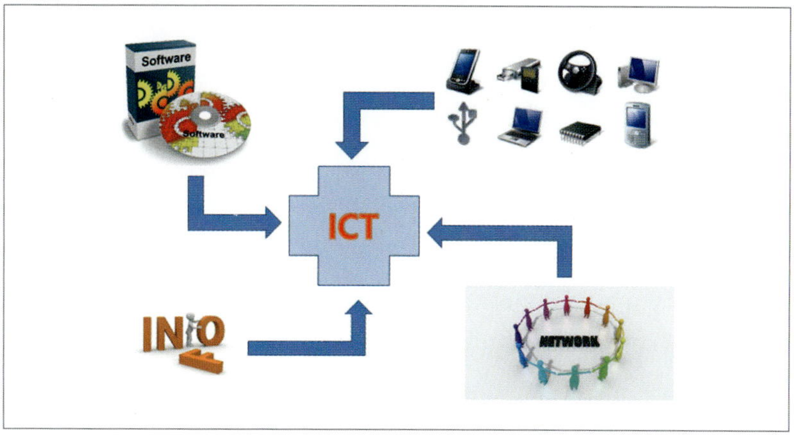


그림 7.1 정보통신기술(ICT)의 의미

한 지능정보기술들이 호텔, 관광산업 분야에 어떠한 영향을 끼치며, 이용되고 있는지 살펴보고, 향후 이들을 어떻게 활용할지에 대해 생각해 보도록 한다.

현재보다 미래의 사회에서는 ICTInformation and Communication Technology 기술이 발전하면서 우리사회의 모든 영역에 커다란 변혁을 초래하게 되었다. 20세기 중반부터 시작된 정보혁명은 더욱 가속화되어 이제 정보통신기술 없이 어떤 영역도 제대로 작동할 수 없게 되었고, 빠르게 변화하는 산업 현장에서 정보통신기술 없이 경쟁력을 확보할 수 없게 되었다.

정보통신기술이란 정보기술의 확장형 동의어로 자주 사용되지만, 통합 커뮤니케이션의 역할과 원거리 통신(유선 및 무선통신), 컴퓨터, 더 나아가 정보에 접근하고 저장하고 전송하고 조작할 수 있게 하는데 필수적인 소프트웨어, 미들웨어, 스토리지, 오디오, 비주얼시스템을 강조하는 용어이다. 즉 정보통신기술은 그림 7.1에서 보듯이 하드웨어, 소프트웨어, 네트워크(통신) 및 정보(데이터)를 융합으로 활용하는 모든 기술을 의미한다.

2009년, 세계적 경제지 〈Forbes〉는 지난 30년 동안 인류에 가장 큰 영향을 미친 30가지 혁신적 기술에 대한 조사에서 인터넷과 웹이 1위에 올랐고, 2위에서 4위까지 PC, 모바일폰, 이메일이 차지했다. 이것을 보더라도 정보통신기술이 인류에 미치는 영향력이 얼마나 지대한지 이해할 수 있다. 이제 ICT 기술은 우리사회를 변화시켰을 뿐만 아니라 인간의 의식과 생활양식에도 큰 영향을 미치고 있다.

## 2. ICT 구성요소와 활용

### 1) ICT 구성요소

ICT 기술의 구성요소는 그림에서 볼 수 있듯이 하드웨어, 소프트웨어, 알고리즘, 통신망, 사람(이용자 또는 참여자) 및 정보로 나누어 볼 수 있다. 하드웨어와 통신망은 ICT를 가능케 하는 물리적 인프라를 의미하고, 소프트웨어는 물리적 인프라 환경에서의 활용을 기술하는 구성요소이다. 소프트웨어의 핵심은 문제를 해결하는 절차

Procedure, 즉 알고리즘에 달려있다고 해도 과언이 아니다. 알고리즘은 주어진 문제를 해결할 수 있어야 할 뿐만 아니라, 가장 효율적인 방식으로 해결할 수 있어야 한다. 또한 소프트웨어는 데이터(정보)를 처리하여 결과를 다시 데이터로 생성한다. 이러한 의미에서 데이터 또는 정보는 ICT의 가장 중요한 요소의 하나라 할 수 있다. 데이터는 숫자와 문자는 물론 이미지, 사운드, 목소리, 비디오 등 매우 다양한 형태를 가지며 다양한 입력장치를 사용하여 컴퓨터에 입력된다. 이러한 모든 과정에서 사람은 이용자 또는 데이터 생산자로서 존재한다. 데이터가 이용자에 의해 소비되기도 하고 소셜미디어Social Media에서는 참여자가 직접 콘텐츠를 생성한다.

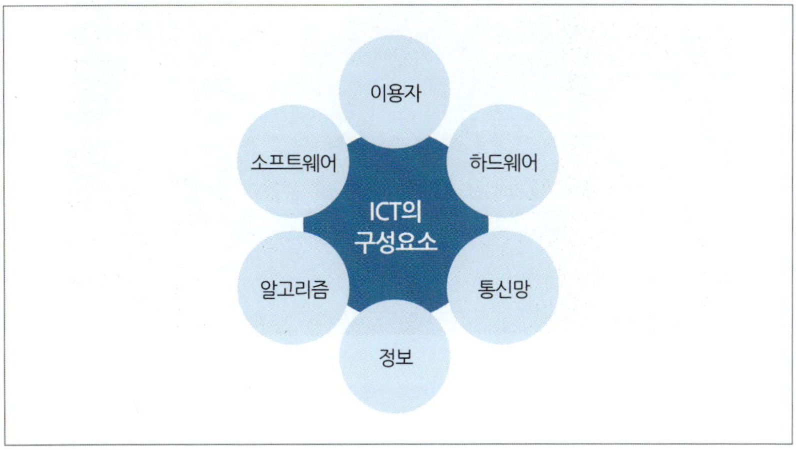


출처 : http://www.slideshare.net

그림 7.2 ICT의 구성요소

### 2) ICT의 활용

인터넷서비스를 이용하기 위해 초기에 대부분의 사용자는 가정에서 모뎀Modem을 이용해 왔으나, 최근에는 ADSL / VDSL, 케이블 모뎀 또는 광케이블을 이용함으로써 초고속 인터넷서비스가 가능하게 되었다. 1990년대 후반부터 한국, 일본, 유럽연합EU 등 모든 선진국들이 인터넷 속도를 획기적으로 증가시키기 위해 최선의 노력을 경주하고 있다. 인터넷을 통해 정보를 초고속으로 전송하는 것이 마치 자동차가 고속도로를 질주하는 개념과 유사하다 하여 정보의 슈퍼하이웨이Information Superhighway라 부른다.

1990년대가 지나면서 인터넷에 연결하는 호스트컴퓨터 수가 더욱더 증가하고 인터넷을 통해 상업적 이익을 얻는 점과 자본주의가 맞물리면서 인터넷 이용자 수는 더 증가하고, 2017년 통계로 지구촌에서 37억 명 이상이 사용하는 거대 네트워크가 될 수 있었다. 초기에는 엘리트 집단에서 간단한 문자Mail를 전송하는 인터넷이었지만, 오늘날은 인류사회에서 없어서는 안 될 가장 중요한 것이 되었다.

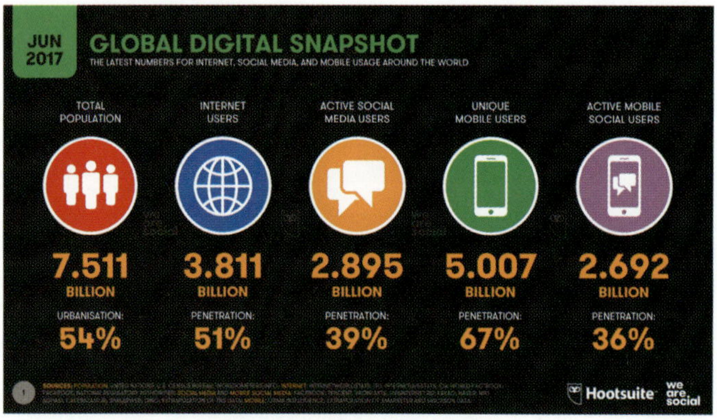


출처 : https://flarecreativ.com

그림 7.3 전 세계 인터넷 사용현황

이제 인터넷을 단지 컴퓨터들을 연결하기 위한 수단으로 생각하기보다는 이용자 상호간에 인터넷을 이용하여 의견과 생각을 중재하고 서로 협업하기 위한 환경으로 이해하는 것이 바람직하다.

인터넷의 성공은 기술적인 측면보다 인간이 작업하고 살아가는 방식에 지대한 변화와 영향을 주었다는 사실에 기인한다. 인터넷의 확산 속도는 과거 TV, 라디오, 전화 등 어떤 미디어보다도 빠르며, 특히 웹을 통한 전자상거래가 확산되면서 인터넷의 이용이 급속히 증가했다. 이로 인해 인터넷경제Internet Economy라는 용어도 생겨나게 되었으며, 기업이나 조직에도 파고들어 정보처리시스템이 인터넷을 중심으로 재편되었다.

SECTION 2

# ICT융합 식음료경영

## 1. 식음료의 ICT 활용

식음료와 관련된 전반적인 정보가 모바일을 통해 유통되면서 식음료 앱App 시장의 경쟁도 치열해지고 있다. 이러한 사례를 소개하면 다음과 같다.

첫째, 모바일 앱App 장터 분석업체 앱애니가 발표한 '앱 경제에서 여행업체가 살아남는 방법' 보고서에 따르면, 2016년 전 세계 여행 관련 앱 다운로드 건수는 약 30억 건으로 2015년보다 20% 증가하였고 2014년과 비교하면 50%나 상승한 수준이며, 스마트폰에서 앱을 통한 예약의 비중은 2014년 12%에서 2016년 54%까지 증가했다. 보고서에서는 여행도 디지털산업이라며 앱을 중심으로 구축되는 환경에 최적화해야 살아남을 수 있다고 분석했다. 특히 과거 모든 서비스를 대행해 주는 여행사에 맡기는 추세에서 개별적인 요구를 충족할 수 있는 다양한 전문서비스들을 적극적으로 활용하려는 변화가 두드러지고 있으며, 검색과 예약 정보를 통합적으로 제공하는 웹사이트에서 쉽게 가격을 비교할 수 있는 환경은 여행시장의 경쟁을 심화시키고 있다.

출처 : http://blog.naver.com

그림 7.4 ICT와 카페의 융합

둘째, 항공사의 경우를 살펴보면, 실제 다양한 항공사 앱App들이 원격 체크인, 좌석 선택, 여권 스캔, 공항 지도, 실시간 운행 업데이트, 기내 엔터테인먼트 등의 서비스를 제공하고 있다. 저가항공사들은 앱 안에 애플의 간편결제서비스 애플페이Apple Pay 등을 통합 적용하여 결제 편의성을 높이고 있으며, 미국 델타항공사는 승객이 비행 중에도 자신의 수화물 위치를 확인하고 문제가 생기면 바로 고객서비스에 연락할 수 있도록 하고 있다. 이 같은 모바일로의 전환 노력 덕분에 2016년 유럽 10위권 내 항공사 앱의 월평균 이용자 수는 2014년 대비 150% 늘었다. 같은 기간 저가항공 앱인 이지앱에서 모바일 탑승권을 이용하는 승객의 수도 60% 이상 늘었다. 작년 기준 아일랜드 저가항공사 라이언에어의 경우 웹 트래픽의 55%가 모바일에서 발생했다.

## 2. 식음료의 모바일 활용

출처: 녹색경제신문(http://www.greened.kr: 2018.4.30.)

여행과 관련된 전반적인 정보가 모바일을 통해 유통되면서 여행 앱App 시장의 경쟁도 치열해지고 있다. 녹색경제신문에 의하면, 식음료 업계의 모바일 앱은 더 편리한 배달 · 주문 서비스를 제공하는데 이어 게임이나 이벤트 등 다양한 활동으로 재미를 선물하고 소비자가 브랜드와 더 친숙해질 수 있는 계기를 만들어내고 있다. 즉 정보의 전달보다는 소비자에게 재미를 주는 것에 더욱 집중하여 자연스럽게 제품과 친숙해지도록 한다는 것이다. 또한 호텔숙박 앱 '여기어때'는 최근 IoT 전문기업 '인더코어 비즈니스 플랫폼'과 〈스마트 객실 구현을 위한 업무협약〉을 체결하고, 호텔 고객이 스마트폰으로 TV와 에어컨, 커튼, 조명 등 머물고 있는 객실환경을 직접 제어할 수 있도록 하였다. 그리하여 호텔 고객 편의를 위한 객실서비스가 크게 개선될 것이며, 호텔 입장에서는 고객맞춤형서비스 제공을 통해 고객만족도 제고 및 재방문 유도를 통해 매출을 증대하고, IoT를 활용하여 공실 온도제어를 통한 비용절감을 통해 부가적인 이익을 누릴 수 있게 된다.

그리고 롯데호텔 모바일 앱은 식음료영업장에서 다양한 할인혜택을 받을 수 있을 뿐만 아니라 '오늘의 추천다이닝' 서비스를 받을 수 있다는 모바일마케팅을 경험하게 된다.

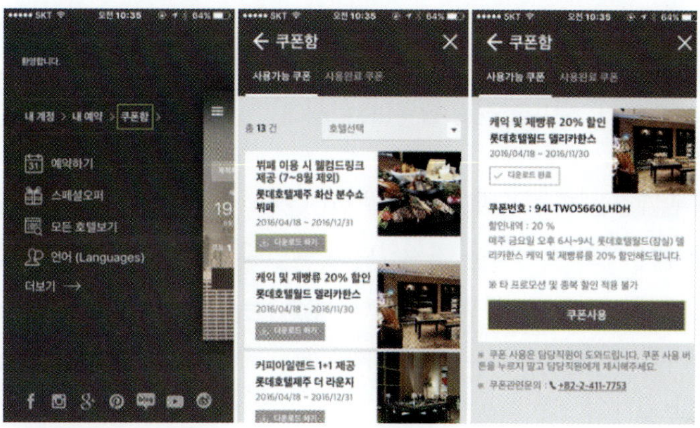


출처 : 롯데호텔 블로그(http://blog.lottehotel.com: 2018.5.11.)

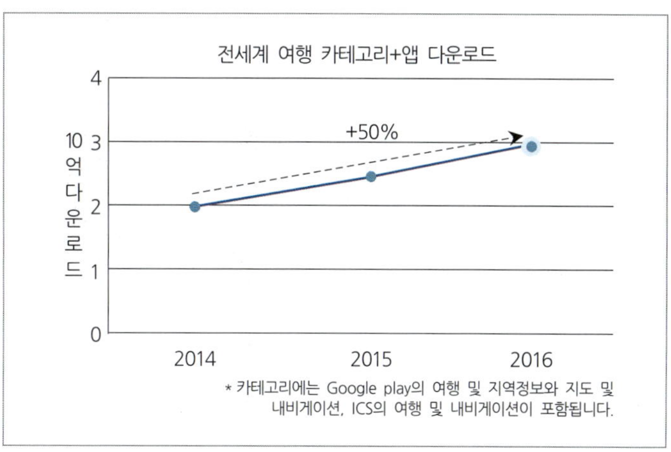


그림 7.5 전 세계 여행 카테고리 앱 다운로드

이와 같은 보고서는 한결같이 앞서 모바일 생태계에 발맞춰 적응하기 시작한 항공산업의 변화에 주의를 기울여야 한다고 분석했다. 항공사를 직접 통하지 않고 예약전문업체를 이용하는 고객이 늘면서 항공사들이 고객과의 관계를 넓히기 위한 수단으로 앱을 활용하기 시작했다는 설명이다. 이는 "다른 서비스와 대척하기보다는 교차로 판매할 수 있는 하나의 플랫폼으로 앱을 성장시키고 고객의 데이터도 앱 안에서 효과적으로 수집하고 있다."고 덧붙였다.

### 1) 항공권과 숙박 예약뿐 아니라 세계 각지의 호텔 상품 비교, 공항 찾기, 관광일정 계획까지 스마트폰을 활용하는 시대

여행업계 관계자는 호텔조인이 글로벌 OTAOnline Travel Agency : 온라인여행사와 신흥숙박앱과의 경쟁에서 예고된 몰락을 가져왔다는 원인이 "시장이 모바일 앱 중심으로 재편되었는데, 호텔조인은 PC 웹 기반을 고집해왔다는 것이 몰락의 이유"라고 했다. 이러한 것은 숙박 예약뿐 아니라 항공권시장 판도도 변했다. 2000년대 초반 항공여객판매대금BSP 부문에서 수위권을 차지하던 탑항공은 최근 20위권 밖으로 밀려났다. 탑항공 관계자는 "여행사보다 온라인서 가장 싼 요금을 비교하는 게 요즘 트렌드"라며 "스카이스캐너 등에서 항공 · 숙박을 검색하고 익스피디아 등 글로벌 OTA를 통해 예약하는 방식"이라고 하였다.(중앙일보, 2018.4.9.)

출처 : 월요신문(www.wolyo.co.kr, 2018.3.30.)

출처: 앱애니

**그림 7.6 궁극적인 여행도구 모바일 앱**

이와 같이 모바일의 활용도가 높아짐에 따라 여행 관련 앱들도 여행객들에게 영향력 있는 콘텐츠를 다양화하고 새로운 가치를 제공해야 한다고 조언하며, 새로운 시도에 나선 기업들을 예로 들었는데, 호텔 체인 메리어트인터내셔널Marriott International Inc.은 앱으로 객실 문을 열고 잠그는 기능을 추가했다. 여행사이트 트립어드바이저TripAdvisor, Inc.는 지도와 후기를 미리 저장할 수 있는 서비스로 고객들이 로밍요금을 아낄 수 있도록 하고 있다. 또한 스마트폰 이용자들은 매달 평균적으로 30개가 넘는 앱을 이용하고 있으며, 이는 앱이 효과적인 채널이라는 의미도 되지만 동시에 고객의 관심을 끌기 위해 경쟁하는 앱들이 많다는 것이라고 설명했다. 이어 앱 마켓 최적화, 앱에 맞는 사용자 확보전략 수립 등을 통해 앱 경쟁시장에서 두각을 나타내야 도약할 수 있다고 강조했다.

### 2) 호텔의 다양한 핸디서비스

서울 웨스틴조선호텔은 국내 최초로 스마트폰 형태의 '핸디Handy'를 도입한다고 밝혔다. 핸디 기기는 호텔 내 전 객실에 배치되며, 호텔의 고객들은 무료로 핸디서비스를 이용할 수 있다.

출처 : 중앙일보

**그림 7.7 호텔의 핸디서비스**

스마트폰 형태의 핸디는 호텔 내뿐만 아니라 외부에서도 사용이 가능하다. 먼저 국내·외 전화를 무료로 이용할 수 있으며, 무제한 LTE 인터넷 데이터를 제공하여 언제 어디서나 웹서핑이 가능하다. 따라서 해외에서 한국을 방문하는 고객들은 로밍을 하거나 인터넷을 쓰기 위해 와이파이를 찾는 불편함을 겪지 않아도 된다. 또한 근처 관광지, 레스토랑 등 다양한 도시 관광가이드 정보가 탑재되어 있으며, 공연 티켓도 핸디에서 구매할 수 있다.

원터치 호텔서비스가 핸디에 탑재되어 있어 해외고객뿐 아니라, 국내고객도 호텔 이용이 보다 편리해진다. 인 룸 다이닝In Room Dining 주문뿐 아니라 슬리퍼, 수건, 욕실 용품 등 호텔 소모품 및 서비스용품의 주문 및 객실정비 요청서비스까지 원격으로 가능하다. 호텔 외부에서 업무를 보다가도 간단한 입력으로 호텔 도착하는 시간에 맞춰 서비스를 받을 수 있게 했다. 호텔 측은 해외 및 국내 고객의 편리성을 강화시켜 고객만족도를 높이고 궁극적으로는 한국관광의 질을 높이는데 기여하고자 핸디서비스를 도입했으며, 앞으로 호텔업계도 4차산업혁명에 대응하고자 모바일 컨시어지서비스Concierge Service를 더욱 강화할 것이라고 한다.

### 3) 의료관광 앱 서비스

2015년 9월 중국 법인명 아이보우를 설립하고 중국 론칭을 준비해 온 딜리버리서비스의 의료서비스 앱 '강남가자'가 지난 2016년 3월 19일 중국에서 론칭했다. '강남가자'는 18일 중국 '치후 360닷컴'의 등록심사를 통과하여 중국에서 '去江南'으로 검색이 된다.

출처: 전자신문

그림 7.8 딜리버리서비스의 의료서비스 어플

중국 안드로이드 시장의 80%는 바이두, 치후 360닷컴, 텐센트가 점유하고 있으며, 이 빅3 마켓에 한국기업의 의료견적 · 관광 플랫폼으로는 유일하게 '강남가자'가 등록에 성공했다. '강남가자'는 한 달 후에는 바이두에도 등록을 계획하고 있다.

의료견적 · 관광 플랫폼 '강남가자'를 이용하면 중국고객은 성형외과, 안과, 치과 등 한국의 수많은 병원과 중국 현지에서 위챗(개방형 메신저, 약 7억 명 이용) 등 커뮤니케이션 수단을 이용해 상담하고 의료견적을 받을 수 있게 된다. 또한 한류 스타들이 다니는 헤어, 뷰티숍 정보와 함께 다양한 관련 쿠폰도 제공하면서 중국 의료 및 관광객의 발길을 한국으로 이끌 계획이다.

최근 불법 브로커의 폐해로 중국 의료관광객이 일본, 싱가포르 등으로 발길을 돌리고 있는 상황에서 한국의 병원과 중국 의료관광객을 직접 연결하는 '강남가자'는 중국 의료 · 뷰티 관광객의 유입을 다시 활성화시키는 계기가 될 것을 전망하고 있다.

## 3. 식음료의 사물인터넷

### 1) 사물인터넷 기술의 유래 및 정의

요즘 자주 회자하는 사물인터넷IoT : Internet of Things이라는 용어의 탄생은 1999년으로 거슬러 올라간다. 인터넷이 탄생한지 정확히 30년 후의 일이다. 당시 매사추세츠공과대학MIT의 오토아이디센터Auto-ID Center 소장 케빈 애시턴Kevin Ashton이 향후 전자태그RFID : Radio Frequency IDentification와 기타 센서를 일상생활에 사용하는 사물에 탑재함으로써 사물들의 가시성을 확보할 수 있는 것처럼, 세상에 존재하는 모든 사물이 서로 연결될 수 있다면 새로운 세상이 펼쳐질 것이라는 생각에서 기인했다.

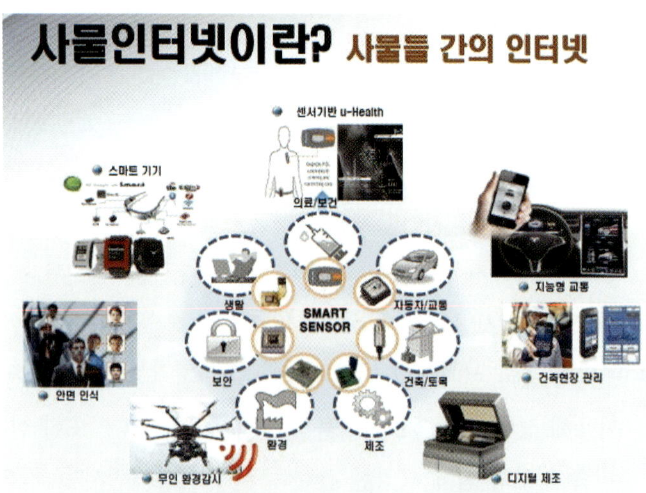


출처 : 한국사물인터넷협회

그림 7.9 사물인터넷

이후 사물인터넷의 개념은 RFID뿐만 아니라 다양한 센서 및 통신기술들과 결합하며 발전해나가기 시작했다. 대표적인 것이 무선센서 네트워크WSN : Wireless Sensor Network 기술과 사물지능망통신M2M : Machine-to-Machine 기술이다.

'사물인터넷이 기술인가, 하나의 패러다임인가?'라는 논의는 현재도 분분하다. 사물인터넷에 대한 정의도 분야별로 차이가 있으며, 때론 매우 추상적이기까지 하다. 2014년 미래창조과학부에서는 "사물인터넷은 사람 · 사물 · 공간 · 데이터 등 모든 것이 인터넷으로 서로 연결되어, 정보가 생성 · 수집 · 공유 · 활용되는 초연결 인터넷"으로 정의했다.

사물인터넷은 기본적으로 모든 사물을 인터넷으로 연결하는 것을 의미한다. 하지만 정말 중요한 것은 어떻게 인터넷으로 연결할 것인가? 보다는 왜 인터넷으로 사물들을 연결하는가에 있다. 사물인터넷의 궁극적 목표는 우리주변의 모든 사물의 인터넷 연결을 통해 사물이 가진 특성을 더욱 지능화하고, 인간의 최소한의 개입을 통해 자동화하며, 다양한 연결을 통한 정보융합으로 인간에게 지식과 더 좋은 서비스를 제공하는 데에 있다. 이를 위해서는 기존 인터넷에서 추구하던 컴퓨터의 연결이 아니라, 인간 · 사물 · 공간 · 무형의 데이터 등을 서로 연결하고 이로부터 수집된 다양한 정보를 분석하고 서로 공유하도록 하는 것이 중요하다.

### 2) 식음료와 IoT

2017년 국내 호텔산업은 IoTInternet of Things(사물인터넷)의 도입과 적용에 대한 활발한 고민을 시작했다. 대표적인 것으로 키리스시스템Keyless System, 스마트 객실제어시스템Smart Room Control System, 에너지 소비 모니터링시스템Energy Consumption Monitoring System 등 다양한 시도와 적용이 있었다. 차별화된 호텔경영의 경쟁력을 갖기 위한 이러한 노력은 호텔 경영자와 관계자들에게 신기하기도 하고 필요성에 대해 의문을 가지게도 만들고 약간의 혼란을 가져오기도 했다.

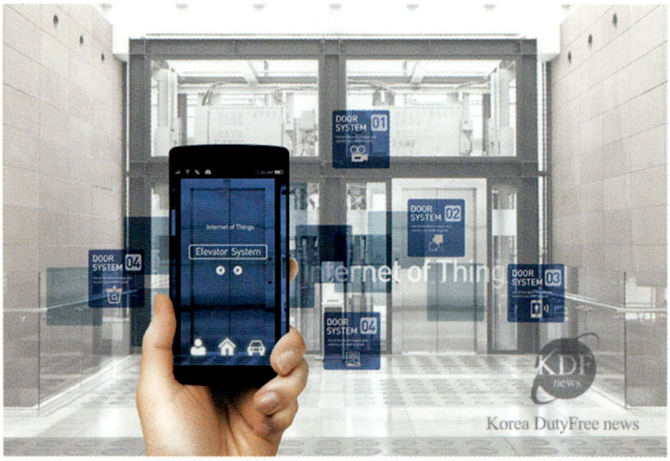


출처 : Korea Duty Free News(2017.02.20.)

**그림 7.10 사물인터넷 기반의 플랫폼서비스**

그러나 IoT는 대한민국 정부가 주도하는 신성장 동력이며, 전 산업분야에서 도입 및 적용 중인 시대적 흐름으로 이를 적절하게 운용할 줄 아는 능력이 필요하다는 것은 누구나 아는 상식적인 '직관Intuition'이다. 직관은 "감각, 경험, 연상, 판단, 추리 따위의 사유 작용을 거치지 않고 대상을 직접적으로 파악하는 작용"이라는 의미의 단어다. 바로 이 직관이라는 단어를 통해 IoT에 대한 시대적 필요성을 설명할 수 있다는 것이 2017년 호텔산업 IoT에 대한 설명이자 요약이라 하겠다.

2018년 호텔 IoT는 객실경험 강화를 통한 차별적인 고객 경험을 제공하는 시도가 확산될 것으로 보인다. AI(인공지능) 음성인식 스피커를 통한 객실제어 경험, 스마트폰 채팅을 통한 객실서비스 주문 및 매니저와의 의사소통, 비접촉 무자각 센서 활용 수면상태 모니터링 및 수면의 질 관리 서비스 제공, 고객 객실 내 활동별 조명 밝기 자동조절 기능 등의 새로운 객실 경험을 제공할 수 있게 될 것이다.

AI(인공지능)와 음성인식 스피커는 객실경험 강화에 필수적인 요소로써 키보드, 마우스, 모바일 앱 등의 기존보다 진화된 차별적인 입력기를 활용하여 고객에게 강렬한 첫 인상과 사용 경험 및 편의성 제공이 가능해지므로, 호텔의 객실 판매율을 상승 또는 유지시키는 중요한 요인으로 작용할 것으로 전망한다. 이를 위해 앰배서더호텔

출처 : 산업통상자원부(blog.daum.net)

그룹도 국내·외 주요 AI 플랫폼과 인공지능 스피커 제조사와 협의 중이며, 빠른 기능의 구현을 위한 개발 협력을 진행 중에 있다. 원격시설 제어는 호텔의 업무환경 개선과 인건비 절감의 효과를 가져 올 수 있을 것으로 전망한다. 센서를 활용한 소방 설비, 전기, 상수도, 난방시설의 실시간 자동화 모니터링을 구현하여 불필요한 인력의 배치 없이 안정적으로 무인점검이 가능하게 하며, 나아가 전력, 조명, 냉·난방기의 원격제어를 통한 에너지관리의 자동화도 실현이 가능하다. 이를 위해 앰배서더호텔 그룹도 솔루션 호텔 최적화 개발을 협의 중이며 PoCProof of Concept를 통한 솔루션의 가능성 검증을 준비 중이다.

4th Industrial Revolution

ICT Convergence

**Food & Beverage Management**

APPENDIX

# 부록편

4th Industrial Revolution

ICT Convergence

**Food & Beverage Management**

01 APPENDIX

# 호텔리어의 직업과 채용 환경

## 1. 호텔리어의 직업과 기업환경

### (1) 호텔기업의 환경

오늘날 인간은 의식주 충족의 기본수준을 초월한 고 욕구Hyper-need의 시대에 살고 있다. 특히 산업사회에서는 물질만능주의 풍조와 더불어 인간적인 가치와 지식, 자기 만족을 위한 관광레저의 욕구가 필연적으로 발생하게 되었다. 이러한 가운데 관광산업의 지속적인 성장과 더불어 우리나라는 외국인관광객이 꾸준히 증가하여 지난 2000년대에는 천만 명을 초과했다. 이와 더불어 호텔기업은 양적인 성장에서 질적인 성장으로 변화되어가는 과도기에 직면하게 되었다.

따라서 호텔기업은 과거와 같은 정보기술이나 경영전략을 가지고 오늘날 인간의 다양한 욕구와 가치를 실현시키는 데는 한계가 있다. 뿐만 아니라 호텔기업은 고학력 사회현상에 편승하여 풍부한 지식과 높은 학력 수준을 보유한 사람들을 채용하지만, 종사원들의 자질과 능력을 충분히 활용하지 못하고 조직이 기대한 만큼의 성과를 얻지 못하고 있는 실정이다.

따라서 현대의 호텔기업은 이러한 사회환경 및 기업환경의 변화와 더불어 새로운 경영전략을 수립할 때이다. 즉 호텔기업은 조직구성원이 보유한 내·외적인 개인의 지식을 조직적 지식으로, 조직적 지식을 개인의 지식으로 활용할 수 있도록 미래지향적인 기업환경의 구축이 요구되고 있다. 그 이유는 첫째, 호텔기업은 일반적으로 고정자산이 차지하는 비중이 높지만, 기업경영에 있어서는 인적자원(호텔리어)의 의존성이 더욱 높기 때문에 이것을 어떻게 효율적으로 활용하는가에 따라 기업의 가치가 결정되기 때문이다. 둘째, 호텔리어들이 보유한 무형자산에 해당되는 지식은 아무리 사용해도 고갈되지 않고, 오히려 사용할수록 그 가치가 배가되어 또 다른 새로운 지식을 창출하여 나아가 궁극적으로 경쟁자들이 쉽게 모방할 수 없는 특성을 지니고 있기 때문이다.

(2) 호텔리어Hotelier의 직업

직업이란 직(職)과 업(業)의 합성어로서 "생계를 유지하기 위해 자신의 적성과 능력에 따라 일정한 기간 동안 계속하여 종사하는 일"을 의미한다. 즉 인간은 삶을 영위하면서 의 · 식 · 주를 해결하기 위해 직업을 선택하고, 이직하면서 좀 더 가치 있는 직업을 선택하고자 끊임없이 노력한다. 또한 직업은 단순한 노동만을 강조하는 것이 아니라 자아실현의 매개체로서 자신의 욕구와 만족을 동시에 추구하는 공간이기도 하다. 또한 현재의 비즈니스 환경이 급속도로 변화됨에 따라 기업에서는 대체적으로 단순작업이 사라지고 있으며, 이에 직업에 종사하는 근로자들은 기업생존과 개인의 번영을 위해 자신이 무엇을 해야 할지 끊임없는 지식 축적을 기업으로부터 요구받고 있으며, 기업은 더욱 우수하고 유능한 근로자를 선별하려고 노력하고 있다. 특히 호텔기업은 무한경쟁시대가 도래함에 따라 유능한 호텔리어를 선발하고자 다양한 방법과 시스템을 도입하고 있다.

호텔리어Hotelier란 호텔직업에 종사하는 근로자를 총칭하는 말로써, 이는 호텔경영자 또는 관리자에서부터 종업원에 이르기까지 모두를 지칭하는 말이다.

## 2. 호텔리어의 채용 환경

인간이 직업을 선택한다는 것은 자신의 미래 인생과 관련된 중대한 문제이다. 또한 오늘날 사회현상에서 직업의 의미는 평생직장의 의미보다는 자신의 적성과 가치관에 따라 직업을 전환하거나 전환하기 위한 징검다리의 단계로 생각하는 사람도 많다. 그러나 삶의 궁극적인 목표는 행복추구로서 보람과 만족을 얻는 것이다. 따라서 인간이 행복한 삶을 추구하기 위한 기초적인 조건은 본인이 하고 싶은 일을 선택하여 지속적으로 자아실현을 추구할 수 있도록 직업을 선택하는 것이다.

그런데 우리나라 호텔리어의 채용 환경은 과거에는 수요와 공급의 균형적인 조건으로 말미암아 다소 수월하게 취업할 수 있었지만, 오늘날의 채용 환경은 그리 쉽지 않다. 또한 호텔기업의 근무환경이 매우 발전적으로 향상되면서 호텔리어를 희망하는 예비 호텔리어들이 상대적으로 많은 것도 그 원인이 될 수 있다. 하지만, 취업 희망자가 기업에서 진정으로 원하는 실무지식과 서비스의 자질을 균형적으로 갖추었다면 본인이 설정한 취업 목표를 충분히 달성할 수 있다.

우리나라 호텔기업의 취업조건은 등급별, 지역별로 다소 차이점을 나타내고 있지만, 몇 가지의 유형을 살펴보면 다음과 같다.

신입사원의 채용과정은 다음과 같다.

① 서류심사 → 면접 → 정규직

② 서류심사 → 면접 → 필기시험 → 정규직

③ 서류심사 → 면접 → 현장실습 및 인턴 → 정규직

④ 서류심사 → 면접 → 현장실습 → 필기시험 → 정규직

⑤ 서류심사 → 면접 → 현장실습 → 계약직 → 정규직

이와 같이 호텔기업의 채용 환경은 호텔의 경영전략과 시장 환경 및 규모에 따라 몇 가지로 구분할 수 있으나, 국내 특급호텔을 기준으로 할 때 정규채용은 ③, ④, ⑤번의 방식으로 채용하는 경우가 많다. 반면에, 수시채용은 결원이 발생하였거나 결원이 발생할 것으로 예상될 경우, 그리고 기업의 확장과 신규 사업으로의 진출에 대비하여 신입사원과 경력사원을 채용하는 경우가 있다.

따라서 이 책에서는 공통적인 채용 환경의 특성을 기준으로 호텔리어를 꿈꾸는 미래 호텔리어를 위해 다음과 같이 학습방법을 소개하고자 한다.

(1) 제 1단계(학교생활에서의 학습)

① 호텔 운영에 대한 실무중심의 지식을 기본적으로 이해하고 있어야 한다. 그 예로는 다음과 같다.

- 고객서비스의 기본으로서 체크인과 체크아웃의 과정
- 취업 희망자의 전반적인 자기매너와 개인용모
- 인사요령, 대화요령, 걸음걸이, 행동요령 등
- 식음료 업무의 기초지식과 관련자격증 취득
- 호텔에서 기본적으로 사용되고 있는 실무용어
- 메뉴의 구성에 따른 기초적인 세팅요령과 서브방법
- 호텔서비스 기본회화(영어, 일어 등)

② 서류심사에 대비하여 적정 이상의 학교성적을 유지해야 한다.

③ 자기소개서와 이력서 작성을 연습한 후 가장 적합한 것을 여러 장 작성해 둔다.

④ 밝고 명랑한 모습의 증명사진을 미리 확보해 둔다.

⑤ 취업하고자 하는 호텔기업을 중심으로 그 지역의 특성과 시장 환경, 관광 특성, 주요고객의 성향 등을 사전에 면밀히 분석하고 관찰해 둔다.

⑥ 가급적이면 취업희망 호텔기업을 중심으로 사전에 고객의 입장에서 방문해 보고, 호텔정보를 파악해 둔다.

⑦ 본인의 미래 직업관을 분명하게 제시할 수 있어야 한다.

⑧ 여러 사람 앞에서 자신의 발표능력을 향상시키도록 하고, 자신에 대한 소개를 자신 있게 할 수 있도록 연습한다.

⑨ 자신의 적성을 미리 파악하고 있어야 하며, 취업동기를 간단명료하게 밝히도록 한다.

⑩ 상황 변화에 따른 질문사항에 대비할 수 있도록 여러 가지 모델을 구축하여 연습한다.

(2) 제 2단계(실습생활에서의 학습)

① 개인의 위생관리와 용모관리를 철저히 한다.
(예 : 머리스타일, 용모, 손톱, 구두, 걸음걸이 청결성 등)

② 대화법과 몸동작, 인사법을 올바르게 한다.

③ 특히 인사는 모든 업무의 기본으로서 철저하게 한다.

④ 나 자신 이외에는 모든 사람이 직장의 상사라 생각하고 업무지시를 잘 이행한다.

⑤ 항상 긍정적인 사고방식과 솔선수범하도록 한다.

⑥ 업무시작 15분 전과 업무종료 10분 후에 퇴근하는 습관을 가진다.

⑦ 어떠한 상황이 발생할지라도 절대로 고객의 불평을 초래해서는 안 된다.

⑧ 업무능력의 우수성을 인정받도록 자기개발을 꾸준히 한다.

⑨ 민첩한 행동과 창의적인 자세로 실습에 임한다.

⑩ 호텔이 나에게 무엇을 먼저 제공해 줄 것으로 생각하지 말고, 내가 먼저 호텔을 위해 무엇을 해야 할 것인가를 생각한다.

⑪ 동료 간에는 협동심과 신뢰성이 돋보이도록 노력해야 한다.

⑫ 학교생활과 가정생활의 고정관념에서 완전히 탈피하도록 한다.

⑬ 나 자신의 업무수행은 모든 호텔직원들로부터 관찰대상이 된다는 것을 명심한다.

⑭ 내가 하기 싫은 일은 다른 직원도 하기 싫다는 것을 인식하고, 항상 내가 먼저 남들이 하기 싫은 일을 해야겠다는 각오로 실습에 임한다.

⑮ 실습생에게 주어지는 업무가 경우에 따라서 과분할 수도 있겠지만, 불평불만을 해서는 안 된다.

⑯ 기존의 호텔리어들에게도 실습과정이 분명히 있었으므로 실습이 어렵고 힘든 과정을 알고 있다는 것을 염두에 두고 실습에 임한다.

⑰ 진정한 호텔리어가 되기 위해서는 참고 인내해야 한다.

⑱ 고객응대를 원활히 하기 위해서는 고객보다 더 많은 지식이 요구됨을 인식하고 노력한다.

⑲ 항상 밝고 명랑한 목소리와 공손한 태도를 지녀야 한다.

⑳ 호텔 이용객은 외국인이 많으므로 호텔서비스 실무회화를 학습하도록 한다.

(3) 제 3단계(신입직원으로서의 학습)

① 호텔리어의 출발점이다.

② 실습단계에서처럼 항상 긴장을 하고 업무에 실수가 없어야 한다.

③ 호텔리어는 서비스산업에서 최대로 각광받고 있는 희망직종이라는 자부심을 가지고 자기발전을 위해 지식함양에 최선을 다한다.

④ 직원 동료 간에 협동심과 신뢰성을 구축한다.

⑤ 상사의 업무지시에 불만을 가지지 말고 솔선수범 자세로 업무에 임한다.

⑥ 식음료에 대한 구체적인 메뉴지식을 숙지하도록 한다.

⑦ 각종 연회의 업무기본과 고객안내 요령을 숙지한다.

⑧ 절대로 지각하는 일이 발생해서는 안 된다. 그 이유는 호텔 운영의 특성상 연중무휴의 영업과 교대근무의 특징으로 말미암아 맨파워Manpower의 형성은 영업장의 행사와 성격에 맞도록 인력을 편성하기 때문에, 자신이 지각을 하게 되면 업무의 능률성이 떨어진다.

⑨ 철저한 자기관리와 매너를 가진다.

⑩ 안전사고에 철저히 대비하고, 호의적인 모습을 지속적으로 표출해야 한다.

⑪ 진정한 호텔리어가 되기 위해서는 실습단계에서부터 시작하여 입사 후 1~3년까지 최고의 갈등과 어려움이 있다는 것을 알고, 이 기간을 인내하며 극복해야 한다는 것을 명심한다.

⑫ 맡은 임무에 책임을 다하고, 자신이 근무하고 있는 호텔의 특성에 맞게 자신을 맞추도록 노력해야 한다.

⑬ 자신보다 하급종사원이 있을 때는 따뜻하게 대우하면서, 친절한 선배종사원이라는 신의와 믿음을 보여주어야 한다.

⑭ 고객이 자신을 기억할 수 있도록 항상 친절한 태도와 지혜를 갖출 수 있도록 노력해야 된다. 그러면 언젠가는 고객이 자신을 먼저 알아보게 된다.

⑮ 성공하는 호텔리어가 될 것으로 확신하고, 모든 일을 적극적으로 수행하도록 한다.

02 APPENDIX

# 식음료 실무용어

## 【A】

A La Carte(알라 카르테) : 메뉴의 명칭으로 고객의 주문에 의해 제공되는 일품요리

Accommodation : 관광객을 위해 제공되는 숙박시설

Account Balance : 계산서의 차변과 대변 사이의 고객계정 잔액에 대한 차이금액

Accuracy in Menu : 각 항목의 표준 레시피(Recipe)를 정확하게 취급하고자 하는 메뉴관리표

Add Charge : 초과요금

Additional Charge : 추가요금

Advanced Deposit = Advanced Payment : 숙박료 또는 식음료 비용을 선불로 미리 받는 것. 선수금 또는 예치금

Affiliated Hotel : 회원제 호텔 형식으로 운영되는 호텔업

After Departure(AD) : 미수금으로 처리되는 후불요금

After Dinner Cocktail : 식사 후에 마시는 칵테일

AHMA(American Hotel & Motel Association) : 미국의 호텔연합단체협회

Air-conditioner : 에어컨

Airport Hotel : 공항 주변에 있는 호텔

Airport Limousine : 공항이용객을 위한 고급형 버스

Air Shooter : 회계전표 자동수송기

Allowance : 매출조정

Amenity : 부가적인 물품서비스

American Plan(AP) : 고객이 투숙할 때 객실요금에 아침, 점심, 저녁 식사요금을 한꺼번에 모두 받게 되는 경영형식(Full Pension이라고도 함)

American Service(미국식서비스) = Plate Service : 트레이(Tray)에 음식쟁반이나 접시를 옮겨 담아서 종업원이 고객에게 서브하는 형식. 우리나라 대부분의 호텔이 이러한 서비스방식을 적용

American Society of Travel Agents(ASTA) : 미국여행업자협회

Aperitif(에프리티프) : 식욕을 증진시키기 위한 식전주

Appetizer(애피타이저) = Hors d'oeuvre(오드블) : 정식요리에서 제일먼저 제공되는 전채요리. 식욕을 촉진시키는 역할

Arm Towel : 서비스용 냅킨으로서 호텔타월이라고도 함(사이즈는 50㎝×50㎝가 주로 사용됨)
Arrival Time : 고객 도착시간
Assistant Manager : 총지배인을 보좌하는 부지배인
Audit : 일일 영업현황을 기록 확인하는 업무
Available Room : 판매 가능한 객실
Availability Report : 객실현황보고서
Average Daily Room Rate : 일일 평균객실료
Average Rate Per Guest : 고객 당 평균객실료
Average Room Rate : 평균객실료

## 【B】

Back Office = Back of the House : 고객과 직접적인 접촉을 하지 않는 부서. 즉 관리부, 총무부, 조리부, 하우스키핑, 세탁실, 기계실 및 식음료 서브를 보조해주는 Back Side의 업무부서
Back Side = Mise-En-Place(미장플러스 : 프랑스어) : 영업 준비를 위해 점검해야 할 업무사항(집기, 기물, 린넨, 온수와 냉수, 글라스, 각종 소스류 점검, 청소 및 정리정돈 등)
Baggage : 고객의 수화물
Baggage Down : 수화물을 운반해 주는 서비스
Baggage in Record : 수화물기록대장
Baggage Net : 수화물덮개(Net)
Baggage Stand : 수화물받침대
Baggage Tag : 수화물꼬리표
Banquet : 연회장
Banquet Assistant Manager = Banquet Captain : 연회부지배인(연회캡틴)
Banquet Manager : 연회지배인
Beverage : 알코올성 음료와 비알코올성 음료를 총칭
Bermuda Plan(BP) : 객실요금에 아침식사 가격이 포함된 경영형식
Bill : 영수증이나 계산서
Bill Clerk : Bill을 관리하고 불출하는 직원
Bin Card : 식음료의 품목별 입 · 출고 현황카드
Black List : 불량거래자 명단
Block = Block Room : 객실이나 식당좌석이 미리 예약된 상태
Booking : 예약기록
Break Even Point(BEP) : 손익분기점
Break Time : 휴식시간
Breakage : 기물류나 글라스류 등의 파손

## 【C】

Cabana : 수영장이나 해수욕장 주변에 위치한 임시숙소 형태의 객실
Cafeteria : 카페테리아. 셀프서비스 형태의 식당
Cancellation : 예약을 취소하는 것
Cancellation Charge : 취소에 따른 수수료. 취소요금
Car Jockey : 주차관리요원
Cart = Trolley : 이동식바퀴가 달린 수레
Cart Service = French Service = Gueridon Service : 프랑스서비스 형식
Cash Audit : 현금(시제금) 감사
Cash Out : 매출금액 확인 및 결산을 보고하고 업무를 마감하는 것
Cash Paid Out : 고객에게 빌려주는 현금
Cashier Register : 금전등록기
Cashier : 회계원
Cashier's report : 회계원이 작성하는 출납보고서
Caster Set = Condiment : 테이블 위에 놓는 설탕, 소금, 후추 등의 세트
Catering : 출장연회
Catering Service : 출장연회서비스
Cellar Man : Bar의 주류창고 관리자
Chaser : 독한 술을 마실 때 곁들여 마실 수 있는 비알코올성 음료(청량음료, 물, 탄산음료 등) 뜻함
Check Out : 퇴숙
Check In : 입숙
Checkroom = Cloakroom : 수화물보관소
Chef : 주방의 책임자
Chit Tray : 잔돈이나 계산서 받침대
City Ledger : 외상매출장
Cloakroom = Checkroom : 체크룸
Coaster : 컵 받침대
Collect Call : 수신자 부담전화
Commercial Hotel : 상용호텔
Commercial Rate : 상용요금
Commission : 여행사 또는 특정업체가 받게 되는 일종의 대행수수료
Complaint : 고객의 불평사항
Complimentary(Comp) : 무료
Concierge : 고객의 제반적인 업무를 위해 준비해주는 부가적인 서비스
Condiment = Caster Set : 캐스터세트
Conductor Free : 단체이용객 15인 이상을 인솔했을 때 인솔책임자에게 객실 1실을 무료로 제공하는 것

Confirmed : 예약확인

Continental Plan(CP) : 대륙식 요금제도로서 객실요금에 아침식사 비용을 포함된 경영방식

Control Chart : 예약조정 상황판

Convention Hotel : 대규모 회의용 호텔

Coordinator : 각종 행사나 식당예약 등의 조정자

Cordial = Liqueur : 알코올성 음료의 혼성주

Cork Screw : 코르크마개를 따는 기구

Corkage Charge : 외부에서 준비해 온 음료 등을 위해 호텔 측에서 필요한 물품이나 서비스를 제공해주고 그 대가를 받는 일종의 요금

Cost : 원가

Cost Accounting : 원가회계

Credit Manager : 호텔매출의 후불담당 책임자

CSM : customer satisfaction management : 고객만족경영

## 【D】

Daily Report : 일일보고서

Daily Special Menu : 당일의 특별추천 메뉴

Day Use = Part Day Charge = Part Day Use : 분할요금

D.D.D(Direct Distance Dialing) : 장거리 직통전화

Decanting : 와인을 다른 병으로 옮겨 담는 것

Decoration : 장식하는 것

Demi-Pension(DEP) = Semi-Pension(SP) = Half-Pension(HP) = Modified American Plan(MAP) : 숙박요금제도의 한 방식으로서 고객이 투숙할 때 객실요금에 2회의 식사요금(미국은 아침과 저녁을, 유럽은 아침과 점심 또는 저녁식사를 고객이 택일)을 미리 부과하는 것

Deposit : 선수금

Discount Group Rate : 단체고객 할인요금

D.N.D(Do Not Disturb) : 출입 및 방해금지

D.N.P(Do Not Post) : 지정된 장소 이외에 부착물 금지

Doily : 식탁용서비스 패드

Draft Beer : 생맥주

Drape = Table Skirt : 테이블장식의 일종으로 사용되는 테이블용 치마

Dual Plan(DP) : 고객이 AP(어메리칸 플랜)와 EP(유러피안 플랜) 중에서 호텔에 투숙할 때 선택할 수 있는 혼합식 요금제도

Duty Free Shop : 외국인관광객 면세점

Duty Manager(DM) : 당직지배인

## 【E】

Early Check Out : 조기에 퇴숙하는 것

Emergency Exit : 비상문

Emergency Light : 비상등

Encounter Service : 고객접점서비스

English Breakfast : 아메리칸 블랙퍼스트의 코스에 생선요리가 추가되는 아침식사

Entree = Main Dish : 정식요리에서 제공되는 주요리

Equipment : 각종 장비류

ETA(Estimated Time of Arrival) : 도착예정시간

ETD(Estimated Time of Departure) : 출발예정시간

European Plan(EP) : 숙박요금 형식의 하나로서 호텔에 고객이 체크인을 할 때 식사요금을 포함시키지 않고 객실요금만 징수하는 요금제도

Event Order : 행사주문서

Exchange : 교환(외환)

Exchange Rate : 환율

Executive Chief : 조리부서의 총주방장

Executive Floor : VIP 객실층

Exhibit : 전람회

Exit : 비상출입구

Express : 고속열차 또는 고속버스

Extra Bed : 이동식침대

## 【F】

Family Plan : 14세 미만의 자녀를 동반할 때 가족여행자에게 적용하는 객실요금제도

Financial Accounting : 재무회계

Finger Bowl : 가볍게 손을 씻을 수 있도록 고객용 테이블에 서브되는 작은 접시

First In First Out(FIFO) : 선입선출(先入先出)법

FIT(Foreign Independent Tour) : 내 · 외국인 개별여행객

Floor Clerk : 특급호텔의 각 층에서 플로어 클러크의 임무와 직능을 동일하게 수행하는 직원

Folding Screen : 각종행사에 사용되는 병풍의 일종

Folding Table : 직사각형의 접이식테이블

Folio : 각종의 기록을 일목요연하게 보관할 수 있는 원장

Food and Beverage(F&B) : 식료와 음료(식음료)

Food Cost Control : 식료원가관리

French Service = Cart Service : 카트서비스

Front Office(FO) : 객실부서
Front of the House : 호텔의 영업부문
Full Course = Set Menu = Table d'hote(따블도오트) : 정식요리
Full House : 호텔객실이 모두 판매되어 만실(滿室)이 된 상태

## 【G】

Garnish : 요리된 음식에 장식을 하는 것
General Manager(GM) : 호텔의 총지배인
GHC(guest history card) : 고객이력카드
Gift Shop : 선물(기념품)판매소
Ginger Ale : 생강주
GIT(Group Inclusive Tour) : 단체여행객
Go Show : 객실판매가 완료되었지만, 예약을 하지 않은 고객이 객실에 투숙하기 위해 빈 객실이 발생되기를 기다리는 것
Grand Total : 부가가치세(Tax)와 봉사료(Service Charge)를 모두 합한 금액
Grandmaster Key : 출입문을 모두 열 수 있는 열쇠
Gross Profit = Inclusive Rate : 세금과 봉사료가 포함된 매출발생 금액
Group List : 단체객 명단
Guaranteed Rate : 지불보증금
Gueridon Service = Cart Service : 카트서비스
Guest History Card = Guest History File = Guest History Folio : 고객이력카드
Guest Ledger : 고객의 원장
Guest Relation Officer(GRO) : 고객들의 편의를 제공하기 위해 고객상담과 안내를 전문적으로 담당하는 종사원
Guide Rate : 가이드요금

## 【H】

Happy Hour : 고객이 붐비지 않는 시간대를 이용하여 저렴한 가격 또는 무료로 간단한 음료나 스낵을 제공하는 것
High Balance : 고객에게 중간정산을 요구하는 것
High Balance Report : 최고 미수금 잔액보고서
High Season = Peak Season : 관광객이 붐비는 계절
Hors d'oeuvre(오드블) = Appetizer : 애피타이저
Hospitality Industry : 환대산업

Hospitality Room : 무료로 제공되는 객실
Hotel Business Accounting : 호텔영업회계
Hotel Cost Analysis System : 호텔원가분석시스템
Hotel Price Policy : 호텔의 요금정책
Hotel Regulation : 호텔의 숙박약관
Hotel Safe : 호텔안전금고
Hotel Sales Plan : 호텔상품의 판매계획
Hotel Service Directory : 호텔안내서
Hotelier = Hotelkeeper : 호텔직원
House Call : 회사 내에서 직원이 업무용으로 사용하는 전화
House Count : 호텔객실에 등록된 고객의 수
Housekeeper : 객실청소 및 정비의 책임자
Housekeeping : 객실정비 부서
Housekeeping Daily Check Report : 일일객실정비 보고서
House Phone : 구내용 전화
House Profit = House Income : 호텔의 영업이익
House Use = House Use Room : 호텔종사원이 사용하는 객실

## 【I】

Ice Carving : 얼음용 조각
Ice Tong : 얼음용 집게
In Bound : 외국인의 국내여행
Incentive Tour : 포상여행
Inclusive Rate = Gross Profit : 매출총이익
Indicator : 호텔객실의 판매상황판
In Order Room : 정리정돈이 완료되어 판매 가능한 객실
In Season Rate : 성수기의 요금
Inspection Report : 객실청소상태 점검보고서
Internal Customer : 내부고객(직원)
Internal Sales : 내부 판촉활동
International Hotel Association(IHA) : 국제호텔업협회
International Youth Hostel Federation(IYHF) : 국제유스호스텔연맹
Inventory : 인벤토리 또는 재고조사

## 【J】

Jockey Service = Valet Service = Parking Service : 주차(장)관리서비스
Junior Suite : 응접실과 침실이 칸막이로 구분된 큰 객실

## 【K】

Key : 객실열쇠
Guest Key : 투숙객에게 주어지는 열쇠
Pass Key : 각 층별로 개폐가 가능한 열쇠
Master Key : 전체를 열 수 있는 열쇠
Grand Master Key = Emergency Key : 호텔의 출입문을 열 수 있는 비상용 특수열쇠
Key Rack : 프런트데스크에 설치되어 있는 키 박스

## 【L】

Laundry Bag : 세탁물을 담는 백
Laundry Slip = Laundry Order : 세탁물신청서
Lay Out : 행사주문서(Event Order)에 의한 배치도
Lift = Elevator : 승강기
Limited Service : 제한된 서비스
Limit Switch : 호텔객실 내부의 옷장 안에 설치되어 있는 자동 점멸장치
Limousine : VIP고객 또는 단골고객들을 위하여 운행되는 고급형의 이동버스나 자가용
Linen : 테이블클로스, 냅킨, 드랩스(서커트), 도일리, 그린펠터 등
Linen Room : 린넨류를 보관하고 불출할 수 있는 창고형 객실
Linen Shooter : 린넨류가 슈트를 통하여 자동으로 운반될 수 있는 장치
Liqueur = Cordial : 알코올성 음료의 혼성주
Local Call : 시내통화
Log : 업무사항을 기록할 수 있는 대장
Logbook : 업무기록일지
Long Distance Call : 장거리지역 전화
Long Drink : 알코올성 음료와 비알코올성 음료를 혼합하여 조주한 칵테일
Long Stay Guest : 장기투숙객
Lost and Found(L&F) : 분실습득물 보관소
Lost Bill : 분실된 계산서

## 【M】

Maid Card : 청소 중이라는 식별판

Maid Station : Room Maid의 구역과 준비물 보관대

Mail Clerk : 호텔의 우편물을 내 · 외부 고객에게 전달하고 보관하며 운송배달을 전문적으로 취급하는 직원

Mail Service : 우편물을 발송하고 수취하는 서비스

Main Dish = Entree : 주 요리

Maintenance Record : 객실수리 및 내구성(耐久性) 예상기간과 금액 등을 기록하는 것

Make Up : 객실을 청소하고 정리정돈을 하는 것

Make Up Card : 고객이 호텔객실을 우선적으로 청소해 줄 것을 요구하는 카드

Managerial Accounting : 관리회계

Manual : 표준서비스 업무안내서

Market Segmentation : 시장세분화

Master Key : 호텔의 객실 전체를 열 수 있는 열쇠

Meal Coupon : 식사이용권

Miscellaneous(MISC) : 호텔에서 처리되는 잡수입 계정(MISC)

Miscellaneous Revenue : 호텔영업에서 부수적(기타 항목)으로 발생된 잡수입

Mise-En-Place = Back Side : 백 사이드

Modified American Plan(MAP) = Demi-pension : 데미팡숑

Morning Call = Wake Up Call : 기상벨

Most Important Person(MIP) : 최상급의 방문객

## 【N】

Net Profit : 봉사료와 세금을 제외한 순이익

Niche Market : 틈새시장

Night Audit : 야간회계

Night Auditor : 영업의 야간회계 감사원

Night Clerk : 야간 근무자

Night Clerk Report : 야간근무자가 작성하는 객실판매 일일보고서

No Show : 예약을 한 고객이 사전에 취소연락 없이 나타나지 않는 것

Non Smoking Area : 금연구역

Numbering : 테이블의 일련번호 표식판

Numbering Stand : Numbering을 설치하거나 고정시킬 수 있는 스탠드

## 【O】

Occupancy : 객실이용

Office Check : 호텔직원이 영업이익과 판매촉진을 목적으로 호텔 내부의 영업장을 일정한 금액의 한도 내에서 사용가능한 접대품의서

Off Day : 휴무일

Off Season : 비수기

Off Season Rate : 비수기요금

On Change : 객실청소가 완료되지 않아 판매를 할 수 없는 객실정비 중의 상태

On Season : 성수기

On Season Rate : 성수기 요금

Optional Rate(Opt.) : 가격을 결정할 수 없는 미결정 요금

Optional Tour : 임의관광

Order Slip : 식음료의 주문서

Out Bound : 내국인의 국외여행

Out of Order(O.O.O) : 사용불가능

Out of Order Room : 판매 불가능한 룸

Outlet Manager : 영업장 지배인

Outside Call : 외부로부터 걸려오는 전화

Outside Catering : 출장연회

Outside Room : 전망이 좋은 룸

Over Booking : 초과예약

Over Charge : 초과요금

Over Stay : 이용기간을 연장하는 것

Over Stay Guest : 기간을 연장하는 고객

Over Time : 초과근무

## 【P】

PATA(Pacific Asia Travel Association) : 아시아태평양관광협회

Package Tour : 패키지관광

Paging Service : 고객을 찾아주는 서비스

Paid In Advance(PIA) : 선불요금

Pantry Room : 기물과 집기비품을 보관하는 창고

Parent : Youth Hostel의 관리자(지배인)

Parking Service = Jockey Service = Valet Service : 주차(장)관리서비스

Part Day Charge = Part Day Use = Day Use : 분할요금

PBX(Private Branch Exchange = Switch Board) : 전화교환실
POP(Point of Sales) : 판매시점관리
Pot Still : 증류주의 위스키 증류방법인 단식증류법
Pressing Service : 다림질서비스
Private Bill : 개인 영수증
Public Area : 공공장소
Public Toilet Check Report : 공공화장실의 청소상황 및 점검표
Purchase Order : 구매발주서
Purchase Request : 구매청구서
Purchase Specification : 구매명세서

## 【Q】

Quality Assurance : 품질보장
Quality Control : 품질관리

## 【R】

Rate Change : 요금변경
Receipt : 영수증
Recipe : 식료와 음료의 양 목표
Refreshments : 다과류나 간단한 음식물
Registration Card : 등록카드
Reminder Clock : Morning Call용 자명종시계
Repeat Guest : 재방문 고객
Requisition Form : 물품청구서
Reservation : 예약
Reservation Clerk : 예약실 직원
Reservation Confirmation : 예약의 확인
Reservation Department : 예약부서
Reservation Rack : 예약상황판
Reservation Status : 예약시 기재된 약정조건
Resort Hotel : 휴양지 호텔
Restaurant Guest Ledger : 투숙객 식음료수입
Revenue Report : 객실의 수입보고서
Room Assignment : 객실배정

Room Change : 객실의 변경
Room Count : 판매된 객실수
Room History Card : 객실현황카드
Room Income : 객실수입
Rooming : 객실하여 체크인시키는 과정
Room Inspection : 객실내부를 최종적으로 점검하는 과정
Room Inspection Report : 객실점검보고서
Room Maid : 객실청소직원
Room Rack : 객실상황판
Room Revenue : 객실매출액(객실수입)
Room Type : 객실의 종류
Round Trip : 왕복여행
Russian Service = Platter Service : 플래터서비스

## 【S】

Safety Deposit Box : 귀중품 보관소
Sales Promotion : 판매촉진
Seasonal Rate : 성 · 비수기의 계절별 요금
Seasonal Special Menu : 계절별 특선메뉴
Season Off Rate : 공표요금 할인
Security Check : 보안점검
Security Officer : 보안점검을 하는 사람
Service Charge : 봉사료
Set Menu = Table d'hote = Full Course : 풀코스
Short Drink : 알코올성 음료와 알코올성 음료를 혼합한 주 정도가 높은 칵테일
Show Plate : 식당의 분위기와 고급스러움을 연출하기 위한 장식용 접시
Side Station = Service Station = Waiter Station : 기물과 서브용 비품을 보관 및 준비할 수 있는 보관대
Skipper : 요금을 계산하지 않고 도망간 고객
Sleep Out : 고객이 객실에 투숙을 하였지만 사용한 흔적이 없는 경우
Sleeper : 호텔근무자의 착오로 인하여 객실을 판매하지 못한 경우
Soft Drink : 청량음료
Soiled Linen Count Report : 린넨 사용보고서
Sommelier = Wine Steward : 와인 전문판매 및 감별사
Special Attention(SPATT) : VIP고객 또는 MIP(귀빈)을 나타내는 인식표
Spirits = 알코올성 음료의 증류주

Stacking Chair : 팔걸이가 없는 간편한 의자
Standard Portion : 표준이 되는 1인분의 양
Stay Over : 체류기간을 연장하는 것
Steward : 기물과 집기비품을 보관하고 세척하며 불출하는 것
Stool Chair : 등받이가 없는 의자
Supper : 늦은 밤의 저녁식사 또는 야식

【T】

Table D'hote = Full Course = Set Menu : 세트메뉴
Table Wine : 식사도중에 마실 수 있는 와인
Target Market : 표적시장
Tariff : 공표요금
Tax Free : 면세
Tele Marketer : 텔레마케팅 직원
Terminal Hotel : 터미널 주변에 위치한 호텔
Time Card : 출퇴근 시간관리카드
Tip(To Insure Promptness) : 봉사요금
Today's Special Menu : 오늘의 특별요리
Tour Conductor(TC) : 여행인솔자
Trainee : 실습생
Transfer : 순환하여 근무에 투입시키는 경우
Transient Hotel : 단기체재객 중심의 호텔
Traveler's Check(T/C) : 여행자수표

【U】

Under Stay : 조기에 체크아웃을 하는 경우
Uniformed Service : 고객을 접점에서 맞이하는 직원이 유니폼을 착용하고 서비스를 하는 경우

【V】

Valet Service = Parking Service = Jockey Service : 주차(장)관리서비스
Vending Machine : 자동판매기
Vintage : 포도의 생산연도
VIP(Very Important Person) : 매우 중요한 사람

Void Bill : 무효화된 영수증
Voucher : 여행사와 항공사에서 주로 발행하는 보증서 또는 증명서

### 【W】

Wake Up Call = Morning Call : 모닝콜
Walk in Guest : 예약 없이 투숙하려는 고객
Wine Cellar : 와인저장실
Working Schedule(WS) : 근무계획 일정표
World Tourism Organization(WTO) : 세계관광기구

### 【Y】

Yellow Card : 예방접종증명서
Yield : 표준산출량
Yield Management : 수익관리

### 【Z】

Zero Out : 매출액과 회계상의 수입이 일치되는 것

# REFERENCES


The-K호텔 식음료매뉴얼.

국립중앙과학관 : 사물인터넷(http://www.science.go.kr).

권용휘(2018). 국제신문(2018.02.01.).

김문홍 · 박종한 · 나민수 · 조성호(2015). 한국통신학회 : '5G 이동통신기술 발전방향'.

김병운(2016). "인공지능 동향분석과 국가차원 정책제언", 정보화정책, 제23권 1호, pp. 73~93.

김연희(2013). "데이터베이스 개론", 한빛아카데미(주)(2013.06.30.).

김영진(2018). 미디어펜(2018.02.13.).

김은영(2018). The Science Times(2018.02.20.).

김진수(2009). 호텔 · 외식산업 식음료관리론, 대왕사.

남택영(2000). 호텔식음료서비스, 학문사

녹색경제신문(http://www.greened.kr, 2017.7.31.).

녹색경제신문(http://www.greened.kr, 2018.4.30.).

롯데호텔 블로그(http://blog.lottehotel.com, 2018.5.11.).

롯데호텔 식음료직무교재.

맹하경(한국일보, 2017.5.2.). http://www.hankookilbo.com

박인규 · 장상태(2002). 호텔식음료 실무경영론, 기문사.

박종현 외 8인(2014). 사물인터넷의 미래, 한국전자통신연구원(ETRI), 전자신문사, (2014.11.28.).

배승근 · 이호길(2004). 조주기능사 필기문제. 크라운출판사.

산업통상자원부(blog.daum.net, 2018.02.20.).

센추리호텔 식음료직무교재.

심재석(2017). 바이라인네트워크 : https://byline.network(2017.11.23.).

안성원(2016). "빅데이터(Big Data)의 특성과 동향", SPRi : 소프트웨어정책연구소, SW동향/산업동향.

월요신문(www.wolyo.co.kr, 2018.3.30.).

이우근(2016). "끝없는 가능성을 향해 열리고 있는 가상현실의 문", LGERI 리포트.

이재현(2013). "인터넷", 커뮤니케이션북스(2013.02.25.).

이지영(2017). 5세대 이동통신 [5G Networks]-1GB를 10초 안에 내려받는 시대, 제공: 블로터.
이호길(2004). 현장실무 중심의 최신호텔경영론, 남두도서.
인터불고호텔 식음료 직무교재.
임근난(2016). HelloT 첨단뉴스(2016.07.07.).
임양수 · 김선영(2015). "가상현실 대중화를 위한 조건", 이슈크런치, 10호, KT경제경영연구소.
전자신문(www.etnews.com, 2016.4.21.).
전희원 · 김석영(2008). 호텔식음료경영론. 홍익출판사.
정용찬(2013). "빅데이터", 커뮤니케이션북스.
조용수(2015). "똑똑한 기계들의 시대: 인공지능의 현주소", LGERI 리포트.
중앙일보(http://news.joins.com, 2017.8.28.).
중앙일보(joongang.joins.com, 2018.4.9.).
최성민(2016). 시사주간지 미래한국, http://www.futurekorea.co.kr.
최영준(2002). 호텔식음료 서비스론. 기문사
최윤철(2017). "ICT 융합시대의 컴퓨터과학", 생능출판사.
한국사물인터넷협회(www.kiot.or.kr)
현대호텔 식음료매뉴얼.
호텔& 레스토랑(2017). "IoT를 체험할 수 있는 스마트호스텔& AND HOSTEL(앤 호스텔)", 월간 호텔& 레스토랑 메거진(2017.03.22.).
호텔앤레스토랑(2017). "Hotel IoT(사물인터넷)의 2017년 현황과 2018년 전망", 월간호텔&레스토랑 메거진(2017.12.21.).
http://blog.naver.com
http://www.slideshare.net
https://flarecreativ.com
Korea Duty Free News(2017.02.20.)

Barnatt, Christopher(2010년), "Brief Guide to Cloud Computing.", 윤성호 · 이경환 역(2011), "클라우드 컴퓨팅", 미래의 창.
Edvinsson, L. & Michael S. Malone(1997). Intellectual Capital, Realizing Your Company's True Value by Finding Its Hidden Brainpower, Harper Business A Division of Harper Collins Publishers.

Edvinsson. L.(1997). Developing Intellectual Capital at Skandia. Long Range Planning, Vol. 30, No(3).

Gerald W. Lattin(1982). Modern Hotel and Motel Management, San Francisco: W. H. Freeman & Co.

Grant, R. M.(1996). Toward a Knowledge-based Theory of the Firm, Strategic Management Journal. 17.

Kotler, P.(1988). Marketing Management, 6th. ed.

O'Reilly Radar Team, "Planning for Big Data"(2012).

Webster Dictionary(1991).

岡嶋裕史(2010년). アップル、グーグル、マイクロソフト クラウド、携帯端末戰爭のゆくえ. 김정환 역(2011), "클라우드 혁명과 애플 구글 마이크로소프트", 예인.

八子知禮(2010년). 圖解クラウド早わかり. 김정환 역(2011), "클라우드", 새로운 제안.

## Profile

### 이호길 (관광경영학박사)

현) 경운대학교 항공관광학과 부교수(2012년~현재)
경운대학교 관광학부 학부장 역임(2002년~2013년)
한국호텔외식관광경영학회 부회장
대한관광경영학회 학술심포지엄위원장
한국관광공사 호텔업등급결정 평가위원
구미시 정책연구위원
대구시 관광정책자문위원
국토해양부 4대강살리기 자문위원
The-K Hotel
The Westin Chosun Hotel

〈최근 주요논문〉
베이비붐 세대의 사회적지지, 여가활동, 심리적 안녕감과의 관계연구(2017년)
홀로여행객의 자기오락화와 여가몰입과의 관계연구(2017년)
베이비부머 세대의 은퇴불안이 여가활동과 주관적 안녕감에 미치는 영향(2016년)
여가활동이 중년기 삶의 우울과 심리적 안녕감에 미치는 영향(2016년)
도시민의 농촌관광체험이 귀농귀촌기대에 미치는 영향(2015년)
호텔종사원의 심리적자본이 근로의욕, 자기효능감과 직무태도에 미치는 영향(2015년)

### 김동준 (경영학박사)

현) 영남이공대학교 관광계열 교수
가천대학교 일반대학원 관광경영학과(문화예술) 박사
경희대학교 경영대학원 관광경영학과(호텔경영) 석사
인하대학교 경영학과 학사
쉐라톤워커힐호텔 무대감독 / 지배인
㈜스메쉬 엔터테인먼트 대표이사
(사)한국엔터테인먼트 산업학회 부회장
(사)대한관광경영학회 부회장
KOV와인기사단 한국총사령관(그랑 꼬망되르)

### 임배균 (경영학박사)

현) 한국관광대학교 겸임교수
가천대학교 대학원(호텔 · 외식경영) 경영학박사
경희대학교 대학원(호텔경영) 경영학석사

### 구자인 (박사수료)

현) 청강문화산업대학교 외래교수
현) 상지대, 여주대학교 겸임교수
가천대학교 대학원(호텔외식경영) 박사수료
가천대학교 대학원(서비스마케팅) 경영학석사
더 자인식문화연구소 식문화컨설팅 · 푸드스타일리스트 대표이사
커피바리스타 1급자격증
유럽스페셜티커피협회 SCAE 바리스타